子ども家庭福祉

子ども・家族・社会をどうとらえるか

垣内国光・岩田美香
板倉香子・新藤こずえ 編

はじめに

　思いもかけないコロナ禍が生じたために、順調に運んでいた編集作業は途中から苦行となった。それでもこうして内容豊かな教科書ができたことを心から嬉しく思う。

　本書は社会福祉と保育を学ぶ学生向けの教科書として編まれた。子ども家庭福祉の何をどう学ぶべきか、定まった授業時間のなかでその精髄を伝えることは簡単なことではない。子ども家庭福祉は、社会福祉学をベースにして社会学、経済学、心理学、教育学、法律学、医学等を総合した学であり、学ばなければならいことは広く深い。限られたページ数のなかに精選した資料をいかに載せるか分かりやすくどう伝えるか難しいことである。

　だが、私たち編集委員は、単に知識の集成としての面白みのない教科書づくりはしたくはなかった。編集委員会は熱い議論をなんども重ね、知識獲得だけでなく子ども家庭福祉の学びがいかに魅力的で楽しいものであるかを伝えられる教科書づくりを目指した。また、学ぶ者たちが自らの人生を重ねながら思索することができ、学ぶ者も学びを支援する者もその境界をこえて、心を響かせあえる教科書を作りたいという深い思いもあった。

　世にこの分野の教科書は多数出されているが、本書が教科書的でない教科書となったのはこのような事情による。そうした難しい編集委員の意図に応えてくださった執筆陣に深く感謝申し上げたい。

　子ども心を失わず子どもたちとともにありたいと願う気持ちは尊い。本書による子ども家庭福祉の学びが、実践への誘い、研究への誘いの出発点となるならば、それ以上の喜びはない。

　編者を代表して

　　　　　　　　　　　　　　　　　　　　　　　　　　　　　垣内国光

3

子ども家庭福祉
子ども・家族・社会をどうとらえるか

垣内国光・岩田美香・板倉香子・新藤こずえ　編

目　次

小西祐馬

第1章

現代社会と子ども

　本章では、現代社会に生きる子どもと家族を取り巻く状況を概観していく。特に、近年注目されている子どもに関するさまざまな問題・トピックを取り上げながら、現代の子ども家庭福祉の状況を把握し、子ども家庭福祉を学ぶ上で備えてくべき視点について考えたい。子ども家庭福祉の領域では、虐待や貧困、犯罪など社会問題のなかでも衝撃的なものが少なくない。支援者に限らず、深刻な状況を前に、感情が強く動かされて冷静さを失ってしまうことや自分の経験や主観的な意見のみを判断の根拠としてしまう人も少なくないはずだ。その傾向は社会全体に伝播し、あるひとつの出来事（事件）で問題の捉え方が180度変わったり、法律や制度の制定が一気に進んだりすることもしばしばある。そうした一時的な大きな波に流されるのではなく、センセーショナルな報道や誤った「イメージ」に惑わされるのではなく、問題の本質を捉えようとする視点が必要だ。

1　変化する子どもの定義

　まず、「子どもとは何か」について確認しておこう。表1は、内閣府が発行している『子供・若者白書』に掲載されている、各種法令における「子ども」に関する規定の一覧である。「児童」「年少者」「子ども」「青少年」と呼び方も定義もこれだけ多く存在する。「児童」だけでも、児童福祉法では「18歳未満」、母子及び父子並びに寡婦福祉法では「20歳未満」、道路交通法では「6歳以上13歳未満」と多種多様だ。また、毎年5月5日の「こどもの日」には政府によって「こどもの数」が公表されているが、ここでの「こども」は15歳未満とされているなど、他にも多様な定義が存在する。

■表1　法令による子供・若者の年齢区分

法律の名称	呼称等		年齢区分
少年法	少 年		20歳未満の者
刑法	刑事責任年齢		満14歳
児童福祉法	児 童		18歳未満の者
		乳児	1歳未満の者
		幼児	1歳から小学校就学の始期に達するまでの者
		少年	小学校就学の始期から18歳に達するまでの者
児童手当法	児 童		18歳に達する日以後の最初の3月31日までの間にある者
母子及び父子並びに寡婦福祉法	児 童		20歳未満の者
学校教育法	学齢児童		満6歳に達した日の翌日以後における最初の学年の初めから、満12歳に達した日の属する学年の終わりまでの者
	学齢生徒		小学校の、義務教育学校の前期又は特別支援学校の小学部の課程を修了した日の翌日以後における最初の学年の初めから、満15歳に達した日の属する学年の終わりまでの者
民 法	未成年者		20歳未満の者（2022年4月1日以降は、18歳未満の者）
	婚姻適齢		男18歳、女16歳〔未成年者は、父母の同意を得なければならない。〕（2022年4月1日以降は、男女ともに18歳）
労働基準法	年少者		18歳未満の者
	児 童		15歳に達した日以後の最初の3月31日が終了するまでの者
青少年の雇用の促進等に関する法律	青少年		35歳未満。ただし、個々の施策・事業の運用状況等に応じて、おおむね「45歳未満」の者についても、その対象とすることは妨げない。（法律上の規定はないが、法律に基づき定められた青少年雇用対策基本方針（平成28年1月厚生労働省）において規定。
道路交通法	児 童		6歳以上13歳未満の者
	幼 児		6歳未満の者
	第二種免許、大型免許を与えない者		21歳未満の者
	中型免許を与えない者		20歳未満の者
	準中型免許、普通免許、大型特殊免許、大型二輪免許及び牽引免許を与えない者		18歳未満の者
	普通二輪免許、小型特殊免許及び原付免許を与えない者		16歳未満の者
子どもの読書活動の推進に関する法律	子ども		おおむね18歳以下の者
未成年者喫煙禁止法	未成年者		20歳未満の者
未成年者飲酒禁止法	未成年者		20歳未満の者
風俗営業等の規制及び業務の適正化等に関する法律	年 少 者		18歳未満の者
児童買春、児童ポルノに係る行為等の規制及び処罰並びに児童の保護等に関する法律	児 童		18歳未満の者
インターネット異性紹介事業を利用して児童を誘引する行為の規制等に関する法律	児 童		18歳未満の者
青少年が安全に安心してインターネットを利用できる環境の整備等に関する法律	青 少 年		18歳未満の者
（参考）			
児童の権利に関する条約	児 童		18歳未満の者

（出典）『令和2年版 子供・若者白書』

　このように、それぞれの法令において「子ども」はさまざまに定義され、多様に捉えられている。それでも表1をながめるとその定義が「18歳未満」であるものが多く、子ども家庭福祉に深く関係する児童福祉法や「子どもの権利条約」においても「18歳未満」であることがわかる。

　なお、表1の一覧で注目しておきたいのが、改正される民法における「未成年」と「婚姻年齢」である。2022年より、「未成年」は18歳未満へ、「婚姻年齢」は男女ともに18歳へと変更となる。「子ども」とそれに類する存在の捉え方は、時代・社会とともに変わっていく相対的なものなのである。

2　子どもをめぐる報道

　次に、子どもに関する報道の動向を手掛かりに現代社会の子どもを取り巻く状況を捉えたい。子どもの福祉に関する代表的なトピックにどのような関心がもたれているだろうか。図1は朝日新聞のデータベース「聞蔵Ⅱ」にて朝日新聞・週刊朝日・AERAで「子ども＆虐待」「子ども＆貧困」「少年＆犯罪」を含む記事を検索して出てきた件数を示したものだ。それぞれ日本における「児童虐待」「子どもの貧困」「少年犯罪」に関するものの検索を意図したが、さまざまな内容の記事がみられる。たとえば、「子ども＆貧困」では外国の子どもの貧困もヒットしているし、「少年＆犯罪」では少年が加害者ではなく被害者として登場している記事も含んでいる。しかしそれでもある程度の動向はつかめるだろう。

　まず、2000年の「少年＆犯罪」の突出した数が目を引く。この頃、社会的に大きな注目を集めた事件がいくつか起こり、2000年には少年法の改正（厳罰化）がなされたこともあってこれだけの報道量となった。ただし、ここをピークに「少年＆犯罪」の記事件数は減少傾向にある。

　虐待については、増減はあるものの、2000年頃より一貫して注目を集めていることがわかる。大きく報道されるような事件が起こると一気に記事件数は増えることになる。

　そして近年、注目を集めているのが「子どもの貧困」だ。「子ども＆貧

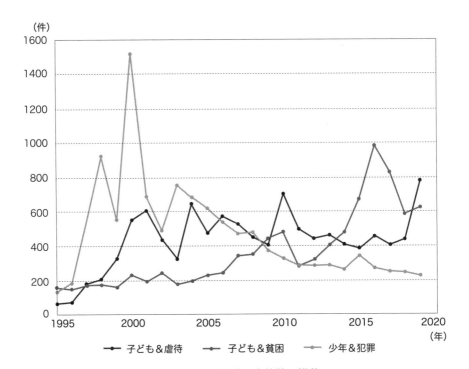

（件）

■図1　新聞雑誌記事件数の推移

（出典）朝日新聞記事データベース「聞蔵Ⅱビジュアル」より筆者作成

（朝日新聞・週刊朝日・AERA についてシンプル検索を実施）

困」で検索してヒットする記事件数も増加傾向にある。

　以上、子どもをめぐる報道の動向からは、かつて大量に報道された「少年犯罪」の記事件数が少なくなる一方で、「虐待」「貧困」については注目が高まり続けているといえよう。

　2000 年頃、少年犯罪の報道が増えたことで、人々の不安は高まり、その結果、少年法は少年にとって厳しいものへと改正された。しかし、この時期、少年犯罪の件数自体は増加しておらず減少傾向にあった。事実がどうであれ、社会的にどう受け止められるかによって現実は動いていく。この間、少年法だけでなく、子どもの虐待や貧困についても重大な法律・制度が施行されている。

　報道の動向は以上だ。では現実はどうなっているのかみていこう。

3 子どもをとりまく現実

　現代の子どもたちをとりまく現実は厳しいものがある。詳しくは6章以下の各章を参照していただきたいが、ここで簡単に俯瞰しておこう。

(1) 子ども虐待 ・・・

　子どもへの虐待は、現在、多くの人が子どもの福祉に関する重要課題と認識しているだろう。本書でも第10章で詳細に説明されている。ここでは、虐待を統計的にどう把握しているかについて触れておきたい。

　子どもへの虐待の件数に関する統計としては、毎年、「児童相談所での児童虐待相談対応件数」が公表されており、1990年より常に最高値を更新し続けている。1990年度に1,101件だったのが、2020年度には20万件を超えるまでになっている。死亡に至ってしまうような重大な事件も起こり、長時間にわたって報道されることも多い。多くの人々に「増えている」「深刻化している」とされ、喫緊の課題と認識されているはずだ。しかし、約30年間で過去に比べて現在は、虐待する親が本当にこんなに増えたのだろうか。

　公表されている数字は、虐待が発生した件数ではなく、あくまで「相談の件数」である。児童相談所に寄せられた相談や通報の件数であり、中には誤報だったり虐待と判定されなかったりしたものも混在しているだろう。そして、相談・通報されないケースも多く存在していると思われる。

　実際の虐待の件数は公表されていないので実態を正確につかむことは難しい。実態を反映する代替的な指標として、虐待による子どもの死亡人数が有効かもしれない。死亡事例については、厚生労働省により2003年の第1次報告から2021年の第17次報告まで詳細な検討がなされて公表されている。これによると、親子心中を含まない虐待による死亡人数は毎年おおむね50人前後で推移している。年によって増減はあるが、最も多い年でも2007〜2008年の78人だ。虐待によって亡くなる子どもは、虐待相談対応件数ほどには増えていないのである。

先ほど新聞・雑誌の記事件数の推移を見たが、報道が増えれば社会的な認知も高まり、相談・通報も増えることが予想される。虐待相談件数が1,101件だった1990年、実際の虐待件数はもっと多かっただろう。要は社会に「児童虐待」という概念が浸透しているかどうかによってこの「相談件数」は変わってくるということだ。

　しかし一方で、子ども虐待を数字として可視化したことで、支援や対策が進展してきたことは間違いないだろう。

(2) 子どもの貧困 ••

　虐待と同様に関心の高い「子どもの貧困」についても、統計からみてみよう。子どもの貧困率が公表される少し前から問題が可視化される途上にあったとも言えるが、民主党政権となった2009年に史上初めて日本で「貧困率」と「子どもの貧困率」の2つが示されたことで事態は本格的に動き始めた。詳しくは第12章に記載されているが、子どもの貧困率は1980年代よりも増加している傾向にあり、「7人に1人の子どもが貧困」などと報道され関心を集めることになった（表2参照）。この貧困率は、国民生活基礎調査をもとにした数値である。

　「子どもの貧困率」が広く知られ、テレビや新聞、研究等でも頻繁に取り上げられるようになり、子どもの貧困はこの10年ほどで多くの人に認知されるようになった（図1）。2013年には子どもの貧困対策の推進に関する法律が公布され、国は子供の貧困対策大綱を、都道府県・市町村は子どもの貧困対策計画を作成し、対策を行うに至っている。ただし、その「貧困対策」には、経済的な支援は手薄で、実態に即した対策が実行されているとはいえない。

(3) 少年犯罪 ••

　かつて「急増」し「凶悪化」していると言われた少年犯罪の現状はどうだろうか。『令和元年版 犯罪白書』には次のように書かれている。「少年による刑法犯、危険運転致死傷及び過失運転致死傷等の検挙人員の推移には、（中略）平成期においては、平成8年から10年及び13年から15年に

■表2　貧困率の年次推移

	1985 (昭和60) 年	1988 (63)	1991 (平成3)	1994 (6)	1997 (9)	2000 (12)	2003 (15)
	(単位：%)						
相対的貧困率	12.0	13.2	13.5	13.8	14.6	15.3	14.9
子どもの貧困率	10.9	12.9	12.8	12.2	13.4	14.4	13.7
子どもがいる現役世帯	10.3	11.9	11.6	11.3	12.2	13.0	12.5
大人が一人	54.5	51.4	50.1	53.5	63.1	58.2	58.7
大人が二人以上	9.6	11.1	10.7	10.2	10.8	11.5	10.5
	(単位：万円)						
中央値 (a)	216	227	270	289	297	274	260
貧困線 (a/2)	108	114	135	144	149	137	130

	2006 (18)	2009 (21)	2012 (24)	2015 (27)	2018 (30)	
						新基準
	(単位：%)					
相対的貧困率	15.7	16.0	16.1	15.7	15.4	15.8
子どもの貧困率	14.2	15.7	16.3	13.9	13.5	14.0
子どもがいる現役世帯	12.2	14.6	15.1	12.9	12.6	13.2
大人が一人	54.3	50.8	54.6	50.8	48.1	48.2
大人が二人以上	10.2	12.7	12.4	10.7	10.7	11.3
	(単位：万円)					
中央値 (a)	254	250	244	244	253	245
貧困線 (a/2)	127	125	122	122	127	122

(注)
1　1994（平成6）年の数値は、兵庫県を除いたものである。
2　2015（平成27）年の数値は、熊本県を除いたものである。
3　2018（平成30）年の「新基準」は、2015年に改定されたOECDの所得定義の新たな基準で、従来の可処分所得から更に「自動車税・軽自動車税・自動車重量税」、「企業年金・個人年金等の掛金」及び「仕送り額」を差し引いたものである。
4　貧困率は、OECDの作成基準に基づいて算出している。
5　大人とは18歳以上の者、子どもとは17歳以下の者をいい、現役世帯とは世帯主が18歳以上65歳未満の世帯をいう。
6　等価可処分所得金額不詳の世帯員は除く。

（出典）2019年　国民生活基礎調査の概要

一時的な増加があったものの、全体としては減少傾向にあり、24年以降戦後最少を記録し続け、30年は戦後最少を更新する4万4,361人（前年比11.6%減）であった」（法務省『令和元年版 犯罪白書』）。少年犯罪は数としては戦後最少を更新し続けているのである。さらに、少年によるものに限

らず殺人や強盗などの凶悪犯罪は全体的に減少傾向にある。しかし、それでも、内閣府が行った「治安に関する世論調査」（2017年実施）によれば、全回答者（1,765人）のうちの60.8％が「この10年間で日本の治安が悪くなったと思う」と回答しており、2020年には少年法のさらなる「厳罰化」に向けた検討が行われるに至っている（第14章）。

（4）学校における問題

　文部科学省による「いじめの認知（発生）件数の推移」によると、その件数は長年10万件以下に抑えられていたが、2011年ごろから急増し、今や60万件を超えるまでになっている。言うまでもなく、ここには調査方法の変化がある。「いじめ」としてカウントする対象が「発生」から「認知」に変わったこと、いじめの定義が変わったことが関係している（第8章134ページ参照）。さらに、いじめを放置しないよう、「軽微な事案」についても積極的にいじめとして認知するように文科省より通知された。その結果、「いじめの実態」が、ようやく明らかになり始めたということだろう。

　不登校や子どもの自殺についても同様であり、子ども数の減少を踏まえると、いずれも見過ごせないほどの増加傾向にある。

（5）高校卒業後の進路

　文科省の「学校基本調査―令和元年度結果の概要―」において、「高等学校卒業者の都道府県別進学率及び卒業者に占める就職者の割合」（令和元年5月1日現在）が示されている（表3）。重要な事実にもかかわらず、話題になることは少ない。この表からわかるのは、子どもの高校卒業後の進路に関して地域間格差が非常に大きいということである。大学等進学率について、最も高いのは京都で65.9％、次いで東京65.1％、そして兵庫60.9％、神奈川60.7％などとなっている。対して、最低の沖縄は39.6％であり、大きな差がある。進学率の低いところは、以下、山口43.1％、鳥取・鹿児島43.3％、岩手43.7％と地方が続く。なお、進学ではなく就職した割合に関しても、東京が6.3％なのに対し、高いところでは佐賀32.1％、

■表3　高等学校卒業者の都道府県別進学率及び卒業者に占める就職者の割合

区　分	大学等進学率（％）	大学（学部）進学率（％）	専修学校（専門課程）進学率（％）	卒業者に占める就職者の割合（％）
北海道	46.2	41.0	21.8	23.0
青森	46.2	39.9	14.8	31.2
岩手	43.7	38.0	19.7	29.1
宮城	49.6	44.9	17.1	22.9
秋田	45.4	38.6	17.1	30.2
山形	44.6	37.9	18.5	29.8
福島	45.8	39.6	16.4	29.3
茨城	50.5	47.5	18.6	20.9
栃木	52.3	47.8	17.2	23.0
群馬	51.2	46.2	18.9	20.5
埼玉	57.4	53.1	17.8	13.6
千葉	55.1	51.5	19.1	13.5
東京	65.1	63.0	11.6	6.3
神奈川	60.7	56.9	16.4	8.5
新潟	46.9	41.6	26.0	19.6
富山	52.7	44.3	16.7	21.3
石川	54.9	48.0	13.8	21.6
福井	56.0	50.2	14.8	22.7
山梨	55.5	50.4	17.0	16.6
長野	47.6	40.0	22.0	19.0
岐阜	55.3	49.5	13.2	23.9
静岡	52.0	48.1	17.2	23.0
愛知	58.1	53.8	12.6	19.7
三重	49.6	44.3	14.6	28.2
滋賀	54.7	49.2	16.9	18.4
京都	65.9	60.9	13.4	8.4
大阪	59.6	54.2	15.4	11.2
兵庫	60.9	56.4	13.5	14.0
奈良	59.4	53.9	13.3	11.8
和歌山	48.6	43.4	17.5	22.6
鳥取	43.3	36.1	18.7	24.7
島根	46.0	40.1	21.3	23.0
岡山	52.2	47.3	16.1	22.8
広島	60.6	57.2	11.9	15.3
山口	43.1	36.8	16.0	30.9
徳島	52.2	47.4	16.4	22.7
香川	51.7	45.6	16.0	18.8
愛媛	52.2	46.5	19.2	23.0
高知	49.3	41.5	17.3	18.4
福岡	53.8	47.7	17.0	18.2
佐賀	44.2	38.8	16.6	32.1
長崎	45.4	39.9	16.7	29.2
熊本	46.5	41.6	18.4	25.9
大分	47.4	37.3	18.7	26.0
宮崎	44.5	37.1	17.4	29.1
鹿児島	43.3	32.1	19.5	27.6
沖縄	39.6	35.8	24.1	17.5
全国	54.7	49.8	16.4	17.7
男	51.6	50.6	12.9	21.5
女	57.8	49.0	20.0	13.8

（注）大学等進学率は，大学・短期大学の通信教育部への進学者を含む。
（出典）文部科学省（2019）『学校基本調査－令和元年度結果の概要－』

青森 31.2%、山口 30.9%、秋田 30.2%と大きな地域間格差がみられる[1]。

4 子どもの問題の背景──大人の状況

　以上のような子どもの現状の背景には何か原因といえるようなものがあるのだろうか。現実はさまざまな要素が複雑に連鎖しあって構成されており、そこには子どもを取り巻く大人の状況も大きく影響している。現代社会を特徴づけている大人のいくつかの事実を確認しておこう。

　まず、雇用についてみると、完全失業率、正規雇用者数と非正規雇用者数の推移は、図2のようになっている。完全失業率は2002～03年と2009～10年にピークがあり、近年は減少傾向にあった。失業が減り、仕事（求人）が増えている。しかし、その増加した仕事とは、正社員としての仕事ではなく、おもに非正規雇用であったことがわかる。非正規雇用者数は1989～2019年の30年間で2倍以上に増加している。ただし、2020年にはコロナ禍のためか、その非正規雇用者数も減少し、完全失業率が2009年以来の増加となった。ちなみに、図には示していないが、男女別の非正規雇用割合は、2020年において、男性は22.2%、女性は54.4%となっており、大きな男女間格差も確認できる。

　なお、完全失業率が減少傾向にあったにもかかわらず、先にみたように相対的貧困率は高いままだ。いわゆる「ワーキングプア」（働く貧困層）の広がりが推測される。

　正規雇用であっても、あらゆる雇用環境で「セクハラ」「パワハラ」「過労死」「長時間労働」などの問題は後を絶たない。2016年に厚生労働省が実施した「職場のパワーハラスメントに関する実態調査」によると、過去3年以内にパワハラを受けたことがあるとした回答者は32.5%にのぼり、都道府県労働局における「いじめ・嫌がらせ」の相談件数も2018年度には8万件を超え、労働局への相談内容として7年連続で最多を占めている。こうした状況を受け、2019年には「パワハラ防止法」[2]とも言われる法改正が行われ、事業主にはパワハラ防止策を講じることが義務付けられることとなった。

　「○○ハラ」という省略した呼び方は気軽に使われがちでハラスメント

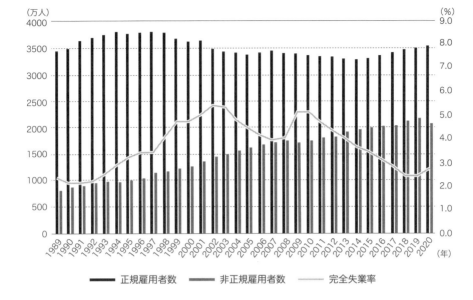

（万人）
（%）

■図2　正規雇用者数、非正規雇用者数、完全失業率の推移
（出典）2001 年までは「労働力調査特別調査」、
2002 年以降は「労働力調査（詳細集計）」から筆者作成

の深刻さが伝わらないかもしれないが、「ハラス（harass）」は「嫌がらせ
をして苦しませる、悩ませる」の意味であり、まさに「いじめ」と同じだ。
子ども社会だけでなく、大人社会にも「いじめ」が広がっている。

　長時間労働の問題も依然として残存している。『令和元年版 過労死等防
止対策白書』によると、パートタイム労働者を除く一般労働者の年間総実
労働時間は、平成の 30 年間は約 2000 時間で推移しており、改善が見られ
ない。長時間労働の目安となる「月末 1 週間の就業時間が 60 時間以上」
の就業者数については、1990 年に 753 万人だったのが平成 30 年には 397
万人にまで減少しているものの、この 60 時間以上の労働を行っているの
は、男性 40 代が最も多く 14.4％、2 番目に多いのが男性 30 歳代で 13.7％
となっている。家事・育児への参加が求められる世代でこの状況である。
男性の育休取得率は 2020 年で 12.7％であり、「イクメン」は、社会全体と
してはまだ絵に描いた餅である。

最後に自殺についてみていこう。『令和3年版　自殺対策白書』に掲載されている世界保健機関（WHO）の統計によると、日本の自殺死亡率は、世界で上から数えて、男性が15番目、女性が2番目、総数では7番目となっている。このように日本は世界的にも自殺の多い国であるが、近年の自殺者数は減少傾向にあり、2019年には20,169人と1978年の統計開始以来最少を記録してもいる。しかし、コロナ禍がさまざまな影響をもたらした2020年は21,081人となり、912人の増加がみられた。男女別だと、男性は23人の減少、女性は935人の増加で、女性の深刻な状況がうかがえた。

　以上、大人の雇用環境のいくつかを確認した。全体として失業は減っているが、非正規雇用や長時間労働は増えており、実態は厳しさを増している。こうした状況で子どもが育つことの意味をもっと考える必要があるだろう。

　現在の状況の背景には、グローバリゼーションによる産業構造の変化（製造業の海外移転）や新自由主義とも呼ばれる政策（労働市場の規制緩和、公営部門の民営化、企業法人税の減税など）がある。大人にしろ子どもにしろ、一人ひとりの生活や権利が大切にされてきたわけではなかった。それよりも大企業の利益が優先され、多くの人がその「おこぼれ」にあずかって豊かになれるというモデル（トリクルダウン理論）がまことしやかに信じられ、実行されてきた。統計・数字としてよくなった面もあるが、見せかけだけのものも多い。

　また、性別役割分業意識なども根強く残っており、家事や子育ての負担、非正規就労の多さ、母子家庭の貧困など、女性・女子が不利益を被っている事実を見逃すわけにはいかない。

5　子どもたちの現実から出発する

　子どもとその家族を取り巻く現状を正確に捉えることは、子ども家庭福祉の重要な課題だ。そのために、さまざまな調査が行われ、データ・統計として蓄積されている。本章ではその一端をみてきた。データや数字、グ

ラフについて、簡単に鵜呑みにするのではなく、注意深くみる必要があること、批判的に検討すること、疑いながら真実に近づく姿勢が求められること等について述べてきた。他にも、現代社会の子どもの課題は多数存在するが、それは本書の他の章で学べるだろう。

　本章では主に統計資料を参照してきたが、現実は％（パーセント）だけでは捉えきれない。量的な調査結果はあくまでおおよその傾向を示すに過ぎないことが多く、子ども家庭福祉の現場にいる子どもたちの状況が調査結果と一致するとは限らない。「いま・ここ」の目の前にいる子どもに真正面から向き合うことが求められる。目の前のミクロな現実の理解と、マクロな広い視点で構造的に捉えること、その両方が必要だ。

　なお、たとえ自分の予想や期待に反した結果だとしても、正確な事実やデータについて率直に受け止めるべきであることも伝えておきたい。虐待や暴力、貧困や不平等などまだまだ問題は多いが、改善されてきたこと、良くなってきたことも数多くある。やみくもに「昔は良かった」といって過去を美化するのではなく、現実を正確にとらえ、必要以上に悲観的にも楽観的にもにならず、あきらめずに、理想を求め続けることが私たちに求められている。

■注
1　こうした格差がなぜ生じるのかについては、松岡（2019）や耳塚（2014）が参考になる。
2　2019 年 6 月に女性の職業生活における活躍の推進等に関する法律等の一部を改正する法律が公布され、労働施策総合推進法、男女雇用機会均等法及び育児・介護休業法が改正されたことにより、職場におけるパワーハラスメント防止のために雇用管理上必要な措置を講じることが 2020 年 6 月より事業主の義務となった。

■文献
厚生労働省（2021）『令和 3 年版 自殺対策白書』
厚生労働省（2019）『令和元年版 過労死等防止対策白書』
松岡亮二（2019）『教育格差――階層・地域・学歴』ちくま新書
耳塚寛明（2014）『教育格差の社会学』有斐閣
文部科学省（2019）『学校基本調査―令和元年度結果の概要―』
内閣府政府広報室（2017）『「治安に関する世論調査」の概要』

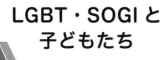

LGBT とは、レズビアン・ゲイ・バイセクシュアル・トランスジェンダーの頭文字で、性的マイノリティ全般を指す言葉として使われることもある。LGBT とひとくくりにされるが、L・G・B は「性的指向」、T は「性自認」に関するマイノリティである。

「性的指向」とは、性的な関心が向く方向性（相手の性別）のことで、異性に向けば異性愛（ヘテロセクシュアル）、同性に向けば同性愛（ホモセクシュアル）、両性に向けば両性愛（バイセクシュアル）である。どの性にも性的な関心が向かない無性愛（アセクシュアル）など、LGB 以外にもマイノリティの性的指向はある。

一方、「性自認」（ジェンダー・アイデンティティ）とは、自分の性別についての自己認識を指す。自分の身体の（生物学的）性や、戸籍上の性別など周囲が指定する性別に違和感（＝性別違和）を経験している人は「トランスジェンダー」と呼ばれる。トランスジェンダーの人が、性的指向については L・G・B という場合もある（たとえば、トランス女性が女性を好きになれば、レズビアンである）。なお、性別違和がない性自認のあり方は「シスジェンダー」と呼ばれる。

最近では LGBT に「Q」を加えた LGBTQ という略語を目にすることも増えた。この Q は Queer（クィア）もしくは Questioning（クエスチョニング）の頭文字で、クィアとは、オーソドックスな性の分類にはあてはまらない性のあり方を指す（L・G・B・T を含めてクィアということもあれば L・G・B・T という分類にもあてはまらない性のあり方を指す場合もある）。クエスチョニングとは、性的指向や性自認が分からない、決めたくない、迷っている、という状態を表す。いずれも LGBT では表現しきれない性の多様なあり方や性的マイノリティの多様性を表す言葉である。

性的マイノリティは、人口の 3〜5％程度と言われており、30 人学級に 1 人か 2 人はいる計算になる。だが、学校・家庭・職場など社会生活の多くの場面で、性的マイノリティはそもそも存在しないことにされていたり、「異常」とみなされていたりする。その中で、性的マイノリティの当事者はさまざまな生きづらさを経験している。

たとえば、学校生活の中では、同性同士が仲良くしていると「ホモ」や「レズ」といった差別的な言葉が投げかけられることがある。「異性愛」以外の性的指向は嘲笑の対象にしてもよいという雰囲気に、教員の側が（無自覚に）加担してい

ることさえある。

　性自認についても、男女別の制服から、トイレ、健康診断、体育、英語の授業の代名詞（he/she）にいたるまで、学校生活のあらゆる場面で男女の区別が前提とされており、生物学的な性や戸籍上の性別に違和感をもつトランスジェンダーの子どもたちの存在は多くの場合想定されていない。

　性的マイノリティについて肯定的な知識が得にくい環境下で、性的マイノリティの子どもたちが自分の性のあり方を肯定的にとらえることは難しい。実際LGBTについて授業の中で取り上げたことがあるという教員は２割に届かない（日高 2015）。またカミングアウトをしている性的マイノリティの大人が少ない環境では、性的マイノリティの子どもたちは自分のロールモデル（生き方の手本）を見つけにくく、自分がどう生きて行けばよいのか、人生の見通しを持ちづらい。ゲイ・バイセクシュアル男性の自殺念慮は異性愛男性の６倍、トランスジェンダーの若者の自殺リスクはシスジェンダーの若者の３倍という調査結果もある（岩本ほか 2019）。

　近年、「SOGI（ソジ・ソギ）」という言葉で性の問題を考えることが提案されている。これは性的指向（Sexual Orientation）と性自認（Gender Identity）の頭文字である。性の問題というと性的マイノリティの側に目が向きがちだが、SOGIには「性的マジョリティも自分自身の性的指向・性自認を生きる当事者として性の問題を考えよう」というメッセージが込められている。

　性的マジョリティが、自分の性のあり方を当然視し、そこから外れる性のあり方を「異常」あるいは「劣っている」とみなすことが、性的マイノリティの生きづらさを生み出している。マイノリティもマジョリティも、ともに自分自身の性に向き合い、多様なSOGIを生きる私たちが、自分自身や他人を抑圧することなく生きられる社会をつくるにはどうしたらよいのか。一人でも多くの人が、ともに考えることが、マジョリティもマイノリティも生きやすい社会をつくっていくことになる。

（関水徹平）

■文献

日高庸晴（2015）「教員 5,979 人の LGBT 意識調査レポート（PDF）」https://health-issue.jp/ kyouintyousa201511.pdf　2020 年 11 月 13 日

岩本健良ほか（2019）「性的マイノリティの自殺・うつによる社会的損失の試算と非当事者との収入格差に関するサーベイ」『JILPT ディスカッションペーパー 19-05』

第2章

子ども福祉の歴史——前近代から現代へ

垣内国光

1 前近代から近代の子ども——児童労働・子どもの貧困・セツルメント

（1）前近代の子ども

　資本主義が成立する以前の封建時代には、子どものための福祉制度や実践は存在していない。基本的人権や子どもの権利という認識はなく、ほとんどは農民ないし農奴で身分も固定的である。子どもは大人の従属物扱いされ未熟な大人として認識されていた。また、社会全体の生産力は低く生まれたすべての子どもを養うことは困難で、避妊法が確立していないため、必要な子どもだけを残す"間引き"や子捨てなども広範に行われていた。

　日本で各地に残る河童（カッパ）伝説の由来は川に流した子どもという説がある。水子供養は、堕胎したり生まれて間もなく間引きされた子どもの供養という意味でもあった。生まれた子どもが大人にまで育つ確率はかなり低かったと言える。捨子の記録も多く残されている。沢山美果子は、他者に拾われることを期待して富家の門や人が多く通る道に捨子された江戸時代の記録を紹介している（沢山 2008）（図1）。

　欧米でも捨子は広くみられる。15 世紀イタリアの捨て子養育院の記録を研究した高橋友子は、ルオータといわれる捨て子回転盤「捨児をする者が施設の職員に顔を見られずに子どもを施設に託すことができる装置」について報告している（高橋友子 2000）。回転盤でなく単なる箱（スカフェータ）であることも多かったようである。

　欧米も日本も前近代の社会では、領土を治める王や地主、宗教指導者に主権があり、病者や障害を持つ者、孤児たちは、地域共同体で扶養されるか支配層によって救済されるほかに生き延びることは困難であった。高

齢者障害者子どもに分けた処遇がさ
れないことが多く、慈善的な範囲を
超えるものではなかった。子どもら
しさに価値があることを認め子ども
に見合った処遇をする考え方は乏し
かったといえよう。

　フィリップ・アリエス（1914-1984）
は、中世フランスの子どもの状態を
研究し、中世では子どもは「小さな
大人」として考えられており、中世
の末期から近代の 17 世紀、18 世紀に
いたって、ようやく"子ども"は小
さな大人ではないことが認知されるよ
うになったと指摘している（フィリッ
プ・アリエス、杉山光信・杉山恵美子訳

■図 1 『棄子教戒の謡』
捨てた子どもが拾われることを祈って
やぶから見守っている父親の図
（沢山美果子『江戸の捨て子たち』より）

1980）。近代にいたるまで、子どもは教え込んで大人にさせる対象であっ
たと考えられていたとみることができる。

　近代から資本主義の勃興期に子どもを"発見"した人物がジャン＝
ジャック・ルソー（近代思想家 1712-1778）である。絶対王政が危機に陥り
フランス市民革命の前夜に書かれた『エミール』（1762 年）で、教育は知
識獲得でも競争勝ち抜きの営みであってはならないとし、「大人になるま
えに子どもがどういうものであるかを考えない」と痛烈に社会批判してい
る。大人にさせるための教育ではなく「子どもの内にひそむ自然の求める
ものに耳をかたむけよ」と主張した（ルソー、今野一雄訳 1962）。今日の
日本社会への警鐘としても十分に理解できる主張である。ルソーは、子ど
も独自の世界と感覚を認め"子どもを発見"した最初の人物とされる。

(2) 資本主義の成立で生まれた児童労働 ・・・・・・・・・・・・・・・・・・・・・・

　前近代から近代に時代が変化する過程で、フランスの市民革命（1789
年）に代表されるように封建制の束縛から人々が解放され、しだいに市民

的権利（自由権）が認められていく。しかしそれは同時に、市場によって
あらゆるものが売買される資本主義が成立していく過程でもあった。人権
思想の誕生や"子どもの発見"だけでは、人々が自由に生き子どもたちが
子どもらしく生きることができなかった。資本家にとっての自由権は、金
儲けをすることも労働力を買うことも解雇することも自由な権利でもある
からだ。儲けるためには何をしてもよい社会（市場原理主義社会）は徹底
した搾取をもたらす。資産を持つ者はさらに豊かになり貧しいものはいっ
そう貧しくなるという社会が到来し、働くことでしか生きていくことがで
きない労働者や市民は、つねに極貧層（被救恤的窮民）に転落する危険
にさらされる。資本主義が生まれ産業革命が進行する過程で、貧困は社会
の大問題となった。

　当時は、今のような教育制度、福祉制度、労働者保護の制度はない。まし
て公的扶助（生活保護）の制度、社会保険の制度もない。労働時間制限や児
童労働禁止の制度さえないため、多くの子どもは悲惨な状態におかれた。

　資本主義社会の初期、機械制工業が始まった頃、資本家でもあったエン
ゲルス（1821-1896）はイギリス労働者の状態について次のようにルポル
タージュしている。社会的規制のない"自由"がもたらした害悪について
である。

> 「M・H。20歳。子ども2人。小さい方は乳飲み子で、すこし年上の
> もう1人の子が子守をする－彼女は朝5時をすぎるとすぐ工場へでか
> け、夕方8時ころ帰宅する。昼間は彼女の胸から乳が流れてて、衣服
> からしたたり落ちる。－H・W。子ども3人。月曜日朝5時ごろ家を
> でて、土曜の夜、7時ころ、やっと帰ってくる。そのあと、子どもの世
> 話に手がかかるので、朝3時まではベッドに入ることはできない。（中
> 略）子どもをおとなしくさせておくために麻酔剤を使うことが、こうい
> う恥ずべき制度のおかげでいっそうすすめられ、現実に工場地帯では非
> 常にひろがっている。」

児童労働についても次のように記録を残している。

「工場労働者の9歳の子どもは、生活にもこと欠き、不自由をし、境
遇も変わりつづけ、湿気と寒さと、衣類や住居も不足がちのなかで成長
していくために、もっと健康な生活環境のなかで育った子どもにくら
べれば、労働能力ははるかに劣っている。9歳になると子どもは工場に
送られ、13歳になるまで毎日6時間半（以前は8時間、もっと前は12
ないし14時間、それどころか16時間も）働き、13歳から18歳までは
12時間働く。身体を衰弱させる原因はつづいており、これに労働が加
わる。（中略）息苦しく、湿気の多い、しばしば蒸し暑い工場の環境の
なかいつづけることは、けっして子どもの健康のためになるものではな
い。しかし、肉体と精神の発達のためにのみ用いられるべき子どもの時
間を、非情なブルジョアジーの貪欲の犠牲にし、工場主諸氏がもうける
ために搾取しようとして、子どもから学校と戸外の空気を奪いとること
は、どんな事情があるにせよ、やはりゆるせないことである。」（エンゲ
ルス、浜林正夫訳〔上〕2000）

　エンゲルスは資本家であったが、ひどい扱いをしていた同業の資本家を
痛烈に批判している。むき出しの資本主義がもたらす搾取が子どもたちに
深刻な影響を与えていることを知ることができる。

(3) 児童労働の禁止と工場法

　日本でも、細井和喜蔵が幼い女工などの長時間の過酷な労働を『女工哀
史』（1925年初版）に描いている（細井 1954）。恐慌や大飢饉などがあると
農村部では多くの少女が女工として出稼ぎに出されるだけでなく、女郎
（遊郭などで性的サービスをする女性）や娼妓（公認された売春婦）に身売り
されることも少なくなかった。女工として働く場合であっても労働者保護
の制度がないため、日本でも10歳にも満たない"幼い労働者"が存在し
1日12時間も14時間も働かせることが広く行われていた。幼い子どもが
"自由"に搾取の対象となり、労働力として人身売買することが認められ、
子どもが子どもらしい生活を送ることも識字教育を受け文化的素養を身に

つけさせることも保障されなかった。今日では許されないことだが、分かりやすくいえば、子どもを虐待状態に置くことが社会的に容認されていた時代だったということができる。

　子どもに対するこうした扱いは資本主義各国とも同じである。社会的な抗議活動がしばしば行われ、労働運動が発展し知識人なども加わって、しだいに労働を規制し労働者市民・子どもの権利を守るための権利（社会権）が模索されていく。自由権が思想や信教の自由、政治的自由、学問の自由、職業や移動の自由など権力からの自由の権利であるのに対して、社会権は権力や財力を持つ者を縛る権利といってもよく、各国とも、その社会権の最初の法律が工場法である。児童労働の禁止や労働時間の制限を国と資本家に強制することを内容としている。今日の日本で言えば労働基準法にあたる。

　イギリスにおける工場法をみてみよう。1802年に最初の工場法によって紡績関係の労働規制ができたが実効性が乏しく虐使が子どもや女性にまで拡大したため、次節にみるロバート・オーエンらの尽力によって改めて1819年工場法が施行されている。しかし、これも資本家に対する強制力がなく、ようやく、1833年工場法によって工場監督官（今の日本の労働基準監督官にあたる）が配置され、9歳未満児童労働の禁止などを含む実効性のある工場法が成立したとされる（高島 1995）。

　日本では、労働運動を背景に工場法が1911（明治44）年に成立し1916（大正5）年に施行された。児童労働禁止規定と労働時間規制が盛られたが、資本家の反対により帝国議会提案後、成立まで15年を要している。しかも日本の工場法ができたのは、働く者や子どもたちのためというより、農民と労働者によって編成された帝国陸軍兵士がロシアなどの兵隊に比べて著しく体質劣弱であったことが強く影響したといわれている。労働規制をしなければ子どもたちを強壮な兵隊に仕立てることができなかったからである。

(4) ルソーの影響を受けた先駆的実践 ・・・・・・・・・・・・・・・・・・・・・・・・・・

　子どもたちがこのような状態にあったころ、一握りではあるが子どもの

立場に立った実践が始まりつつあった。エンゲルスの時代より少しさかのぼるが、ルソーの影響を受けたヨハン・ハインリッヒ・ペスタロッチ（1746-1827）はスイスで貧しい農民の教育を行い、内戦によって路頭に迷う孤児たちの学校を作り彼らの教育に情熱を燃やした。彼の思想と実践の特徴は、子ども自身の自発的活動を認め人間としての調和的発達をめざしたところにある。そのペスタロッチの実践はフレーベル（1782-1852）に引き継がれていく。フレーベルは、子どもを共感的に理解することから発する教育をめざした。早教育に反対し幼児教育は遊びや作業を中心にすべきとし、遊具を考案し花壇や菜園や果樹園からなる庭を幼稚園に必ず設置すべきであると主張した。「子どもたちの庭」を意味する Kindergarten（キンダーガルテン、幼稚園）を創始している。

　同じくルソーの影響を受けていたロバート・オーエン（1771-1858）は、劣悪な環境下に置かれていた子どもたちを良い環境におけば知的で道徳的な性格をもつ人間を作ることができるとし、1816年に世界初の幼児教育を含む性格形成学院を開いている（ロバアト・オウエン、五島訳 1961、土方 2003）。オーエンは児童労働禁止を含む工場法制定の運動、博愛主義から脱して労働組合運動もすすめている。彼の理想は資本家たちの反対によってつぶされ貧困のうちに亡くなるが、その後の世界のセツルメント活動や社会主義運動に大きな影響を与えた。

　今日の保育や児童養護における実践の原型は、こうした貧しい子どもたちへの保育施設や孤児院の実践によって形作られてきたといえる。

（5）セツルメント活動における子ども支援 ･･････････････････････

　工場法はできたものの実際には貧困や児童労働問題は拡がり深刻の度を増していくが、そこに注目すべき活動が現れる。都市化が進んだ資本主義各国の大都市スラムでともに暮らしながら支援するセツルメント活動である。

　もっとも有名なものが、1884年にロンドンの貧民街イースト・エンドに設立されたトインビー・ホールの活動である。大学人や知識人、キリスト教指導者などがスラム街に住みつき、貧民や下層労働者の自立を促し社会

改良運動が展開されていった。識字支援などの教育活動、レクリエーションの提供、展覧会や音楽会などの文化的活動、貧困調査などが行われている。子どもの余暇のための少年クラブ活動や、夏休み中に郊外の農家できれいな空気と栄養のある食事を与えて自然に親しむ活動（夏期休暇田園活動）も行われている。単に肉やパン、お金などを与える慈善活動はむしろ彼らの自立を促すことにはならないとし、彼らの良き隣人としてともに生活するなかで自立支援を行った（高島 1998）。

　同様の運動はアメリカや日本でも展開されている。アメリカではジェーン・アダムス（1860-1935）らにより 1889 年、シカゴの貧民街にハル・ハウスが設立され、全米のセツルメント活動の中心となった。保育園や学童児のクラブ活動、イタリア移民たちのための語学教育、子どもたちのためのプログラムが展開されている。当初は富裕婦人たちの博愛的な活動であったがシカゴの凄まじい貧困の現実に遭遇して、しだいに社会改良を指向する社会事業活動に変化していったといわれる（木原 1998）。

　日本では、戦前の東京帝国大学学生らによる帝大セツルメントが有名である。そのセツルメント託児所で保母をしていた浦辺竹代（旧姓 庄司竹代）は、1930 年代の主な活動として、母親向けの子どもの病気や出産コントロール、選挙権などの学習会や調布の林間での転住保育、労働者教育部による女工向けの洋裁や編み物の講習会などの記録を残している（浦辺史・浦辺竹代 1982）。

　これらのセツルメント活動には次のような共通点がある。文化活動や教育活動、子どもの育成活動など地域でともに生活するなかでの自立が目指されていることである。上位に立つ者の施し（慈善活動）ではなく、一人ひとりの子どもと子ども集団を対象として、個と集団との関係を構築することが意識され、福祉援助の技法であるソーシャルワークの原型がみられる。

2　子どもの権利の誕生

（1）社会権の成立と子どもの権利 ……………………………

　形式的な自由権だけでは、人が人として自由に生きることも子どもが子

どもらしく生きることもできない。しだいに、社会的な規制を作ることが求められるようになり、国家が労働者市民・子どもに保障する権利としての体系的な社会権が確立していった。 社会権は、児童労働の禁止、労働時間規制などの労働権から始まり、ジグザグの過程を経て教育権、生存権へと拡がり、今日の社会保障社会福祉の権利へと発展していく。

　子どもの福祉にとって教育権と生存権は大きな意味を持っている。生きていけなければ教育を受けることができず、教育を受けなければ生き抜いていくことは困難だからである。しかし、子どもたちを守り健やかに育てるためには教育権と生存権だけでは十分ではないことが次第に意識されていった。大人とは異なる独自の権利が認められるべきだとする考え方である。

　「子どもの権利」という明確な言葉を最初に使ったのはエレン・ケイ（1829-1926）である。ヨーロッパのなかでも封建的な意識が色濃く残り女性と子どもたちへの制約の激しかった農業国スウェーデンで、エレン・ケイが『児童の世紀』を著したのは 1900 年のことである。彼女は、母性を保護し子どもを守る健全な家庭が尊重されるべきとし、母性と児童を保護するための立法を主張した（エレン・ケイ、小野寺信・小野寺百合子訳 1979）。また、エレン・ケイは、19 世紀が女性の世紀であるとすれば 20 世紀は子どもの世紀でなければならないとした。その願いは残念ながら 20 世紀には実現しなかったが、その精神は現代に引き継がれている。

　1914 年に勃発し 1918 年までヨーロッパ全土さらに世界を巻き込んだ第一次世界大戦は、戦闘員 900 万人以上、非戦闘員 700 万人以上の犠牲者を生んだ。発達してきた工業技術による国家総動員の戦闘は悲惨な結果をもたらし子どもたちに大きな犠牲を強いた。その反省の上にたって、国際連盟が 1924 年 11 月 26 日に児童の権利に関するジュネーブ宣言を採択している。この宣言は法的な拘束力はないものの、子どもの権利を世界で初めて明確に謳ったものである。その後の児童権利宣言や子どもの権利条約（児童の権利に関する条約）に大きな影響を与えた。

（2）コルチャック先生と子どもの権利条約 ･･･････････････････

　戦争をするのは大人だが戦争はいつも子どもたちに大きな被害をもたらす。第一次世界大戦での深刻な子どもの被害を反省したのもつかの間、再び、子どもたちは世界戦争によって大きな被害を受けることとなった。第一次世界大戦後、国家はより大きな資本と一体となってさらなる植民地支配と軍拡競争を行い、人類は世界戦争へと突入する。世界を二分した第二次世界大戦（1939-1945）である。大量殺戮（さつりく）兵器が用いられ子どもと非戦闘員を含めて 8,000 万人ともいわれる死者を出した。ドイツではファシズムが台頭しアウシュビッツなどの強制収容所でユダヤ人の絶滅を企図したジェノサイド（大量殺戮（さつりく））がおこなわれた。日本（大日本帝国）もアジア諸国の子どもたちや一般市民に甚大な被害を与えた。戦争末期には、アメリカによる広島、長崎の原子爆弾によって戦時動員されていた学生や子どもたちの多くの命が奪われてもいる。日本人の戦死者、空襲等の犠牲者は合わせて 310 万人以上とされているが、侵略した朝鮮半島、中国東北部（旧満州）、アジア太平洋地域の犠牲者は 2,000 万人以上にのぼり多くの子どもが含まれていると推計されている。

　こうした被害をもたらした背景には、お国の命令に従って喜んで命を差しだし靖国神社に英霊として戻ってくることが栄誉であり義務だとする教育があった。教育勅語とそれに基づく修身（道徳）教育である（高橋 2019）。

　このようなファシズムに対して敢然と子どもたちを守り虐殺された人物がいる。ユダヤ人やポーランド人孤児などのホーム「孤児たちの家」「僕たちの家」の"父親"コルチャック先生（1878-1942）である。彼は、炎天下、ナチスによってホームの子どもたちとともに貨車に詰め込まれトレブリンカ強制収容所に送られそのガス室で虐殺された。童話なども書いていた高名な先生だったため、コルチャック先生のみを助けることができるという申し出に対し、私はこの子たちの"父親"であって「一瞬たりとも子どもたちと離れるわけにはいかない。まず子どもたちが救われるべきだ」と怒ったと伝えられている（近藤康子 1995、近藤二郎 1995、塚本 2004）。著名な監督アンジェイ・ワイダによる映画『コルチャック先生』（1990 年）がある。

2度にわたる世界戦争が、人類と子どもたちに対する大きな犠牲を強いたことの反省の上に立って、戦後、子どもの権利が確立していくこととなる。国際連合では1948年に世界人権宣言が、1966年に自由権と社会権が明記された国際人権規約がそれぞれ採択され、1976年に国際人権規約が発効している。また国連では、1959年にジュネーブ宣言を引き継いだ児童権利宣言が採択され、「人類は、児童に対し、最善のものを与える義務を負う」とする文言が盛られている。

法的拘束性のある国際条約が作られるにはさらに長い時間を要した。児童権利宣言から20年後、深刻な子どもの人権侵害を受けた国でありコルチャックの祖国ポーランドの提唱によって、コルチャック生誕100年を期し1979年が国際児童年とされた。その10年後の1989年に、ようやく法的拘束性のある子どもの権利条約（日本政府訳は児童の権利に関する条約）が採択されるにいたる。この子どもの権利条約第3条に「児童の最善の利益」が引き継がれている。日本のこの条約への対応は積極的とはいいがたく、国連採択の4年後、世界158番目の批准国として条約国内適用の国会議決を行っている。

3　日本の子ども福祉略史──人物を中心に

(1) 戦前の慈恵政策とキリスト者の実践 ・・・・・・・・・・・・・・・・・・・

どのような歴史を経て子どもの権利が成立し子ども福祉が展開されてきたかを見てきた。ここからは、日本の子ども福祉の歴史を人物史を軸に簡単にたどってみよう。

明治維新によって国家体制が変わって最初に行われた救済制度は1874年の恤救規則である。同規則は、極貧の働けない70歳以上の老衰または重病の者、障害者、病人、13歳以下の児童にわずかな米代（支援金）を支給するとしたが、生活は人民同士で助け合うべきとものする考え方に基づいており、孤児や貧困家庭児童などが救済されることはほとんどなかった。この規則は、1929年の救護法成立後、同法が施行される1931年まで軍事救護法（1917）年を除いて唯一の保護救済の法であった。世界恐慌を背景

にようやく成立した救護法ではあったが、十分な予算措置が伴わず国民の側からの請求権は認められず、公的救護を受ける権利が保障されたものではなかった。疲弊する農村地域の娘の身売りなどを防ぐ手立てとはなりえなかったといわれている。

　戦前の子どもの福祉にかかわって取り上げるべき法は、1900年の感化法と1937年の母子保護法である。

　感化法は、それまでの刑罰を与え懲らしめて更生させるという考えから脱して、保護教育によって非行少年を取り扱う感化院設置を定めた法である。池上雪枝や留岡幸助らの実践が影響したとされる。1933年、少年教護法に改められ非行少年にも小学校教育に準じた教育を施すなどの改正が行われたが、実際にはそれら改正の実施は戦後の児童福祉法まで待たねばならなかった。母子保護法は、13歳以下の子をもつ母子またはそれに準ずる者であって、貧困で生活または養育ができない者を対象に母子一体で保護することを目的としたが、失業者の妻は対象にならず救済は制限的で戦争遂行のため国家の将来を担う人材養成という目的もあったとされる（藤原 2006、今井 2006）。

　子ども福祉が慈善救済的なものから始まるのは日本も世界も同様である。しかし、戦前日本の場合、慈善救済的な政策に加え天皇による恩賜（ありがたい思し召し）による慈恵的社会事業の色合いが濃いものであった。忠孝をつくす修身教育が徹底され帝国憲法が認める臣民（天皇主権のもとでの人民）の権利しか認められず、権利を主張する者が弾圧され福祉を必要とする人々や国民の側からの運動が起きにくい構造があった。権利行使としての福祉思想が根付きにくかったわけである。

　このように戦前期の子どもの福祉の歴史は、感化法を除いて子どもの立場に立った政策は乏しかったといえよう。その分、先駆的な民間社会事業の果たす役割は大きなものがあった。

　戦前日本の子どもにかかわる民間社会事業家の多くはクリスチャンである。人口比でそれほど多くはなかったキリスト者が、なぜ、日本の子どもの福祉の歴史に大きな足跡を残したのか、すべてが解明されているわけではない。神との関係で人間は平等だと考えるキリスト教の教義が子どもの福祉実

践を進めるうえで大きなよりどころになったと考えられる。当初、キリスト教は日本で十分な伝導が進まなかったため布教を主目的とした社会事業が行われていたが、日本人伝道者やキリスト者のなかからすぐれた社会事業家が生まれていった。後にみる留岡幸助は典型的である。天皇の赤子（天皇を親と見立てて国民を子とみなす言葉）として子どもを教化し鍛える考え方とは対照的な実践である。だが、キリスト教に限らないが宗教と天皇制、侵略戦争との関係は複雑である。石井十次のように2神論（キリストと天皇）を展開し朝鮮出兵に積極的に関与したり、満州移民送出に関わったキリスト教社会事業家がいたことも忘れてはならない（杉山 2015）。

（2）捨てるべき人間はいない
──留岡幸助（1864［元治元年］-1934［昭和9年］）・・・・・・・・・

日本の社会福祉史の上でもっとも大きな役割を果たしたと評価される人物。明治期の社会事業家、クリスチャン。江戸時代の1864年に現在の岡山県高梁市に生まれ、幼くして商家に養子に出され跡継ぎとして育つがキリスト教にふれ洗礼を受け出奔。当時は専門学校だった同志社神学科卒業後、京都の丹波地方で伝道者となる。新島襄（明治の牧師教育家、同志社の創立者）の影響を強く受けたと言われている。丹波ののち北海道空知の集治監（監獄の一種）の教誨師（監獄や刑務所に配属され、受刑者を諭し人としての生き方を育む専門職）の任に就き、罪を犯した子どもや大人の処遇に関わる。人を人として扱わない非道な処遇、過酷な強制労働に絶望し、脱獄も辞さない心の荒れた囚徒たちが育った環境に着目し次のような考えを持つにいたる。

「彼らは加害者であるばかりか、被害者でもある。もしも自分も彼らと同じような境遇にあったなら、同様の犯罪人になっていただろう。（中略）生まれつきの悪人は一人もいない、という私の信念は、間違ってはいなかった。彼らは不幸な境遇のなかで躓いたのだ。身体と心を鍛錬させ、教え導けば必ず真っ当な人間として立ち直れるはずだ」。

■写真1　留岡幸助
（日本図書センター『写真・絵画
集成日本の福祉1』1999年）

このままでは日本の処遇が変わらないと考えた留岡は渡米、感化監獄、白痴児童院、貧民街、病院、学校、慈善組織協会などを視察。犯罪を犯した者は感化教育次第で立ちなおり、障害をもって生まれた者も教育次第で人として豊かに育つと確信する。「慈善の第一要義は彼れ被保護者に心情（ハート）を与えてその朋友となることこれなり。しかしてこれをもって被救助者の心身を教育することは、彼に自立の基を与うるものにて、教育せられたる彼はその手腕を働かせ心神を労して自給独立すべし。これ即ち真正の慈善ならずや」と（藤井1992）。

　帰国後、1899年に東京巣鴨に家庭学校を設立し、さらに、1914年北海道社名淵（現在、紋別郡遠軽町）の原野を切り開き農場とし北海道家庭学校を創設する。子どもたちと汗を流して働きしっかり食事と睡眠をとり、大自然のなかで遊び子どもたちの自治組織を作って自ら生活を律する実践を目指した。留岡幸助自身は感化という言葉に対し「不遇ゆえに触法に追い込まれてしまった子どもに対する、大人と子どもという力の上下関係を元にした、卑しい意味での慈悲のあらわれ」として嫌っていたようである。

　なお、日本の最初の感化教育施設は神道家である池上雪江が大阪に作っている。当時、明治政府は不良少年の増加に苦慮しており、1900年に感化院設立の目的で感化法を制定するが、懲罰主義を廃してソーシャルワーク的な考えを取り入れ人間的な感化教育を実現しようとしたのが留岡である。北海道家庭学校は児童自立支援施設として現存している。山田火砂子監督、村上弘明・工藤夕貴主演の映画『大地の詩──留岡幸助物語』（2011年）がある。

（3）東北大飢饉の子どもたちを 824 名収容
──石井十次（いしいじゅうじ）（1865［慶応元年］-1914［大正 3 年]）‥‥‥‥‥‥

留岡幸助とほぼ同時代の明治期の
プロテスタントの社会事業家。今日
の児童養護施設にあたる岡山孤児院
を創設した人物として著名。もとも
とは岡山の医学校（現岡山大学医学
部）学生であった時、子ども 2 人を
抱えた浮浪者を太子堂（聖徳太子を
祀った堂）にみつけ、神の啓示を受
け孤児院設立を決意、高額な医学書
をたき火のなかに投げ込んで医学の

■写真 2　岡山孤児院の子どもたちの
　　　　　食事風景
（日本図書センター
『写真・絵画集成日本の福祉 2』より）

途を捨て社会事業家の途を歩んだといわれる。

　保護を必要とする子どもたちをできるだけ引き取るために無制限収容
主義をとり、とくに 1905 年の東北大飢饉に際しては 6 回にわたって合計
824 名もの児童を東北から受け入れ、一時は 1,200 名もの孤児を収容した。
本人も無謀と認めた大規模収容は宗派を通じたアメリカなどからの寄付金、
実業家の大原孫三郎らの支援に支えられて乗り切りきったと伝えられてい
る。留岡幸助とも交流があった。

　キリスト者ではあったが天皇中心の忠君愛国の思想ももっており、朝鮮
出兵などに積極的姿勢を示した。岡山孤児院は後に郷里の宮崎、茶臼原に
移転したが、本人の死去後、石井の目的は達せられたとして閉鎖されて
いる。現在は、その流れをくむ石井記念友愛社（宮崎県）と愛染橋保育園
（大阪府）がある。山田火砂子監督、松平健主演の映画『石井のおとうさ
んありがとう─岡山孤児院─石井十次の生涯』（2005 年）がある。

（4）障害児たちのために生きる
──石井亮一（いしいりょういち）・筆子（ふでこ）‥‥‥‥‥‥‥‥‥

石井亮一（1867［慶応 3 年]-1937［昭和 12 年]）

　心理学教育学者。滝乃川学園創立者。知的障害児は発達の遅滞であって

病などではないとし彼らに合った教育が必要と訴えた日本の知的障害児者教育・福祉の草分け。クリスチャン。

　立教女学校教頭在職中の濃尾大地震（1891年、死者数7,273人）で多数の孤児が生まれ、女子の人身売買が行われていることに怒り、現地で石井十次と合流し孤児救済に奮闘した。そのうちの16名の孤女を連れ帰り後にさらに5名を受け入れ、1891年に義援金と私財によって聖三一孤女学院を開設。その後、女学校教頭を辞し孤女教育に専念。孤女のなかに14歳の「白痴」の女児がいたことから知的障害児に関心を抱き、二度にわたって渡米し研究を行った。知的障害児教育を進めていたエドゥワール・セガンから障害児の教育法を学び、ヘレン・ケラーとも交流、帰国。その後、聖三一孤女学院を滝乃川学園と改称、幅広く知的障害者教育・研究施設として充実させていった。滝乃川学園は、知的障害児者への教育の場にとどまらず労働の場でもあり障害児の研究や保母養成も行った。後に亮一の夫人となる筆子は、園児保護者であると同時に亮一の良き理解者協力者であった。夫を亡くしていた筆子は亮一の生き方に惹かれほどなく二人は結婚している。

　財政的に厳しいさなか、1921年に園児による失火で園児数名が犠牲になり、亮一・筆子夫妻は施設の閉鎖を考えたが、多方面の園生からの支援をうけて事業を継続、献身的な努力を続けた。次第に「大人の園生」が増え生涯を見通した処遇が必要と考えた石井は、施設を谷保村（現、立川市谷保）に移転。小川が流れる雑木林という理想的な土地に教会を中心に学園を配置して事業の展開を図った。亮一死去後は筆子が第二代学園長となっている。

　二人がどのような同志であったかエピソードが残されている。ある財を成した家に寄付をもらいに行った亮一が手ぶらで帰宅したので筆子が尋ねたところ、「不浄の金はもらえない」

■写真3　石井亮一・筆子夫妻
（滝乃川学園『滝乃川学園120年史』より）

と断ったといい、それを聞いた筆子はたいそう喜んだと伝えられている。

石井筆子（1861［文久元年］-1944［昭和19年］）

近代女子教育の先駆者でもあり、夫亮一とともに日本の知的障害者福祉の創始者。クリスチャン。英語、仏語、オランダ語を話す社交界の華でもあった。

華族だった筆子は、ヨーロッパ留学後、津田梅子と共に華族女学校教師として教鞭にたつが他方で貧困家庭女子のための大日本婦人教育会付属女紅女学校を開校する。さらに静修女学校の校長をつとめ初期の日本の女子教育に貢献した。静修女学校は津田梅子が創設した女子英学塾に引き継がれ津田塾大学（現、東京都小平市）へと発展している。筆子は高級官吏と結婚し3子をもうけたが、夫は2人の知的障害児の娘を残して30代で死去。その後、娘を滝乃川学園に預けていた縁で財政支援を行ってきた筆子は、次第に石井亮一の生き様に惹かれ再婚。才色兼備で顔の広かった筆子は、皇族華族や広く財界からも資金援助を受けて亮一の事業を支え続け、亮一の死去後、莫大な負債を抱えて学園閉鎖を模索するも遺志を継ぎ1937年76歳で2代目の園長に就任。学園の前途を憂いながら83歳で戦時下に亡くなった。山田火砂子監督、常盤貴子主演の映画『筆子その愛――天使のピアノ』（2007年）がある。

（5）貧民のための保育園
――野口幽香（1866［慶応2年］-1950［昭和25年］）‥‥‥‥‥‥

二葉幼稚園・保育園の創始者。本名はゆか。クリスチャン。東京女子師範学校（現・お茶の水大学）卒業後、幼稚園保母となるが、保母の仕事をしながら森島みねと1900年に東京麹町に貧民のための二葉幼稚園を創立。設立6年後に、横山源之助が悲惨な実態をルポした明治三大貧民窟のひとつ四谷鮫河橋に移転、1916年に二葉保育園と改称している。上流階級のための幼稚園はあっても貧民のための保育施設がない時代に、フレーベルに学び、自然に接し良い環境のもとで育てればどの子も立派な人間に育つと実践を展開した。短時間で一年か二年の保育が当然とされていた当時、

3歳以上の幼児を対象に1日7〜8時間の保育を行い，日曜・祝祭日と年末年始のみを休日とし労働者が働けるよう支援した。今日の保育所制度の創始となる実践である。後継者となる徳永恕（1887［明治20年］-1973［昭和48年］）とともに、不就学児のための小学部、今日の学童保育にあたる少年少女クラブ、日本で初めての母子生活支援施設である母の家なども創っている。戦後は、徳永恕の手によって、戦災孤児の引き取り、母子寮と養護部の設立、セツルメント事業支援などを展開した。流れを汲む社会福祉法人二葉保育園は、現在、新宿区南元町（元鮫河橋）を中心に保育所、乳児院、児童養護施設などを運営している。

（6）この子らを世の光に
──糸賀一雄（1914［大正3年］-1968［昭和43年］）

　戦後日本の障害者福祉を切り開いた実践家。クリスチャン。高校時代に結核を患い受洗。京都大学卒業、小学校代用教員の後、1939年に鳥取第40連隊に招集され結核を再発し除隊。京都に戻ったのち滋賀県庁に勤め、公務員として滋賀県の社会事業をすすめる。代用教員時代の知己であった

**■写真4
糸賀一雄園長と近江学園の
子どもたち**
（日本図書センター
『写真・絵画集成日本の福祉3』より）

池田太郎を学園主任として迎えて病虚弱児施設三津浜学園、さらに、池田太郎を通じて学校での障害児教育に限界を感じていた田村一二を迎えて救護施設である石山学園の創設の任にあたる。戦後、三津浜学園は廃止され石山学園も財政的に行き詰まるが、結核療養していた糸賀の障害児たちへの情熱は衰えず、退院後、知的障害児のための近江学園創設に邁進、1946年に設立し園長に就任。池田が戦災孤児生活困窮児の養護を担当し田村が知的障害児の療育を担当した。設立時は救護施設だったが1947年に成立した児童福祉法の下で県立の養護施設兼知的障害児施設となった。

　戦後の厳しいなかでの施設の運営は困難をきわめ、糸賀は職員に 24 時間勤務、耐乏生活、不断の研究の近江学園三条件を課し、糸賀も園内に住み込み子どもたちとともに生活したと伝えられている。

　次第に近江学園だけでは現実のニーズに応えることは難しくなり、重度知的障害児施設落穂寮、窯業によって障害児者の自立をめざす信楽寮、女子知的障害児のためのあざみ寮、年長障害児のための一麦荘などの創設の主導的役割を果たす。1963 年には西日本で最初の重症心身障害児施設びわこ学園を創設。この間、財政困難と闘いながら国自治体行政に率直に意見し、実のない研究に対しては厳しい批判を続けた。

　糸賀一雄の思想の核は、障害児者を慈善あるいは福祉の対象としては見ていないところにある。ともに生きる人間として障害児者を捉えている。自己保身と競争に明け暮れ正直に生きることが難しい私たちに対し、彼らこそ人としての純粋な心を保ち光り輝いて生きている、私たちこそ彼らに学ぶべきだと。

　戦後、異例の発行部数となった『福祉の思想』（NHK 出版、1968 年）に、こんな文章が残されている。

　「この子らはどんな重い障害をもっていても、だれととりかえることもできない個性的な自己実現をしているものなのである。人間とうまれて、その人なりの人間となっていくのである。その自己実現こそが創造であり、生産である。私たちのねがいは、重症な障害をもったこの子たちも、立派な生産者であるということを、認めあえる社会をつくろうということである。『この子らに世の光を』あててやろうというあわれみの政策を求めているのではなく、この子らが自ら輝く素材そのものであるから、いよいよみがきをかけて輝かそうというのである。『この子らを世の光に』である。この子らが、うまれながらにしてもっている人格発達の権利を徹底的に保障せねばならぬということなのである。」

　今日では発達保障の考え方は定着しているが、それは糸賀一雄によって切り開かれた思想といっても過言ではない。

（7）戦後の子ども福祉へ ・・・・・・・・・・・・・・・・・・・・・・・・・・・・・・・・

　日本の子どもの福祉は、戦前と戦後ではその様相は大きく異なる。

　戦前は慈恵的社会事業であったためにキリスト者が実践を切り開かざる
を得ない社会の構造があった。これに対して戦後は、曲がりなりにも、国
民主権、基本的人権、平和主義をとる新憲法と子どもの権利を明確に謳っ
た児童福祉法によって、子どもたちがその生活を保障されその子らしい生
活を送る権利が認められている。実践を支える基盤が決定的に異なる。し
かし、その権利を実現するために戦後70数年の間、多くの努力を要した
こともまた事実である。さらに最近では、子どもの福祉を含む福祉サービ
スを自己責任で受けるべきとする市場原理主義（新自由主義）的な動きも
みられる。子どもの福祉のあり方は新たな揺らぎに直面しているといえよ
う。

　子どもの福祉制度はどうあるべきか、子どもの権利を守る実践はどうあ
るべきか、私たちは歴史と先達（せんだつ）の実践に学ぶ必要があろう。

■文献

エレン・ケイ、小野寺信・小野寺百合子訳（1979）『児童の世紀』冨山房

エンゲルス、浜林正夫訳（1990）『イギリスにおける労働者階級の状態（上・下）』新日
　本出版

藤井常史（1992）『福祉の国を創った男　留岡幸助の生涯』法政出版

藤原正範（2006）「第11章　感化事業と公私問題」池本美和子編『近代日本の慈善事
　業——実態とその変容』社会福祉形成史研究会

土方直（2003）『ロバート・オウエン』研究社

細井和喜蔵（1954）『女工哀史』岩波書店

糸賀一雄（1965）『この子らを世の光に』柏樹社

糸賀一雄（1968）『福祉の思想』NHK出版

今井小の実（2006）「第12章　母子保護の社会化——慈善事業から社会事業の時代へ」
　池本美和子編『近代日本の慈善事業——実態とその変容』社会福祉形成史研究会

木原活信（1998）『ジェーン・アダムス』大空社

近藤二郎（1995）『コルチャック先生』朝日新聞社

近藤康子（1995）『コルチャック先生』岩波ジュニア新書

二井仁美（2010）『留岡幸助と家庭学校』不二出版

フィリップ・アリエス、杉山光信・杉山恵美子訳（1980）『子供の誕生』みすず書房

ロバアト・オウエン、五島茂訳（1961）『オウエン自叙伝』岩波書店

ルソー、今野一雄訳（1962）『エミール』岩波書店

沢山美香子（2008）『江戸の捨て児たち』吉川弘文館

柴田義守（1978）『石井十次の生涯と思想』春秋社

杉山博昭（2015）『「地方」の実践からみた日本キリスト教社会福祉』ミネルヴァ書房

社会福祉法人二葉保育園（2020）http://www.futaba-yuka.or.jp/history/　2020 年 7
　月 3 日

高島　進（1995）『社会福祉の歴史』ミネルヴァ書房

高島　進（1998）『アーノルド・トインビー』大空社

高橋友子（2000）『捨児たちのルネッサンス——15 世紀イタリアの捨児養育院と都市・
　農村』名古屋大学出版会

高橋陽一（2019）『くわしすぎる教育勅語』太郎次郎社エディタス

高谷　清（2005）『異質の光——糸賀一雄の魂と思想』大月書店

滝乃川学園（2011）『滝乃川学園 120 年史（上下）』大空社

塚本智宏（2004）『コルチャック子どもの権利の尊重——子どもはすでに人間である』
　子どもの未来社

津曲裕次（2002）『石井亮一』大空社

浦辺　史・浦辺竹代（1982）『道づれ 新しい保育を求めて』草土文化

■子どもの福祉略年表

	世界のできごと	日本のできごと	内容
1601 年	エリザベス救貧法（英）		教区都市ごとの救貧を国家単位の救貧とした法。治安維持が目的。
1762 年	ルソー『エミール』出版		
1776 年	アメリカ独立宣言		
1780 年	ペスタロッチ『隠者の夕暮』出版		
1789 年	フランス市民革命		
1802 年	工場法（英）		最初の工場法。木綿その他の工場で雇用されている教区（教会が管轄する区域）の人々の健康と道徳を維持するための法律。実効性はなかった。
1816 年	ロバート・オーエン―性格形成学院開校		
1819 年	工場法（英）		一般の児童、女性に酷使の拡がりが見られるようになったため、1802 年工場法の対象を拡大したが、資本家に遵守を強制する仕組みはなかった。
1833 年	工場法（英）		9 歳未満児童労働の禁止、9~18 歳未満労働者者の労働時間を週 69 時間以内に制限し、工場監督官配置を義務化。この法律によって工場法が確立した。
1834 年	新救貧法（英）		院外救済廃止、懲治院の院内救済のみ。処遇は最低労働者以下。エンゲルスから批判。
1845 年	エンゲルス『イギリスにおける労働者階級の状態』出版		
1874 年		恤救規則	
1884 年	トインビーホール開設（英）		経済学者アーノルド・トインビーによって設立された世界最初のセツルメント。
1887 年		石井十次―岡山孤児院設立	
1889 年	ハル・ハウス開設（米）		ジェーン・アダムスによってシカゴのスラム街に設立。児童の支援に積極的。
1891 年		石井亮一――孤女学院（滝乃川学園）設立	
1900 年	エレン・ケイ『児童の世紀』出版	感化法 野口幽香―二葉幼稚園設立	
1911 年		工場法	法案作成から成立まで 15 年を擁し、12 歳未満就業禁止、15 歳未満と女子の 12 時間以上就業禁止などが盛られるも、15 人未満工場は非適用など例外規定あり。労働者保護というより人的資源保護が目的。
1914 年	第一次世界大戦（～ 1918 年）	留岡幸助―北海道家庭学校設立	
1922 年		旧少年法	
1924 年	国際連盟ジュネーヴ宣言（子どもの権利宣言）		
1925 年		細井和喜蔵『女工哀史』出版	
1929 年	世界大恐慌	救護法	救護法：戦前で唯一の保護救済の法律。予算が伴わず権利を保障する法とはならなかった。

1933年		少年教護法	
		児童虐待防止法（旧）	虐使、軽業・角兵衛獅子など児童を観覧に供する行為などを禁止した法律。2000年の児童虐待防止法とは異なる。
1937年	盧溝橋事件から日中戦争へ	母子保護法	
1938年		社会事業法	
1939年	第2次世界大戦 （〜1945年）		
1940年		国民優生法	優生思想に基づいて中絶・断種を合法化した法。
1942年	コルチャック先生虐殺 ベヴァリッジ報告（英）		
1945年	日本敗戦、第二次世界大戦終結		
1946年	ユニセフ設立	日本国憲法	欽定憲法から、国民主権、基本的人権、平和主義を基調とする民主憲法へ。
		生活保護法（旧） 浮浪児その他の児童保護者の応急措置・主要地方浮浪児等保護要綱 糸賀一雄ら─近江学園設立	戦争孤児、戦災孤児の施設収容が目的。
1947年		教育基本法 児童福祉法	
1948年		優生保護法	実質的な国民優生法の改正。1949年に改正され、避妊の奨励、中絶規制を緩和した。
1949年		身体障害者福祉法	
1950年		生活保護法（新）	
1951年		児童憲章 社会福祉事業法	
1956年		売春防止法	
1957年		朝日訴訟提訴	結核患者朝日茂さんが憲法25条の生存権のあり方をめぐって争った裁判。朝日さん死去により裁判は終結するも、その後の生活保護水準改善に大きな影響。
1959年	国連、児童の権利に関する宣言		
1961年		児童扶養手当法	
1964年		母子福祉法（1981年に母子及び寡婦福祉法に） 特別児童扶養手当等の支給に関する法律	特別児童扶養手当等の支給に関する法律：当初は重度知的障害児の手当法として発足したが、1966年に対象を重度の身体障害児にも拡大。
1965年	ヘッドスタート計画（米）	母子保健法	ヘッドスタート計画：貧困格差をなくすために積極的に乳幼児からの適切な保育を行うなどの子育て支援計画。
1966年		特別児童扶養手当等の支給に関する法律改正	
1970年		堀木訴訟提訴	視力障害者の堀木フミ子さんが国民年金と児童扶養手当併給禁止は憲法違反だとして提訴、一審後、国は併給禁止規定を撤廃。しかし、国は裁判を継続し、最高裁で堀木さんは敗訴するも、朝日訴訟と並ぶ国の政策を変えた生存権裁判となった。
1971年		児童手当法	

1979 年	国連、国際児童年	養護学校義務化	養護学校義務化：障害児の就学免除制度を撤廃、すべての障害児への教育保障を義務化。
1981 年	国連、国際障害者年		
1989 年	国連、子どもの権利に関する条約採択		
1992 年		育児休業法	
1994 年		子どもの権利に関する条約批准 児童買春、児童ポルノに係わる行為等の処罰及び児童の保護等に関する法律	
1995 年		育児休業法改正→育児・介護休業法	
1996 年		母体保護法	優生保護法の改正。障害者の強制断種条文削除が行われた。
1997 年		児童福祉法改正	保育所措置制度から実施制度へ、虚弱児施設を児童養護施設に統合、児童家庭支援センターの創設。
2000 年		児童虐待防止法 社会福祉法改正 社会福祉事業法改正	社会福祉事業法の全面改正。福祉への企業参入、社会福祉法人の企業化、公的責任の後退が狙い。
2001 年		児童福祉法改正 配偶者からの暴力の防止及び被害者の保護等に関する法律（DV 防止法）	児童福祉法改正：保育士資格、主任児童委員法定化。
2003 年		少子化対策基本法 次世代育成支援対策推進法	基本法は少子化阻止の国民意識啓発、推進法は国自治体に少子化対策行動計画を義務づけたもの。両者は対の法律。
2004 年		児童福祉法改正 発達障害者支援法	児童福祉法改正：市町村が子ども福祉等の第一義的相談窓口となる。児童相談所が市町村の後方支援にまわり専門的事案に対応。要保護児童対策地域協議会設置、中核市における児童相談所の設置。
2005 年		障害者自立支援法	
2007 年		熊本の慈恵病院「こうのとりのゆりかご」設立	設立後、賛否の議論。別名、「赤ちゃんポスト」。
2010 年		児童扶養手当法改正	父子家庭にも手当支給。
2013 年		子どもの貧困対策法 障害者総合支援法 いじめ防止対策推進法	子どもの貧困対策法：貧困率調査、国自治体の対策計画義務化。 障害者総合支援法：障害者自立支援法の全面改正、個人の尊厳にふさわしい生活を営むことができるための支援が法目的。
2015 年		子ども・子育て支援法等関連三法施行	幼保、認定こども園等の利用を原則自己責任とし、その利用に対して補助金を支給する仕組みに切り替え。
2016 年		児童福祉法改正	児童福祉の理念に、子どもの権利に関する条約の精神が盛られ、児童保護者の第一義的責任を挿入。

第3章

子どもの権利と福祉

井原哲人

1 保護の対象から権利の主体へ

> ちいさい　だるまちゃんは　なきそうになって
> おこって　いいました。
> 「ちがうよ　ちがうよ　まるでちがうよ。
> ぼくの　ほしいのは　さいている　はなでなくて
> かおにある　はなだよ」
> 「ごめん　ごめん。これは　おおまちがいの
> とんちんかん」
> おおきな　だるまどんは
> あたまをかきました。

　これは、かこさとしの絵本『だるまちゃんとてんぐちゃん』の一節である。ここに登場するだるまどんのモデルは、かこの父である。このやりとりはかこの幼少期の体験がもとになっている。かこを思う子煩悩な父の行動、それが早合点であり、子どもの思いとすれ違う。「親が『自分の子どものことは、いちばんよくわかっている』なんて思ったら、大間違い」。

©加古里子（福音館書店『だるまちゃんとてんぐちゃん』より）

だが、「親が自分のためを思って、そうしてくれたのがわかるから」親の言動を否定することができず、「子どもの方が我慢している」（かこ2016）。かこが幼少期を過ごした1920年代、戦火にあえぐ欧州で子どもの権利への取り組みが始められる。

（1）貧困、戦争被害からの救済 ······························

産業革命を経て「世界の工場」として経済成長を遂げたイギリスでは、工場等で悲惨な労働条件で働かされ、虐待を受けていた子どもたちを保護する取り組みが19世紀に入り徐々に広がっていた。前章でみた工場法の制定や浮浪児等を入所させて保護・救済をおこなったバーナードホーム[1]等が設置されるが、依然として子どもたちは厳しい貧困状況に置かれていた。20世紀に入っても、シーボーム・ラウントリー（Seebohm Rowntree）のヨーク調査（1899年等の調査）[2]にみられるように、多くの国民が貧困に苦しめられている状況が明らかにされている。それに加えて、バルカン戦争や第一次世界大戦によって戦没者や戦傷者、孤児が増大し、食糧難等が引き起こされていた。

子ども救済基金としても知られ、現在も活動を続けるセーブ・ザ・チルドレンの原点がここにある。エグランタイン・ジェブ（Eglantyne Jebb）によって敵味方関係なく戦争被害にあった子どもたちの救済としてはじめられた[3]。その協会の綱領として定め世界に提案した「世界子ども憲章（草案）」（総則4項、条文28項）をもとに、国際連盟が宣言として採択したのが「子どもの権利宣言」（通称ジュネーブ宣言、1924年）である[4]。

同宣言は、「人類が子どもに対して最善のものを与える義務を負うことを認め」、「子どもは、身体的にも精神的にも正常な発達をするために、必要な諸手段を与えられなければならない」「飢えた子どもは、食を給せられなければならない…中略…孤児や浮浪児は、住居を与えられ救助されなければならない」等の5項目を定めている。このように、子どもの権利を守る取り組みの原点には、貧困及び戦争による被害で苦しむ子どもたちの救済があったことを忘れてはならない。

しかし、すべての子どものより良き成長を求めた「世界子ども憲章（草

案）」で、「子どもは、美しい芸術、技芸の作品に親しみ、すぐれた音楽を鑑賞し、野外劇に参加すべきである」等を規定していたのに対して、子どもの権利宣言では一部の困難を抱える子どもの保護を規定するのみであり、草案からはかけ離れた内容であった。また、子どもの権利条約の精神的父ともいわれるコルチャックは、「ジュネーブの立法者たちは、義務と権利をごちゃごちゃにしている。宣言の調子は、要求ではない、忠告である。善良なる意志への呼びかけであり、愛顧を求める願いである」と痛烈に批判をした（塚本 1993）。コルチャックの批判を克服するには、第二次世界大戦の悲惨な経験を経た戦後の長い道のりが必要であった。

（2）子どもの権利条約制定へのあゆみ ･････････････････････････････

　第二次世界大戦後、すべての人が「健康及び福祉に十分な生活水準を保持する権利」を有するとした広範な権利規定を持つ世界人権宣言（国際連合、1948 年）が採択された。ジュネーブ宣言も部分的な改正ではなく全面的な改正作業が求められるようになった。子どもという一領域（時期）に限った権利を宣言化することによって普遍的な人権宣言の利益を損なうのではないかとの批判もあったが、子ども独自の人権保障の必要性がしだいに共有され制定されたのが「子どもの権利に関する宣言」（国際連合、1959 年）である。同宣言は、「子どもは、この宣言に掲げるすべての権利を享有する」（第 1 条）として、「教育を受ける権利」（第 7 条）等の条文 10 項から構成されている。とは言え、法的義務をもたない宣言として道義的責任を脱するものではなく、「利益を享受する」あるいは「与えられなければならない」等、子どもは権利を保障される位置にとどめられた。

　その後、国際人権規約は、「社会保障についてのすべての者の権利」等を認める A 規約（経済的、社会的及び文化的権利に関する国際規約）、「すべての者は、干渉されることなく意見をもつ権利」等を認める B 規約（市民的及び政治的権利に関する国際規約）で構成される国際法として[5]、1966 年に国連総会で採択された（1976 年発効）。しかし、その後も病気や栄養不良、相次ぐ戦火等で命が奪われ、貧困や路上生活、児童労働、虐待やいじめ、不適切な支援によって困難を抱えさせられた多くの子どもたちが生み

出され続けた。そうした状況を改善するために、1979年の国際児童年を契機として子どもの権利の法的保障の検討が進められ、1989年に子どもの権利条約が採択されるに至る。

2 子どもの権利条約の概要

(1)子どもの主体性の確保 ・・・・・・・・・・・・・・・・・・・・・・・

　子どもの権利条約は、子どもの権利保障における国の義務を明確にしており、これまでの国際文書とはまったく異なる。条約は、前文及び条文54項、3つの選択議定書からなる。各国の条約の実施状況を監視するために国連に設置された子どもの権利委員会は、締約国から提出された報告書等を審査し、採択した総括所見に基づいて条約実施の優先課題として履行を求めていくというサイクルをとっている。

　ユニセフは、条約に定められる権利を、「生きる権利」、「育つ権利」、「守られる権利」、「参加する権利」の4つに分けて整理している[6]。ただし、条約の内容を理解するには、4つの一般原則をおさえる必要がある。あらゆる差別の禁止（第2条）、子どもの最善の利益の確保（第3条）、生命・生存・発達に対する権利（第6条）、子どもの意見表明権（第12条）である。

　第12条の意見表明権は条約を象徴するものの一つである。条文は「締約国は、自己の見解をまとめる力のある子どもに対して、その子どもに影響を与えるすべての事柄について自由に自己の見解を表明する権利を保障する。その際、子どもの見解が、その年齢及び成熟に従い、正当に重視される」である。子どもは、従来の宣言では権利を保障される受け身的な存在であったが、表現の自由や結社・集会の自由等の自由権と言われる諸権利を規定することによって、権利を行使する主体として位置づけられている。同条について子どもの権利委員会は、一般的見解第7号において、「乳幼児は、話し言葉または書き言葉という通常の手段で意思疎通ができるようになるはるか以前に、さまざまな方法で選択を行ない、かつ自分の気持ち、考えおよび望みを伝達している」として、「もっとも幼い段階か

ら実施されることを確保」することを求めている[7]。

　喜多明人（2009）は、第12条を単なる意見表明の機会の保障として理解するのは問題であると指摘し、「子ども自身の問題の決定に際して、広く子ども自身の意思を反映させる適正手続を求める権利であり、かつ、自己の生活条件（みずからの成長発達の場を含む）や社会条件の決定に対して、子ども自身の意思を尊重すること（自己決定の促進）を求めた権利である」としている。さらに、子どもが意見表明権・参加権を行使するためには、おとな側の主体的力量（正当な権利行使を援助できる力量等）が求められるとしている。

（2）権利保障における国の役割

　他方で、条約は生存権等の社会権と言われる諸権利についても見直し、水準を引き上げている。例えば、健康や医療については「到達可能な最高水準の健康の享受」等を定め（第24条）、虐待等によって「一時的もしくは恒常的に家庭環境を奪われた子ども」に対する代替的養護については里親や養子縁組等を規定し、施設養護を「必要な場合には子どもの養護に適した施設での措置を含むことができる」として限定的に位置づけている。また、生活部面についても「身体的、心理的、精神的、道徳的および社会的発達のために十分な生活水準に対するすべての子どもの権利」を認めている（第27条）。

　ここで、条約における権利を保障する主体は締約国、つまり日本国政府であることを踏まえたうえで、子どもと保護者、国家の関係について確認をしておきたい。近年、日本の児童福祉関係法において、「児童の保護者は、児童を心身ともに健やかに育成することについて第一義的責任を負う」（児童福祉法第2条）、「父母その他の保護者が子育てについての第一義的責任を有するという基本的認識」（子ども・子育て支援法第2条）等の法改正や立法が行われ、保護者の第一義的責任が強調されている。

　子どもの権利条約において、第18条で子どもの養育および発達に対する保護者の第一次的責任が規定され、国等が親の法的責任を脅かし不当に介入することを禁止していることから、国内法で保護者の第一義的責任を

強調する根拠となるとの見解が散見される。しかし、条約においては子どもの養育等を保護者に委ねているだけではない。同条第2項では、「子どもの養育責任を果たすにあたって適当な援助を与え、かつ、子どものケアのための機関、施設及びサービスの発展を確保」することを国に求めている。森田（2009）は本条から日本の現状を見た時に、「家族への過度の責任遂行を前提とした制度設計を子どもの権利の視点から見直す必要」があり、「子育ての責任が女性に偏っていること」を克服する必要があるとしている。

3　日本における子どもの権利保障の課題と可能性

(1) 日本の福祉制度と権利保障の展開 ・・・・・・・・・・・・・・・・・・・・・・・

　これまで国際的な権利保障のあゆみを見てきたが、ここで戦後日本の権利保障の視点から児童（子ども家庭）福祉制度を概観しておこう。

　敗戦によって、戦争あるいは空襲等のために生活基盤が崩壊し、12万人を超えるといわれる両親を失った児童が生まれた。このような状況に対して保護収容できる施設等が極めて少なかったことから、政府は、戦災孤児等保護対策要綱（1945年9月）を決定し、保護者を失った児童の個人家庭への保護委託や養子縁組等によって保護することとした。その後、浮浪児その他児童保護等の応急措置に関する件（1946年4月）、主要地方浮浪児等保護要綱（1946年9月）による刈込みや浮浪児狩りと言われる対策へと移行し、「浮浪児・戦争孤児対策は犯罪取締りとほとんど同義」と指摘される措置を取った（逸見2007）。このような児童の保護対策を強化する過程で構想されたのが児童福祉法案である。日本国憲法の制定後に定められた児童福祉法（1947年）は「児童保護から児童福祉へ」転換し、今日の児童（子ども家庭）福祉制度の礎となった。

　2016年の児童福祉法改正まで維持されていた法理念である第1条は、第1項「すべて国民は、児童が心身ともに健やかに生まれ、且つ、育成されるように努めなければならない」、第2項「すべて児童は、ひとしくその生活を保障され、愛護されなければならない」とされていた。第2項は、

「児童はすべて人として尊重され、この意味においてひとしく生活を保障され、愛護される権利」を有すると規定したものである（高田正巳 1951）。その上で第2条では国及び地方公共団体の役割として、「保護者が児童の福祉をはかる上に支障となっているものをできるだけ取除いて、保護者の責任が十分果たせるよう社会的環境の整備」に努めることが規定された（高田正巳 1951）。

　このように児童福祉法は、戦前の子どもの保護法制からの転換といえる。戦前も児童虐待防止法や少年教護法（ともに 1933 年）は存在したが、法の対象は問題を抱える一部の児童に限定されていた。また、「兵力及び労力の必要を確保」するとした「人口政策確立要綱」（1941 年）に見られる人的資源として位置づけられていた児童とは明確に異なる児童観に立つものである。

　だが、憲法および児童福祉法が制定されたとはいえ、その理念がすぐに実現されたわけではなく、「社会一般には古い児童観が払拭されず、児童のいわゆる人身売買等も一部には跡を断たないというような状況」であった。そこで、改めて「児童の権利を守るための憲章」を作ることが協議され、「国民が児童の基本的人権の尊重と、児童の福祉の進展をはかるために作った申し合わせ、または社会協約」として、以下の3項を前文とする児童憲章（1951 年）が制定されている。

> 児童は、人として尊ばれる。
> 児童は、社会の一員として重んぜられる。
> 児童はよい環境の中で育てられる。

　この前文に続いて、「すべての児童は、心身ともに、健やかにうまれ、育てられ、その生活を保障される」等の 12 項が定められている。ただし、憲章という性質上、国家に対して対策を要求するものではなく、国民の「高い道徳的規範を示す」ものであった（高田浩運 1957）。

　戦後、憲法や児童福祉法等の福祉六法によって法整備が行われてきたが、他方で憲法に規定された生存権等の諸権利の実質的保障を求める運動

があったことを確認しておきたい。その代表は、憲法第 25 条の生存権について争われ、「人間裁判」と称される朝日訴訟（1957 ～ 1967 年）、その闘いを受け継いだ形で提起された堀木訴訟（1970 ～ 1982 年）である。堀木訴訟は[8]、2 人の子どもを育てていた視力障害がある母子世帯の母親であった堀木フミ子さんが起こした裁判である。障害福祉年金を受給していることを理由に児童扶養手当を受給できないとした処分をめぐって、併給を求めて提訴したものである。当時、父に障害があり障害福祉年金を受給していて母に障害がない場合は併給を認められていたが、堀木さんのような母子世帯は併給禁止とされていた。1 審は原告側勝訴となり、その後法改正により併給を認められるとともに手当額の引き上げ等が行われた。しかし、2 審と上告審では棄却された。訴訟を提起した堀木さんは最高裁大法廷の口頭弁論で以下のように発言している（鈴木 2017）。

「私は目の見えない障害者で、離婚後女手ひとつで子どもを育ててきましたが、離別母子世帯の子どもに出されるという児童扶養手当を申請したところ、親が障害福祉年金をもらっているから手当は出せないといわれました。お父さんが障害者で、お母さんが障害をもっていない世帯には子どもに手当が出て、その上お父さんに障害福祉年金が出されています。それなのに、私のような障害福祉年金をもらっている母子世帯の子どもには手当が出されない。このことがどうしてもふしぎで、納得がいきません。裁判を起こしたのはお金目当てでなく、私の後ろに続く若い障害者のお母さんの苦労を思ったからです」

　本訴訟は、憲法第 14 条の無差別平等、第 25 条の生存権だけではなく、「障害をもつ親が子を養育する権利と、子が障害をもつ親から養育される権利の保障」について争ったものでもある（根岸 2017）。それは、「恩恵でなく権利としての社会保障のためのたたかい」であった（小川 2007）。
　他方で 1970 年代には、保育所から実質的に排除されてきた障害児の保育受け入れの取り組みも進められている。これまで制度的基盤がないなかで取り組まれてきた実践から、障害のある子どもが着実に成長・発達する

ことに確信を得て、さらなる統合保育の発展のために、自治体に対して施策化要求運動が展開された。それを受けて、数少ない自治体ではあるが加配保育士を配置するなどの施策が講じられ、障害があることにより排除する方針から、発達の必要性に応じて受入施策を整えていく方向へと展開されていった。そして、1974年に国の制度として障害児保育事業が着手され、その後の受入施策の拡大へとつながっていった。

　このように、法や制度を子どもの権利保障を求める運動により発展させ拡大してきた歴史がある。

　しかし、日本が子どもの権利条約を批准したのは1994年（158番目の締約国）であり、さらに政府は「現行国内法制によって保障されていることから、この条約の批准に当たっては、現行国内法令の改正又は新たな国内立法措置」を行わなかった[9]。ようやく、批准後20年以上を経過した2016年の児童福祉法改正によって、「全て児童は、児童の権利に関する条約の精神にのっとり、適切に養育されること、その生活を保障されること、…中略…その他の福祉を等しく保障される権利を有する」（第1条）と規定された。

　では、日本国内で条約の規定する子どもの権利は十分に保障されているのであろうか。

（2）遊びの権利に見る権利保障の複合性 ••••••••••••••••••••••••

　子どもたちの現状を考えると、高止まりしている子どもの貧困率や増加している児童虐待への対応等を見ても分かるように、子どもの権利保障は十分ではない。条約発効、批准後も悪化を続けているようにさえ思われる。このような現状では条約は絵に描いた餅に過ぎないのではないかと疑問を持たれても仕方がないであろう。

　他方、国際法としての条約発効後30年以上の経過の中で、子どもの権利を保障しようとする取り組みが徐々に拡大しているのも事実である。以下では、第31条に着目して子どもの権利保障の可能性について考察してみよう。

> 子どもの権利条約第31条
> 1　締約国は、子どもが、休息しかつ余暇をもつ権利、その年齢にふさわしい遊びおよびレクリエーション的活動を行う権利、ならびに文化的生活および芸術に自由に参加する権利を認める。
> 2　締約国は、子どもが文化的及び芸術的生活に十分に参加する権利を尊重しかつ促進し、ならびに、文化的、芸術的、レクリエーション的および余暇的活動のための適当かつ平等な機会の提供を奨励する。

　遊びとレクリエーションについては、子どもの権利宣言にも盛り込まれていたが、規定のされ方が異なっている。子どもの権利宣言では、「遊びとレクリエーションは、教育と同じ目的に向けられなければならない」（第7条第3項）とするものであったが、条約では独立した項目として位置付けられている。遊びについての子どもの権利委員会の一般的見解第17号は以下のように指摘している。

> 　子どもの遊びとは、子どもたち自身が主導し、統制しかつ組み立てる振る舞い、活動またはプロセスである。それは、機会があればいつでも、そしてどこでも行なわれる。養育者は、遊びが行なわれる環境づくりに寄与することはできるものの、遊びそのものは、非義務的なものであり、内発的動機に基づくものであり、目的のための手段としてではなくそれ自体を目的として行なわれるものである。遊びには、自主性の行使および身体的、精神的または情緒的活動がともない、また、集団遊びであれ一人遊びであれ、無限の形態をとる潜在的可能性がある。このような遊びの形態は、子ども時代を通じて変化し、修正されていく。遊びの主たる特徴は、楽しさ、不確定さ、挑戦、柔軟性および非生産性である。これらの要素があいまって、遊びが生み出す楽しみと、その結果として生じる、遊びを続けたいという動機に貢献する。遊びは必要不可欠なものではないと考えられることが多いが、委員会は、遊びが子ども時代の喜びの基本的かつ枢要な側面であり、かつ身

体的、社会的、認知的、情緒的および霊的発達に不可欠な要素であることを再確認するものである（Para14（C））。

　遊びは面白くなければ遊ばないことも選択することができる等、子どもが権利の主体であることが理解できる。これまでの子どもが遊ぶ権利の発展経過を見ると、「子どもには遊びが与えられなければならない」（ジュネーブ宣言の大人の義務）、「子どもには遊びの機会を保障される権利がある」（子どもの権利宣言の権利の客体）となり、遊びは子どもが権利の主体であることによって本来的な意義を発揮すると位置づけられてきたことがわかる。他方で、空腹であれば遊びに向かうことは困難であり（社会保障の権利・第26条、相当な生活水準の権利・第27条）、遊んでけがをした場合にも適切な治療が受けられるからこそ多少のリスクを負うこともできる（健康への権利・第24条）とも考えられる。また、秘密基地のようにすべてを大人から監視されると遊びとして成立しない（プライバシーの権利・第16条）ことも明らかである。このような権利保障の複合性は、他の条文においても同じである。

　ところで、子どもの権利委員会が第31条に関する一般的見解をまとめた背景には、締約国が同条を十分に認識していないことだけではなく、家庭、学校、マスメディア等におけるあらゆる形態の暴力の増加、遊びの条件整備の商業化、児童労働、家事労働、または教育上の要求の高まりによる時間の減少等、厳しい状況がある。遊びの権利は、休息（仕事や教育等から解放され十分な睡眠に対する権利）や余暇（他者から指示されず何らの義務も負わない自由裁量の時間）とともに保障される必要がある。

　特に、貧困な状態にある場合、障害を持っている場合、入所施設に在籍している場合などでは、遊びの権利等が阻害されやすく、文化的・芸術的生活への参加の機会が限られ、働かなければならないことも多く、無力感にさいなまれ排除されやすいことが指摘されている。障害児は、自宅での孤立、友人関係の形成の困難、遊びなどが行われる場面からの排除、公園などへのアクセシビリティの欠如、設計の問題による遊具などへのアクセシビリティの困難などの問題がある[10]。

（3）遊びの保障からみる権利保障の可能性 ･･･････････････････････

　高度経済成長期以降、子どもたちの生活から「サンマ」（時間、空間、仲間）が喪失していると言われて久しい。都市整備のための宅地開発や道路建設等で空き地や野山が姿を消していった。他方で宿題や習い事で時間が埋められていき、自分には自由時間があったとしても友だちは習い事で遊び相手がいない。子どもたちが自由に過ごすことができたはずの下校後の時間は自由ではなくなりつつある。課業から解放される時空間であるはずなのに、学童保育は小学校の敷地の中にあり、学童保育に行かない子どもは、地域の遊び場が少ないために校庭が数少ない遊び場になっている。解放されたはずの時空間がその実、学校に限定されるという矛盾である。

　都市部を中心に、数少ない子どもたちの遊び場であった公園でボール遊びの禁止等の掲示がされていないことの方が珍しくなっている（「ボール遊びできる公園」などの表記も見られる）。禁止されるまでの経緯はさまざまであったと思われるが、その過程において、主に公園を使用していた子どもたちの意見がどれだけ反映されていただろうか。

　NHK政治マガジン「僕らが"ちんじょう"したわけ」[11]は切実な子どもたちの訴えである。廃校のため開放されていた小学校の校庭が、児童相談所の建設にともなう工事のためにボール遊びができなくなった。顔なじみのボランティアセンターの職員に話したところ、区に伝えるしかないとのことであった。そこで、自治体の制度を使い区長にあてて子どもたちの思いを乗せた手紙を書いたところ、機械的な回答であったという。それでも諦めきれない子どもたちは自治体内にある公園の実情を調べたが、ボール遊びができる公園であっても条件が限られているため子どもたちが遊ぶには不便であった。先の職員に相談したところ、自治体への陳情を勧められ、サポートを受けながら議会への陳情をした。陳情項目は、公園の利用時間の延長、利用しやすいような工夫等の5項目。子どもたちの陳情は、継続審議を何度か経て区議会で採択された。記事の最後は、次のように締めくくられている。

「大人はこうやって話し合って決めているんだと知ることができた。行動しなければ現状は変わらなかったと思うので、がんばってよかった」

　遊び場がなくなってから308日。僕たちの"戦い"は終わった。

　もうすぐ中学校に進学するので、放課後にサッカーをする機会は減るかもしれない。でも、少しでも後輩たちのためになったのならやってよかったと、ちょっと誇らしくなった。

　この事例は、子どもたちが使っていた廃校の校庭でボール遊びが禁止となったところから始まり、後に子どもたちが調べたように実質的に地域でボール遊びができる環境は皆無に等しい状況であったことを示している。彼らは、おとな（顔なじみの職員）に相談しておりそのおとなが次の取り組みへとつなげている。現状に対する不満を持つ子どもがいて、その思いを伝えてもいい（信頼できる）おとながいる、そのおとなも彼らの思いを受け止めてサポートしている。遊びの権利が侵害され、それをうけて意見表明権を通じた参画によって回復したものととらえることができる。また、子どもたちの行動には集会・結社の自由の権利にも通じるものがあったと考えることができる（第15条）。主体者として社会に問い、行動してきた子どもたちの活動は、上述の堀木訴訟との共通点を持つのではないだろうか。

(4) 今後の課題 ･･････････････････････････････････････

　さて、『子どもの権利条約 採択30年 日本批准25年 3万人アンケートから見る子どもの権利に関する意識』（セーブ・ザ・チルドレン・ジャパン、2019年）によれば、子どもの権利条約について聞いたことがないのは、子どもよりも大人が多く42.9%（子どもは31.5%）である。また、「現在の日本社会において、守られていないと思う子どもの権利」について、86.4%の子どもが1つ以上を選択しており、1位は虐待等からの保護（第19条）である。差別や子どもの最善の利益、あらゆる形態の搾取からの保護（第36条）、意見表明権が続いている（図1）[12]。

　子どもの権利条約批准後の経過年数からすれば、認知度が低いこととと

Q 現在の日本社会において、守られていないと思う子どもの権利[※2]を選んでください。
(複数回答)

子ども			大人	
50.8%	親からの暴力やひどい扱いから守られること【第19条】	1位	親からの暴力やひどい扱いから守られること【第19条】	56.9%
46.7%	人種・性別・宗教・障害・貧富の差・考え方などによって差別されないこと【第2条】	2位	人種・性別・宗教・障害・貧富の差・考え方などによって差別されないこと【第2条】	37.4%
36.7%	子どもにかかわるすべての活動において、子どもの最善の利益が第一に考えられること【第3条】	3位	誰からも幸せを奪われないこと【第36条】	30.2%
33.0%	誰からも幸せを奪われないこと【第36条】	4位	子どもにかかわるすべての活動において、子どもの最善の利益が第一に考えられること【第3条】	28.5%
26.5%	子どもに影響を与えるすべての事柄について、自分の意見を自由に表すこと【第12条】	5位	生活が難しい場合に、国からお金などのサポートを受けること【第26条】	26.0%

※1 子どもの86.4%、大人の83.3%が現在の日本社会において、守られていないことがあると思う子どもの権利を1つ以上選択しました。

※2 第2条（差別の禁止）、第3条（子どもの最善の利益）、第6条（生命の権利、生存・発達の確保）、第12条（意見表明権）、第15条（結社・集会の自由）、第19条（親による虐待・放任・搾取からの保護）、第24条（健康・医療への権利）、第26条（社会保障への権利）、第27条（生活水準への権利）、第28条（教育への権利）、第31条（休息・余暇、遊び、文化的・芸術的生活への参加、第32条（経済的搾取、有害労働からの保護）、第36条（他のあらゆる形態の搾取からの保護）、第42条（条約広報義務）の中から複数選択

(出典)『子どもの権利条約 採択30年 日本批准25年 3万人アンケートから見る子どもの権利に関する意識』(セーブ・ザ・チルドレン・ジャパン 2019年)

■**図1 日本において守られていないと思う子どもの権利**

もに、守られていない権利が多いことは憂うべき事態である。子どもの権利条約は、子どもたちの問題を社会の問題としてとらえる視点を提供してくれるものである。

　子ども時代に自らの権利を十分に理解することは困難かもしれないが、現状に対する問題意識を形成し権利保障を求める経験を重ね、権利を守ら

れる体験があるからこそ、おとなになってからの権利意識が確固たるものになるのではないだろうか。

　最後に、冒頭の『だるまちゃんとてんぐちゃん』の一節の続きを紹介しておきたい。だるまどんは、自分の早合点が誤りであることに気づき、だるまちゃんがイメージしているてんぐちゃんのはなに似せて、お餅ではな（鼻）をつくる。おとなの思い込みではなく、子どもの思いを起点として考えることを示している。

> そこで――
> だるまどんは
> ぺったら　ぺったん
> おもちを　ついて――
> ころころ　まるめて――
> それで
> かたちの　いい
> ながい　はなをつくって
> くれました。

　だるまどんを保護者とだけ想定する必要はない。支援者や自治体、国であってもよい。子どもの権利保障は、おとなや社会、国の在り方が問われるものである。

© 加古里子（福音館書店『だるまちゃんと
てんぐちゃん』より）

■注
1　トーマス・ジョン・バーナード（Thomas John Barnardo 1845-1905）によって
　　設立された今日でいう児童養護施設。孤児たちを大規模施設に収容するのではなく、
　　年齢・性別等の小グループに分けて一般家庭のような小舎制を採用した。また、里子

委託事業も行っていた。当初開設したホームに定員の空きがなく1人の少年の入所を断ったが、数日後に亡くなったことが判明し、無制限収容の方針をとった。

2　ラウントリーによるヨーク調査は3回（1899年、1936年、1950年）行われている。ラウントリーは、その収入がいかに賢明にかつ注意深く消費されても単なる肉体的能率を維持するのに必要な最小限度にも満たない生活水準を「第一次的貧困」、その収入を飲酒や賭博などの他の支出に向けない限り単なる肉体的な能力を維持することのできる生活水準を「第二次的貧困」として貧困線を設定した。そのうえで、第1回調査では、総人口の約1割が第一次的貧困にあり、第二次的貧困を含めると約3割が貧困状態にあることを明らかにした。また、貧困の原因の半数以上が低賃金であること、労働者のライフサイクルにおいて一生のうち3回は第一次的貧困線以下の生活水準に落ち込むことを示した。

3　https://www.savechildren.or.jp/news/publications/download/jebb.pdf　2020年6月15日

4　「世界子ども憲章（草案）」および「子どもの権利宣言」の訳文は、喜多明人（2015）による。

5　A規約：労働の権利（第6条）、社会保険その他の社会保障についての権利（第9条）、相当な生活水準についての権利（第11条）、到達可能な最高水準の健康を享受する権利（第12条）、教育の権利（第13条）、文化的な生活に参加する権利（第15条）等からなる。

　　B規約：無差別平等（第2条）、奴隷の禁止（第8条）、身体の自由及び安全の権利（第9条）、プライバシーの権利（第17条）、思想、良心、宗教の自由（第18条）、表現の自由（第19条）等からなる。

6　https://www.unicef.or.jp/about_unicef/about_rig.html　2020年6月15日

7　以後の一般的見解を含めて訳文は「ARC　平野裕二の子どもの権利・国際情報サイト」による　https://w.atwiki.jp/childrights/pages/32.html　2020年6月15日

8　堀木訴訟については、田中智子（2019）を参考にまとめた。

9　https://www.mofa.go.jp/mofaj/gaiko/jido/9605/5a_002.html　2020年6月15日

10　障害者権利条約では、第30条で「締約国は、障害者が他の者との平等を基礎としてレクリエーション、余暇及びスポーツの活動に参加することを可能とすることを目的として」、「障害のある児童が遊び、レクリエーション、余暇及びスポーツの活動（学校制度におけるこれらの活動を含む。）への参加について他の児童と均等な機会を有することを確保すること」等を求めている。

11　NHK政治マガジン2019年12月25日　https://www.nhk.or.jp/politics/articles/feature/28119.html　2020年6月15日

12　『子どもの権利条約 採択30年 日本批准25年 3万人アンケートから見る 子どもの権利に関する意識』https://www.savechildren.or.jp/news/publications/download/kodomonokenri_sassi.pdf　2020年6月15日

■文献

逸見勝亮（2007）「敗戦直後の日本における浮浪児・戦争孤児の歴史」『北海道大学大学院教育学研究院紀要』103

かこさとし（2016）『未来のだるまちゃんへ』文藝春秋

喜多明人（2009）「意見表明権」喜多明人・森田明美・広沢明・荒牧重人編『[逐条解説] 子どもの権利条約』日本評論社

喜多明人（2015）『子どもの権利　次世代につなぐ』エイデル研究所

森田明美（2009）「親の第一次的養育責任と国の援助」喜多明人・森田明美・広沢明・荒牧重人編『[逐条解説] 子どもの権利条約』日本評論社

根岸　弓（2017）「若者世代から見た堀木訴訟──ケアの視点から」井上英夫・藤原精吾・鈴木勉・井上義治・井口克郎編『社会保障レボリューション──いのちの砦・社会保障裁判』高菅出版

小川政亮（2007）「人民による、人権のためのたたかい、社会保障のためのたたかいとしての堀木訴訟」小川政亮著作集編集委員会編『小川政亮著作集第7巻　社会保障権と裁判』大月書店

鈴木勉（2017）「若い世代への伝言──堀木訴訟支援運動に参加した元学生から」井上英夫・藤原精吾・鈴木勉・井上義治・井口克郎編『社会保障レボリューション──いのちの砦・社会保障裁判』高菅出版

高田浩運（1957）『児童福祉法の解説』時事通信社

高田正巳（1951）『児童福祉法の解説と運用』時事通信社

田中智子（2019）「日本における戦後の障害者運動と障害者施策の展開」鈴木勉・田中智子編『新・現代障害者福祉論』法律文化社

塚本智宏（1993）「コルチャック著『子どもの権利の尊重』」『季刊教育法』92

第4章

子どもを守るしくみ

板倉香子

　子どもと子どものいる家庭を支えるために、児童福祉法を中心としてさまざまな法制度が整備され、行政機関や各種児童福祉施設等により、多様な支援が体系的に推進されている。本章では、主要な法律や行財政のしくみ、児童福祉施設の概要について学習する。

1　子ども家庭福祉の法体制

(1) 児童福祉法

　児童福祉法は、戦後間もない 1947 年に成立した法律であり、子ども家庭福祉の根幹となるものである。同法では、児童福祉の理念や対象の定義、児童相談所等の実施機関、児童福祉施設、保育士や児童福祉司などの専門職等について規定されている。

　児童福祉法第 1 条から第 3 条には、この法律の理念が示されている。2016 年にはこの理念も含めて大きな改正がなされた。

> **児童福祉法**
> 第 1 条　全て児童は、児童の権利に関する条約の精神にのつとり、適切に養育されること、その生活を保障されること、愛され、保護されること、その心身の健やかな成長及び発達並びにその自立が図られることその他の福祉を等しく保障される権利を有する。
> 第 2 条　全て国民は、児童が良好な環境において生まれ、かつ、社会のあらゆる分野において、児童の年齢及び発達の程度に応じて、その意見が尊重され、その最善の利益が優先して考慮され、心

身ともに健やかに育成されるよう努めなければならない。

2　児童の保護者は、児童を心身ともに健やかに育成することについて第一義的責任を負う。

3　国及び地方公共団体は、児童の保護者とともに、児童を心身ともに健やかに育成する責任を負う。

第3条　前二条に規定するところは、児童の福祉を保障するための原理であり、この原理は、すべて児童に関する法令の施行にあたつて、常に尊重されなければならない。

2　国及び地方公共団体は、児童が家庭において心身ともに健やかに養育されるよう、児童の保護者を支援しなければならない。ただし、児童及びその保護者の心身の状況、これらの者の置かれている環境その他の状況を勘案し、児童を家庭において養育することが困難であり又は適当でない場合にあつては児童が家庭における養育環境と同様の養育環境において継続的に養育されるよう、児童を家庭及び当該養育環境において養育することが適当でない場合にあつては児童ができる限り良好な家庭的環境において養育されるよう、必要な措置を講じなければならない。

　改正の大きな特徴として、まずは子どもの権利条約の内容を反映した点が挙げられる。第1条と第2条第1項において、子どもが権利の主体であることが明記され、子どもの意見表明権や最善の利益の考慮など、子どもの権利条約の理念が盛り込まれている。わが国が1994年に子どもの権利条約を批准してから20年を経て、ようやく前進したといえる部分である。

　続く第2条2項では、保護者の「第一義的責任」について言及されている。これは2016年改正において付け加えられた一文である。これにより、国や地方公共団体の育成責任が後退し「保護者の子育ての第一義的責任論が登場した」（垣内 2018）のである。子育てや子どもの教育に対する「保護者の第一義的責任」という表現は、少子化対策基本法（2003年）や新教育基本法（2006年）、少子化社会対策大綱（第4次：2020年）にも見られる。

■表1　児童福祉法の対象

児童	乳児	満1歳に満たない者
	幼児	満1歳から小学校就学の始期に達するまでの者
	少年	小学校就学の始期から満18歳に達するまでの者
妊産婦	妊娠中または出産後1年未満の女子	

(出典) 筆者作成

子育てに対する保護者の責任を法的に強調することで、国・地方公共団体による家庭への支援が後方にまわり、結果として子どもの不利益につながることは避けなければならない。どのような家庭に生まれても、その子どもが健やかに育つ権利を守るために、国や地方公共団体には保護者とともに子どもを育てる責任のあるところを理解しておきたい。

　また、本改正で追加された第3条第2項においては、家庭養育の原則と、家庭で養育されることが難しい子どもの養育環境を明確化する規定が盛り込まれた。子どもが育つ場を家庭や「家庭的な」場に求めていくことを定めているが、子どもの育ちを支えるうえでもっとも重要な「子どもの最善の利益の尊重」を忘れてはならない。それを実現するために、子どもの多様なニーズに応えうる社会的養護体制の整備が求められる。

　ここで、児童福祉法の対象年齢を確認しておく。児童福祉法の対象は「児童」および「妊産婦」である。妊産婦とは、妊娠中または出産後1年未満の女子のことを指す。「児童」は18歳未満の者だが、さらに乳児、幼児、少年に分けられている（表1）。

　このように、子ども家庭福祉の対象は、妊産婦を除いて、原則として満18歳までの者である。しかし、大学進学率の上昇や、高校卒業時では自立の難しい子どもを支援するため、措置延長により、18歳を越えても支援を継続することが可能になった。一方で、選挙権年齢や成人年齢は満18歳に引き下げられていく[1]。社会的に「大人」になる年齢は下がるが、児童福祉法によるケアを受けることができる年齢は延長されるというずれが生じることになる。子どもが自立し、社会的にも大人になる過程で生じ

る課題への対応として、子ども支援から若者支援へ切れ目なくつなげるしくみが求められる。

(2) 児童福祉六法 ●●●●●●●●●●●●●●●●●●●●●●●●●●●●●●●●●●●

　ここでは児童福祉六法についてその概要を見ておく。児童福祉六法とは、児童扶養手当法、特別児童扶養手当等の支給に関する法律、母子及び父子並びに寡婦福祉法、母子保健法、児童手当法に児童福祉法を加えた6つの法律のことである。

①子どもを育てる家庭への社会手当を規定する法律

　社会手当とは、保険料の拠出がなく、資産調査を行わずに給付される手当である。わが国には、子どもを育てる家庭の経済的安定を図るための3つの社会手当として、児童手当、児童扶養手当、特別児童扶養手当の3つがある。それらをまとめたものが表2である。

　3つの社会手当のうち、最も早く誕生したのは児童扶養手当（児童扶養手当法）である。児童扶養手当法は、1961年に離別母子家庭等の経済的安定を図ることを目的として制定された。離別母子家庭等とは、離婚した母子家庭や未婚の母の家庭などである。2010年からは、その支給対象に父子家庭も含まれるようになった。それぞれ所得に応じた手当額が設定されている。厚生労働省の調査によれば、2016年11月時点で、母子家庭の73.0%、父子家庭の51.5%が児童扶養手当を受給している（厚生労働省2017）。

　次に制定されたのは特別児童扶養手当等の支給に関する法律である。この法律は、在宅で障害児や重度障害児を養育する場合に支給される3つの手当（特別児童扶養手当・障害児福祉手当・特別障害者手当）について定めている。特別児童扶養手当は、精神や身体に障害のある20歳未満の児童の養育者に対して、障害児福祉手当は、日常生活において常に介護を必要とする在宅の重度障害児に対して支給される。特別障害者手当は、20歳以上の在宅重度障害者に支給される手当である。いずれも所得制限が設けられている。

■表2　子どもを育てる家庭への社会手当と根拠法

規定する法律 （制定年）	社会手当の種類	目的	対象
児童手当法 （1971年）	児童手当	家庭の経済的安定および児童の健全育成、資質の向上を図る	中学生以下の子どもを養育する者
児童扶養手当法 （1961年）	児童扶養手当	離別母子家庭等の経済的安定を図る	父母が婚姻を解消した家庭、未婚の母の家庭等
特別児童扶養手当等の支給に関する法律（1964年）	特別児童扶養手当	精神または身体に障害を有する者の福祉の増進を図る	20歳未満の障害児の養育者
	障害児福祉手当		20歳未満の重度障害児
	特別障害者手当		20歳以上の重度障害者

（出典）筆者作成

　そして最後に導入されたのが「児童手当」である。1971年に施行された児童手当法によって誕生した、児童を養育する家庭に支給される手当である。制定された当時、その支給対象は第3子以降であり、多子世帯への経済的支援の意味合いが強かった。その後少子化対策として徐々に支給対象が拡大されていった。大幅に拡大したのは、2010年に民主党政権下で「子ども手当」が創設されたときである。その対象となる児童は義務教育終了まで拡大され、さらに所得制限を撤廃し、すべての子育て家庭に手当が支給された。しかし、2012年度からはふたたび児童手当法に基づく児童手当として、所得制限も復活している。対象となる児童の年齢は、2020年度では、子どもが15歳になった年度の3月までである。なお、2012年に成立した子ども・子育て支援法では、第9条において「子どものための現金給付」として児童手当の支給を規定している。

②母子および父子並びに寡婦福祉法

　この法律は、母子家庭等の生活の安定と向上のために必要な措置を講じ、福祉の向上を図ることを目的としている。1964年に「母子福祉法」として制定された当時、その対象は母子家庭であったが、1981年には寡婦が加えられ、さらに2002年には父子家庭にも広がった。ひとり親家庭の子育て支援や就労支援、母子・父子自立支援員や各種福祉資金の貸付等につ

いて規定している。なお、ここでいう寡婦とは、かつて母子家庭の母であった者で、子どもが成人したあとも、配偶者のない状態にある女性のことである（同法第6条4項）。また、児童福祉法では「児童」を満18歳未満の者と定義しているが、母子及び父子並びに寡婦福祉法では20歳未満の者と定義している。

③母子保健法

この法律は、母性、乳児、幼児の健康を増進することを目的として1965年に規定された。この法律の規定に基づき、保健指導や新生児訪問指導、乳幼児健康診査、妊娠の届出と母子健康手帳の交付等が実施されている。また、2017年には、子育て世代包括支援センター（母子健康包括支援センター）の市町村への設置に関する努力義務規定が加わっている。

(3) 子ども・子育て支援法 ・・・・・・・・・・・・・・・・・・・・・・・・・・・・

2012年、幼児期の学校教育・保育や地域の子ども・子育て支援を総合的に推進することを目的に、いわゆる「子ども・子育て関連三法」[2]が成立した。この三法によって、幼児教育・保育や地域の子ども・子育て支援を総合的に推進する「子ども・子育て支援制度」がスタートした。2014年から段階的に実施された消費税引き上げ分の税収を財源として、教育・保育施設の量と質の拡充や、地域における子育て支援の推進を図り、社会全体で子どもの育ちと子育てを支えると謳っている。

子ども・子育て支援制度では、幼稚園・保育所・認定こども園の利用を一本化した「施設型給付」と小規模保育などの「地域型保育給付」によって構成される「子どものための教育・保育給付」を新たに創設し、教育・保育認定区分に応じたサービス給付を受けるというように、教育・保育サービス利用のしくみを大きく変えることになった。

表3は、子ども・子育て支援制度の概要を示したものである。施設型給付のうち、幼稚園は、教育基本法に基づく文部科学省管轄の教育施設で、幼稚園教諭が園児の教育・保育を担う。保育所は児童福祉法に基づく厚生労働省管轄の児童福祉施設で、主に保育士が園児の教育・保育を担ってい

■表3　子ども・子育て支援制度の概要

市区町村主体	施設型給付	①認定こども園（幼保連携型・幼稚園型・保育所型・地方裁量型） ②幼稚園　③保育所 ※私立保育所については児童福祉法第24条に基づき市町村が委託費を支弁する ※私立幼稚園は、新制度に参加しないことを選択できる
	地域型保育給付	①小規模保育　②家庭的保育　③居宅訪問型保育 ④事業所内保育
	児童手当	0歳から中学校卒業までの児童の養育者に支給
	地域子ども・子育て支援事業	①利用者支援事業　②地域子育て支援拠点事業 ③妊婦健康診査　④乳児家庭全戸訪問事業 ⑤養育支援訪問事業等　⑥子育て短期支援事業 ⑦子育て援助活動支援事業（ファミリー・サポート・センター事業） ⑧一時預かり事業　⑨延長保育事業　⑩病児保育事業 ⑪放課後児童クラブ　⑫実費徴収に係る補足給付を行う事業 ⑬多様な事業者の参入促進・能力活用事業
国主体	仕事・子育て両立支援事業	①企業主導型保育事業 ②ベビーシッター等利用者支援事業

（出典）内閣府（2019年）「子ども・子育て支援新制度について」より筆者作成

■表4　教育・保育認定区分と利用できる施設

認定区分	認定内容	対象等	利用できる施設
1号認定	教育標準時間認定	子どもが3歳以上で、教育を希望する場合	幼稚園 認定こども園
2号認定	保育標準時間認定 保育短時間認定	子どもが3歳以上で、保育を必要とする事由に該当し、保育所等での保育を希望する場合	保育所 認定こども園
3号認定		子どもが3歳未満で、保育を必要とする事由に該当し、保育所等での保育を希望する場合	保育所 認定こども園 地域型保育

（出典）筆者作成

る。保護者が日中就労しているなどの「保育を必要とする」子どもが対象である。認定こども園は、従来の幼稚園が担ってきた教育と、保育所が担ってきた保育を一体的に行う施設で、原則として幼稚園教諭免許と保育士資格を併有する「保育教諭」を配置している。

地域型保育は、原則として3歳未満の保育を必要とする子どもを保育するものである。小規模保育は、6～19人の定員で家庭的保育に近いかたちで保育を行う。家庭的保育は「保育ママ」とも呼ばれる事業で、家庭的保育者の居宅等を活用して1～5人の子どもを預かり保育するものである。居宅訪問型保育は、乳幼児の居宅に保育者が訪問して保育を行うものである。事業所内保育は、企業や病院等に設置した保育施設において、従業員の子どもと地域の子どもの保育を行っている。

　教育・保育施設を利用する場合には、教育・保育認定を受け、認定区分に応じた施設を利用する（表4）。保育認定を受け保育所や認定こども園で保育を受けている子どもについては、通常の利用時間以外に延長保育を利用できる。また、病気や病後の子どもを保護者が家庭で保育できない場合には、病院や保育所等の専用スペースで提供される病児保育を利用できる。

　地域子ども・子育て支援事業は、教育・保育施設を利用していない家庭も含むすべての子育て家庭を対象とし、地域で展開されるもので、延長保育事業や病児保育事業を含む13の事業が規定されている。

（4）その他関連する法律 ･････････････････････････････

　児童福祉六法以外の子ども家庭福祉に関連する法律をまとめたものが表5である。子ども家庭福祉に直接的に関係する法律はもちろんのこと、教育や労働、障害者や生活困窮者に関する法律など多岐にわたる。子ども家庭福祉の課題には、社会全体のしくみやありようが大きく関わっている。たとえば、保護者の労働の保障がなければ、安定的な子育ては叶わない。いわゆるワンオペ育児と呼ばれる主に母親に育児負担が集中する問題の背景には、長時間労働を強いられる男性の働き方の問題がある。子どもを育てることは、紛れもなく「生活」そのものであり、子ども家庭福祉実践に、生活全般に関連する数多くの法律が関わってくることは当然のことといえるだろう。

■表5　子ども家庭福祉に関連する法律

子ども家庭福祉に関する法律	次世代育成支援対策推進法、少子化社会対策基本法、児童虐待の防止等に関する法律（児童虐待防止法）、配偶者からの暴力の防止及び被害者の保護等に関する法律（DV防止法）、子どもの貧困対策の推進に関する法律、子ども・若者育成支援推進法、成育基本法　等
教育に関する法律	就学前の子どもに関する教育、保育等の総合的な提供の推進に関する法律（認定こども園法）、教育基本法、学校教育法、いじめ防止対策推進法　等
労働に関する法律	育児休業、介護休業等育児又は家族介護を行う労働者の福祉に関する法律（育児介護休業法）、男女共同参画社会基本法、労働基準法、青少年の雇用の促進等に関する法律、若者雇用促進法　等
社会福祉に関する法律	社会福祉法、障害者基本法、発達障害者支援法、知的障害者福祉法、身体障害者福祉法、精神障害者の保健と福祉に関する法律（精神保健福祉法）、障害を理由とする差別の解消の推進に関する法律（障害者差別解消法）、生活保護法、生活困窮者自立支援法　等
司法に関する法律	売春防止法、児童買春、児童ポルノに係る行為等の規制及び処罰並びに児童の保護等に関する法律（児童買春・児童ポルノ禁止法）、少年法、少年院法、少年鑑別所法、民法　等

（出典）筆者作成

2　子ども家庭福祉の行財政

（1）行政のしくみと役割 ・・・・・・・・・・・・・・・・・・・・・・・・・・・・・・・・・・・・・

①国・都道府県・市町村の役割

　国は、子ども家庭福祉行政の中枢的機能をもつ。子ども家庭福祉の推進体制を確保し、企画調整、監査指導、予算措置などを担う。子ども家庭福祉の所管は厚生労働省であり、子ども家庭福祉の主要な部署は雇用均等・児童家庭局である。また、少子化社会対策や子ども・子育て支援制度、子ども・若者育成支援など、他の省庁にまたがる課題への対応については、内閣府が包括的に推進している。

都道府県は、国の指針等に基づき、必要な計画の策定や予算措置など、事業の企画・運営・実施を担っている。市町村間の連絡調整や情報提供など、市町村が子ども家庭福祉の各事業をスムーズに進められるよう支援するほか、広域的な見地から取り組むべき課題に対しては、実情把握や専門的知識・技術を要する相談などの実施主体でもある。ほかにも、児童福祉施設の認可・指導監督等を担っている。指定都市や中核市[3]においても、都道府県が処理するとされている事務について、ほぼ同様か、中核市では一部を除いて行うことができる。

　市町村（特別区を含む）は、住民にもっとも身近な基礎自治体であり、子ども家庭福祉行政の最前線である。保育所等児童福祉施設の設置および保育の実施、乳幼児健康診査、子ども家庭福祉の実情把握や相談業務などを行っている。また、子ども・子育て支援制度においては、地域の子育てニーズに基づく計画の策定、教育・保育給付と地域子ども・子育て支援事業の実施主体となっている。

②審議機関

　行政が行う子ども家庭福祉に関する業務や施策の方向づけを担うのが、関係団体や専門家によって構成される審議機関である。国では、社会保障審議会のなかに児童部会が設置されている。都道府県と指定都市、中核市においては、児童福祉審議会またはその他の合議制の審議機関を設置することとされ、特別区を含む市町村については、設置することが可能とされている。

(2) 子ども家庭福祉の財政と家族関係社会支出 ・・・・・・・・・・・・・・・・・・

　子ども家庭福祉に関する施策を実施するうえで必要となる財源は、主に公費や公的資金によって賄われている。社会保障・税の一体改革の一環として、2019年10月から消費税率が10%に引き上げられたが、その増収分は社会保障関係費に充てられている。

　国からの公費には大きく分けて2種類あり、1つは、使途を特定されている国庫補助金によるもの、もう1つは、使途が限定されない一般財源である地方交付税交付金によるものである。また、社会サービスを利用した

場合には利用者負担がある。子ども家庭福祉サービスは基本的に「応能負担」（支払い能力に応じた負担）となっており、世帯の所得額に応じた利用料を支払うことになる[4]。

　わが国は、諸外国と比べて家族関係社会支出が少ないと言われる。家族関係社会支出とは、家族手当や保育・教育など家族を支援するための現金・現物給付を計上したものである。OECD（経済協力開発機構）の統計によれば、2015年の家族関係社会支出の対GDP（国内総生産）比は、フランスは2.94％、イギリスは3.47％、ドイツは2.22％、スウェーデンは3.54％であったのに対して、日本は1.26％であった。家族関係社会支出の対GDP比と合計特殊出生率との間には相関があるとされる。十分な子育て支援策を展開するだけの支出がどのように確保されていくのか、今後の子ども・子育て制度の実施状況と合わせて注視する必要があるだろう。

(3) サービス利用のしくみ ‥‥‥‥‥‥‥‥‥‥‥‥‥‥‥‥‥‥‥‥‥

　子ども家庭福祉サービスの利用方式には、措置制度、選択利用制度、利用契約制度の3つがある。

　措置制度とは、行政が対象者の福祉サービスの必要度を判断し、そのサービス利用を決定する措置（行政処分）を行う方式である。この措置に基づいて、行政から社会福祉法人等の社会福祉施設や事業所に措置委託を行い、委託された事業所から対象者へサービスが提供される。行政（子ども家庭福祉の場合は児童相談所）の判断により、優先順位の高いケースに対するサービス提供を担保することができる。一方で、利用者がサービス選択をすることができないため、柔軟性に欠ける面が指摘されてきた。

　そこで1990年代後半から導入されたのが選択利用方式である。現在では、母子生活支援施設と助産施設を利用する際に適用される。利用者が希望する施設を行政（都道府県、市および福祉事務所設置町村）に申込み、都道府県等がその利用決定をするものである。ここでのサービス利用については契約によるが、その場合の契約者は都道府県等とサービス提供者の2者である。

　2003年の支援費制度によって障害福祉サービスの利用方式に導入され

たのが利用契約方式である。支援費制度では、従来の措置制度から転換を図り、利用者が自己決定に基づきサービスを選択することを可能にした。児童福祉法においては、障害児の居宅サービスから導入され、2012年の児童福祉法改正によって、障害児通所支援と入所支援に利用契約方式が用いられている。この方式では、利用者とサービス提供者の間で利用契約を結んでサービスを利用し、その費用については行政と利用者が負担することになる。障害児施設の利用を希望する場合には、通所施設の場合は市区町村、入所施設の場合には児童相談所に、利用者が支援給付金の申請を行い、支給が決定すると各施設へ利用を申込み、契約する流れになっている。

　2015年から始まった子ども・子育て支援制度においても、教育・保育施設を利用する際には、利用契約方式が用いられている。利用者は希望と状況に応じて教育・保育認定を受け、市区町村が利用調整を行って利用可能な施設をあっせんし、その施設と利用者が利用契約（公的契約）を結ぶ方式である。ただし、私立保育所については、児童福祉法第24条において保育所における保育の実施責任を市町村が負っていることから、市町村と利用者の間で契約を行うことになる[5]。

　障害児施設や保育所の利用のすべてが利用契約制度になったわけではなく、措置によるサービス利用の道も残されている。たとえば保護者への養育支援が必要なケースなど、行政の判断によって保育所利用の措置を行うことが可能である。

3　子ども家庭福祉の実施体制

（1）子ども家庭福祉行政の実施機関

　子ども家庭福祉の行政機関として、児童相談所、福祉事務所、保健所・保健センターなどがある。それらの概要をまとめたものが表6である。

　このうち、児童相談所は児童虐待の相談対応を担う行政機関として多くの人が認識するところだろう。都道府県および指定都市によって設置され、広域的に相談対応や継続的支援にあたっている。一方で、地域生活に潜在的にある養育困難や育児不安などに対しては、より身近な市町村（福祉事

■表6　子ども家庭福祉行政の実施機関

児童相談所	児童福祉法に規定された子どもに関する各般の問題について専門的に対応する行政機関。虐待や障害、不登校、非行に関する相談や判定業務を行う。児童福祉司、児童心理司、医師などが配置されている。施設入所等の措置機能、一時保護所を設置して子どもを一時的に保護する機能などをもつ。都道府県・指定都市は設置義務があり、中核市および特別区は設置可能となった。
福祉事務所	社会福祉法に規定された福祉六法を担当する総合的な社会福祉行政機関。子ども家庭福祉については、所管する地域の実情把握や調査、相談、助産・母子保護の実施、児童相談所への送致などの業務を担う。また、家庭児童相談室を設置することもできる。地域住民にもっとも身近な相談窓口として機能している。
保健所・保健センター	保健所は、栄養改善、環境衛生、母子保健、精神保健などを広域的に実施する地域における公衆衛生の中核機関である。子ども家庭福祉については母子保健に関する事業を担う。また、市町村は市町村保健センターを設置することができ、同じく母子保健事業として乳幼児健診等を実施している。

（出典）筆者作成

務所等）による支援が行われている。たとえば、市町村保健センターにおける乳幼児健診の機会は、子どもの育ちと子育てに関する家庭のＳＯＳを早期にキャッチできる場としても機能する。地域の子育て家庭を都道府県と市町村レベルで重層的に支援していくために、各行政機関の連携がますます重要となっている。

(2) 児童福祉施設

　児童福祉法に規定されている児童福祉施設は12種類である。それらを①入所型施設、②通所型施設、③利用型施設に分類して整理したものが表7である。また、表8は、2018年の児童福祉施設数および定員、利用者数、従事者数を施設種別ごとにまとめたものである。

①入所型施設

　入所型施設は「社会的養護」の施設である。社会的養護とは、何らかの事情によって家庭で適切な養育を受けることのできない子どもを公的な責

80

施設種別		施設の目的と対象
入所型施設 乳児院		０歳からおおむね２歳までの子ども（必要がある場合は幼児を含む）を入院させて養育する
児童養護施設		おおむね２歳から満18歳未満の子ども（必要がある場合には乳児を含む）を入所させて養護し、その自立を支援する
母子生活支援施設		配偶者のない又はこれに準ずる事情にある母とその監護すべき子どもを入所させて保護し、自立の促進と生活の支援を行う
障害児入所施設	福祉型障害児入所施設	障害児を入所させて、保護、日常生活の指導および独立自活に必要な知識技能の付与を行う
	医療型障害児入所施設	障害児を入所させて、保護、日常生活の指導および独立自活に必要な知識技能の付与および治療を行う
児童自立支援施設		不良行為をなし又はなすおそれのある子ども、家庭その他環境上の理由によって生活指導等を必要とする子どもを入所または通所させて、必要な指導を行い、その自立を支援する
児童心理治療施設		家庭環境、学校における交友関係その他環境上の理由によって、社会生活への適応が困難となった子どもを通所または短期間入所させて、社会生活に適応するために必要な心理に関する治療および生活指導を行う
通所型施設 保育所		保育を必要とする乳児および幼児を、日々保護者の下から通わせて保育を行う
幼保連携型認定こども園		満３歳以上の幼児に対する教育と、保育を必要とする乳児・幼児に対する保育を一体的に行う
児童発達支援センター	福祉型児童発達支援センター	障害児を日々保護者の下から通わせて、日常生活における基本的動作の指導、知識技能の付与、集団生活への適応訓練等必要な支援を行う
	医療型児童発達支援センター	障害児を日々保護者の下から通わせて、日常生活における基本的動作の指導、知識技能の付与、集団生活への適応訓練等必要な支援および治療を行う
利用型施設 助産施設		保健上必要があるにもかかわらず、経済的理由により入院助産を受けることができない妊産婦を入所させて助産を受けさせる
児童厚生施設	児童館	児童に健全な遊びを与えて、その健康を増進し、または情操をゆたかにすることを目的とする
	児童遊園	
児童家庭支援センター		地域の児童の福祉に関する問題について相談に応じ、助言指導を行い、児童相談所等との連絡調整により総合的に援助を行う

（出典）筆者作成

■表8　児童福祉施設の状況

	施設数	定員（人）	在所者数（人）	従事者数（人）
児童福祉施設等	43 203	2 896 014	2 701 379	729 396
助産施設　＊	385	…	…	…
乳児院	138	3 813	2 869	5 048
母子生活支援施設	222	4 589	8 322	2 084
保育所等	27 951	2 715 914	2 535 964	618 833
幼保連携型認定こども園	4 413	438 454	433 564	118 250
保育所型認定こども園	716	78 851	64 709	16 043
保育所	22 822	2 198 609	2 037 691	484 540
地域型保育事業所	5 753	87 275	83 168	42 142
小規模保育事業所Ａ型	3 390	57 610	55 629	27 452
小規模保育事業所Ｂ型	780	12 441	11 898	6 400
小規模保育事業所Ｃ型	97	889	853	559
家庭的保育事業所	931	3 902	3 711	2 639
居宅訪問型保育事業所	12	15	129	191
事業所内保育事業所	543	12 417	10 948	4 901
児童養護施設	611	32 000	25 829	18 869
障害児入所施設（福祉型）	258	9 390	7 059	6 062
障害児入所施設（医療型）	218	20 705	8 271	22 143
児童発達支援センター（福祉型）	571	17 862	33 059	9 510
児童発達支援センター（医療型）	100	3 394	2 461	1 506
児童心理治療施設	47	1 996	1 405	1 384
児童自立支援施設	58	3 665	1 294	1 815
児童家庭支援センター＊	121	…	…	…
児童館＊	4 477	…	…	…
小型児童館＊	2 627	…	…	…
児童センター＊	1 717	…	…	…
大型児童館Ａ型＊	15	…	…	…
大型児童館Ｂ型＊	4	…	…	…
大型児童館Ｃ型＊	-	…	…	…
その他の児童館＊	114	…	…	…
児童遊園＊	2 293	…	…	…

（注）

1　活動中の施設について集計している。

2　定員及び在所者数は、それぞれ定員又は在所者数について、調査を実施した施設について集計している。

3　従事者数は常勤換算従事者数であり、小数点以下第 1 位を四捨五入している。

4　＊印のついた施設は、詳細票調査を実施していないため、施設数のみのデータである。

5　母子生活支援施設の定員は世帯数、在所者は世帯人員であり、総数、児童福祉施設等の定員及び在所者数には含まない。

6　本表は 2018 年 10 月 1 日現在の調査を実施した施設についての集計結果であり、他の章における表記やデータと異なる場合がある。

（出典）厚生労働省（2020）「社会福祉施設等調査の概況」より筆者作成

任のもとに社会で養育するしくみである。乳児院や児童養護施設はその代表例であり、年々、虐待を受けた子どもの入所が増えている。施設では、子どもの代替養育を行うだけでなく、家庭復帰を視野に入れた家庭支援も行っている。そのために配置されている専門職に、家庭支援専門相談員がある。また、里親委託の推進のため、里親支援専門相談員の配置も広がっている。

②通所型施設

通所型施設は、子どもの生活拠点は家庭にあり、家庭から日々通って、子どもの保育や療育などの支援やサービスを受ける施設である。たとえば保育所は、共働きなどの理由によって保育を必要とする家庭が、日々子どもを通わせる施設である。また、児童発達支援センターは、障害のある子ども一人ひとりのニーズに合わせて、療育支援を行っている。保育所や幼稚園と並行して利用することも多い。家庭への支援のほか、児童発達支援センターの職員が保育所等を訪問し、障害のある子どもや担当保育士等への支援も行っている。

③利用型施設

利用型施設は、その必要があるときに子どもや家族が施設を訪れて利用する施設である。たとえば、児童厚生施設である児童館では、図書室やホール、玩具などが自由に利用できるようになっている。近年では、中高生の居場所となるような設備（自習室やバンド演奏のできる音楽室など）を備えた児童館もある。また、乳幼児とその保護者のためのプログラム活動などを通して、地域の子育てを支える場にもなっている。

児童家庭支援センター[6]は、乳児院や児童養護施設等の社会的養護施設に併設あるいは単独で設置され、児童相談所と連携を図りながら、専門職による地域の子育て家庭の相談支援や地域支援等を行っている。

4 子どもを守り育てる社会のあり方を考える

　子どもが生まれ育つ場は、家庭であり地域社会である。子ども・子育て支援制度で謳われる「子育てを社会全体で支える」ということは、社会における子どもと子育てを支えるしくみを構築し機能させていくことで実現できるものであろう。

　身近な地域社会において、そのしくみを構築・機能させる子ども家庭福祉行政を担うのは基礎自治体、すなわち市町村である（特別区を含む）。たとえば、子ども・子育て支援制度においては、その実施主体が市町村とされ、「市町村子ども・子育て支援事業計画」を策定し、計画的に子育て支援の拡充に取り組むこととされている。それは、介護保険制度以降、市町村が主体となって地域包括ケア体制の構築と整備を担ってきた図式と同じである。子どもや子育て家庭が必要とする支援サービスの拡充と、それらにアクセスしやすい体制の構築にあたっては、今後ますます市町村の責任が重くなっていくことだろう。それにより懸念されるのは、地域格差の問題である。子育て家庭が全国どこの地域に居住していても必要とする支援を受けることができる体制づくりを、国は下支えする責任がある。

　そして、その「必要」の範囲をどのように捉えるのかも重要な視点である。従前から、子育て支援を拡充すると言えば「最近の親は甘えている」といった意見や、児童虐待の事例に触れれば「虐待するなら産まなければいいのに」といった親を糾弾する声は、一般社会の人々だけでなく、保育や社会福祉を学ぶ学生からも聞こえてくる。親の養育責任を強調する流れは、子育て支援や子どものケアの必要範囲を狭めることにもつながりかねない。子どもの権利を守り、子育てを支える社会を形成するには、親の経済状況や養育能力、子育てしにくい社会環境の現実を冷静に捉え、子育て家庭の多様なニーズに目を向ける姿勢がまず肝要となるだろう。

■注
1　選挙権年齢は 2016 年から満 18 歳に、成人年齢は 2022 年 4 月 1 日から満 18 歳に、

それぞれ引き下げられる。

2　子ども・子育て関連三法とは、子ども・子育て支援法、認定こども園法の一部を改正する法律、子ども・子育て支援法及び認定こども園法の一部改正法の施行に伴う関係法律の整備等に関する法律、のことである。

3　指定都市は、地方自治法に規定されたもので、人口 50 万人以上の政令で指定されている都市のことである。中核市は、同じく地方自治法に規定された人口 20 万人以上の要件を満たす都市のことである。

4　支払い能力や所得にかかわらず、サービス利用などその人が受けた利益に応じて負担することを「応益負担」という。医療費や介護保険サービス利用費などがそれである。

5　私立保育所については、従来型のサービス利用方式が適用されるため、施設型給付による個人給付は行われない。利用者負担分を市町村が徴収し、施設型給付と利用者負担を合わせた全額を、委託費として市町村から施設に支払う方式となっている。

6　児童相談の窓口には、児童相談所、児童家庭支援センター、家庭児童相談室などがある。地域によっては児童相談所を「児童相談センター」「子ども相談センター」などと称することもある。東京都では独自事業として「子供家庭支援センター事業」を実施しており、都内市区において「子ども家庭支援センター」や「児童・家庭支援センター」として開設されている。それぞれが連携して相談事業を展開している。

■文献

広井多鶴子（2009）「少子化をめぐる家族政策——家族はなぜ批判されるのか」『日本教育政策学会年報』16 巻

広井多鶴子（2012）「戦後の家族政策と子どもの養育——児童手当と子ども手当をめぐって」『実践女子大学人間社会学部紀要』第 8 集

一般社団法人厚生労働統計協会（2019）『国民の福祉と介護の動向　2019 ／ 2020』

垣内国光（2018）「第 5 章　なぜ、子育ての第一義的責任が強調される？」医療・福祉問題研究会・莇昭三・井上英夫・河野すみ子・伍賀一道・信耕久美子・横山壽一編著『医療・福祉と人権　地域からの発信』旬報社

川松　亮（2017）「児童福祉法改正のポイント」『子どもと福祉』Vol.10、明石書店

厚生労働省（2017）「平成 28 年度全国ひとり親世帯等調査結果報告」

元木愛理・篠原亮次・山縣然太朗（2016）「家族関係社会支出の国際比較および合計特殊出生率との関連検討」『日本公衆誌』第 63 巻第 7 号

武藤素明（2016）「児童福祉法改正と社会的養護の課題」『子どもと福祉』Vol.9、明石書店

内閣府（2020）「少子化社会対策大綱～新しい令和の時代にふさわしい少子化対策へ～」

内閣府子ども・子育て本部（2019）「子ども・子育て支援新制度について」

内閣府・文部科学省・厚生労働省（2016）「すくすくジャパン！なるほど BOOK　平成 28 年 4 月改訂版」

OECD Social Expenditure: Aggregated data, Family benefits public spending, % of GDP, 2015, https://data.oecd.org/socialexp/family-benefits-public-spending.htm 2020 年 6 月 13 日

第
4
章

子どもを守るしくみ

第5章

生命倫理と母子保健

菅野摂子

1 母子保健の概要と現状

(1) 母子保健の現状 ‥‥‥‥‥‥‥‥‥‥‥‥‥‥‥‥‥‥‥‥‥

　母子保健と聞いて何を思い浮かべるだろうか。母子健康手帳の交付や妊婦健診および乳幼児健診といった健診事業などの母子保健事業がまずはあげられるだろう。これらは、後述する母子保健法に基づくフォーマルな活動であるが、「基本的には母性と小児の健康の保持増進を図ることであるが、母子の一貫性ある保健活動を基本とし、家族全体における健康と生活・生涯を通じた健康と生活を視野に入れ、家族や住民が自ら自主的に参加できる保健活動」(高野 1986) であり、母子の健康増進を中心としながらも家族や住民も対象とする広がりをもった営みであるべきである。

　では、母子保健では具体的にどのような取り組みを行っているのだろうか。図1は、母子保健の体系を機能ごとに分類したものであり、冒頭で触れた健診事業のほかにも保健指導や医療対策などが含まれている。以下、表を参照しながらみていく。

①健康診査等

　まず、妊婦を対象とした妊婦健康診査があげられる。妊娠期に14回の妊婦健診が推奨されており、自費診療であるものの、全市区町村において14回以上の受診券または補助券による助成が行われている。さらに、産後うつの予防や新生児への虐待予防等を図る観点から、産後2週間や産後1か月など、出産後間もない産婦に対して行われる「産婦健康診査事業」が始まっており、必要に応じて産褥のケアや母乳哺育指導などがなされる。

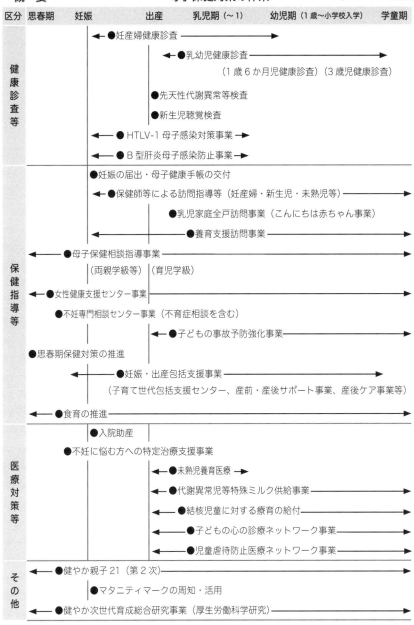

概　要　　　　　　　　　母子保健対策の体系　　　　　　（2017 年 3 月現在）

区分	思春期	妊娠	出産	乳児期（〜1）	幼児期（1 歳〜小学校入学）	学童期

健康診査等

●妊産婦健康診査

●乳幼児健康診査
（1 歳 6 か月児健康診査）（3 歳児健康診査）

●先天性代謝異常等検査

●新生児聴覚検査

● HTLV-1 母子感染対策事業

● B 型肝炎母子感染防止事業

保健指導等

●妊娠の届出・母子健康手帳の交付

●保健師等による訪問指導等（妊産婦・新生児・未熟児等）

●乳児家庭全戸訪問事業（こんにちは赤ちゃん事業）

●養育支援訪問事業

●母子保健相談指導事業
（両親学級等）（育児学級）

●女性健康支援センター事業

●不妊専門相談センター事業（不育症相談を含む）

●子どもの事故予防強化事業

●思春期保健対策の推進

●妊娠・出産包括支援事業
（子育て世代包括支援センター、産前・産後サポート事業、産後ケア事業等）

●食育の推進

医療対策等

●入院助産

●不妊に悩む方への特定治療支援事業

●未熟児養育医療

●代謝異常児等特殊ミルク供給事業

●結核児童に対する療育の給付

●子どもの心の診療ネットワーク事業

●児童虐待防止医療ネットワーク事業

その他

●健やか親子 21（第 2 次）

●マタニティマークの周知・活用

●健やか次世代育成総合研究事業（厚生労働科学研究）

■図 1　母子保健対策の体系
（出典）厚生労働省（2018）『平成 30 年度版 厚生労働白書資料編』

第
5
章

生命倫理と母子保健

乳幼児健康診査は、満1歳6か月～満2歳、満3歳～満4歳にそれぞれ1回ずつ計2回行われる。実施する内容は、身体発育・栄養状況、身体の疾病異常、歯および口腔の疾病異常、行動・言語・発達の異常、予防接種実施状況、そして子育ての悩み等の確認である。この他に、市町村が地域の実情に応じて行う健診、生後1ヵ月に行われる医療機関での健診がある。

　乳児の先天異常に関する検査としては、1977年より新生児マススクリーニング検査が行われており、2018年にはフェニルケトン尿症などの代謝異常のスクリーニング検査を徹底するよう厚生労働省より通知が出ている。新生児聴覚検査についても、2016年には財源を含めた拡充がなされ、各市町村は受診票を配布するなどして受診を促している。

②母子健康手帳

　妊娠した場合には、ただちに市町村に届出を行う義務があり、それを受けて市町村は母子健康手帳を交付しなければならない。手帳には、妊娠中から子どもが6歳になるまでの注意点や、乳幼児身体発育曲線なども記載されている。妊婦健診や出産時、乳幼児健診や予防接種などの時に持参して必要事項を記入してもらうと同時に、母子の健康状態の記録としても大切なものである。

　母子健康手帳の歴史は、妊婦の死亡率を減らすことを目的に、1942年に施行された「妊産婦手帳規定」にはじまる。世界で初めて妊産婦登録を行い、出産用の脱脂綿、育児食などを優先的に配給した。妊産婦が自らの保健管理記録を所持することで健康管理を促し、戦後の周産期医療の充実に大きく貢献しており、今では30か国を超える国々で導入されている。

③保健指導等

　保健指導等は、健康診査等の機会に行われるものや、保健師等による訪問指導がある。また、乳児家庭全戸訪問事業によって、さらなる支援が必要だと判断された場合には、養育支援訪問事業による訪問相談支援が行われている。

　他にも、両親学級などの母子保健相談指導事業や婦人科的疾患及び更年

期障害、出産、不妊等の女性の健康に関する一般的事項に関する相談指導を行う女性健康支援センター事業があり、不妊については、特に不妊専門の相談事業が行われている。関連する医療対策として不妊に悩む人への特定治療支援事業もある。子育て世代包括支援センター（法律上の名称は、母子健康包括支援センター）、産前・産後サポート事業、産後ケア事業等から成る妊娠・出産包括支援事業とともに、2014年度から妊娠・出産包括支援モデル事業が創設され、各市町村独自の取組がなされている。なかでも産後ケア事業は、「退院直後の母子に対して心身のケアや育児のサポート等を行い、産後も安心して子育てができる支援体制を確保する」ことを目的とする。家族等から十分な家事・育児などの援助が受けられない妊婦で、産後に身心の不調または育児不安などがあり、支援が認められる者に対して実施される。

④医療対策等

医療対策としては、児童福祉法第22条にもとづく入院助産がある。入院助産とは、保健上必要があるにもかかわらず、経済的に困窮しており、病院等施設における出産費用を負担できない妊婦への経済的支援である。

未熟児養育医療は、未熟児に対し必要な医療の給付を行うものである。ここでいう未熟児とは、「身体の発育が未熟なまま出生した乳児であって、正常児が出生時に有する諸機能を得るに至るまでのもの」であり、現在は2,500グラム未満を低出生体重児、1,500グラム未満を極低出生体重児、1,000グラム未満を超低出生体重児とよぶ。養育医療費の総額は増加傾向であり、全出生数における養育医療を受けた乳児の割合は2018年で3.3%である[1]。養育医療と同様の医療的支援として、障害者総合支援法による手術費用の補助などもある。

他にも代謝異常児等に対する特殊ミルクの供給事業や結核児童に対する療育給付、子どもの心の問題や児童虐待および発達障害に対応するために、都道府県の拠点病院を中核として地域連携をはかる子どもの心の診療ネットワーク事業や児童虐待防止医療ネットワーク事業が実施されている。

⑤その他

　妊産婦であることを示すとともに周囲から
の配慮を促す、マタニティーマーク（図2）
の普及や、「健やか親子21」が実施されてい
る。「健やか親子21」とは、2001年から始
まった厚生労働省の取り組みで「母子の健康
水準を向上させるための様々な取組を、みん
なで推進する国民運動計画」である。第1次
計画が2001年度〜2014年度、第2次計画が
2015年度〜2024年度であり、「健やか親子

■図2
マタニティマーク
（厚生労働省 HP より）

21（第2次）」では、「10年後に目指す姿を『すべての子どもが健やかに育
つ社会』として、すべての国民が地域や家庭環境等の違いにかかわらず、
同じ水準の母子保健サービスが受けられること」を目標にしている。なか
でも「切れ目ない妊産婦・乳幼児への保健対策」においては妊娠・出産・
育児期における母子保健対策の充実が目指されている。

(2) 母子保健の指標

　こうした母子保健対策の成果をはかるため、表1に示すように、出生率、
乳児死亡率（出生数に対する生後1年未満児の死亡率）、新生児死亡率（出生
数に対する生後4週間未満児の死亡率）、周産期死亡率（妊娠満22週以後の死
産と生後1週未満の早期新生児死亡を合わせた割合）、妊産婦死亡率[2]、死産率
（妊娠満12週以後に死亡した児の分娩の割合）といった指標がある。いずれ
の数値も1947年もしくは1957年以降低下しており、特に海外諸国と比較
されることの多い乳児死亡率は第二次世界大戦以降、母子保健や医療体制
が発展し大幅に下降を続け、それにやや遅れて妊産婦死亡率も下がっている。

　近年では、こうした母子保健の指標だけではなく、妊産婦の孤立、出生
前検査の引き起こす選択的中絶、児童虐待相談件数の増加などの一連の社
会問題が母子保健とつなげて論じられるようになっている。このことは、
母子保健に何らかの対応が求められるようになってきたともいえるだろう。

	出生率 （人口千対）	乳児死亡率 （出生千対）	新生児 死亡率 （出生千対）	周産期 死亡率 （出産千対）	妊産婦 死亡率 （出産10万対）	死産率 （出産千対）
1947年	34.3	76.7	31.4	…	160.1	44.2
1957年	17.2	40.0	21.6	…	153.6	101.2
1967年	19.4	14.9	9.9	…	65.5	71.6
1977年	15.5	8.9	6.1	…	21.9	51.5
1987年	11.1	5.0	2.9	13.7	11.5	45.3
1997年	9.5	3.7	1.9	6.4	6.3	32.1
2007年	8.6	2.6	1.3	4.5	3.1	26.2
2017年	7.6	1.9	0.9	3.5	3.4	21.1

（出典）厚生労働省「人口動態統計（各年度版）」をもとに筆者作成

2　母子保健に関わる法律の変遷

（1）母子保健法の成立

　母子保健事業は、当初は児童福祉法に位置づけられていた。1951年の児童福祉法改正により、保健所において母子保健事業を推進することになったものの、他の公衆衛生業務も担っている保健所では、十分に母子保健業務を行えなかった。当時は乳幼児死亡率が依然として先進諸国に比べて高いことや、妊産婦死亡率が地域によって差があることなどが指摘されており、児童福祉における母子保健の重要性が高まっていた。こうしたことを背景に、1965年に母子保健法が成立し、事業の水準が大きく向上したのである。母子保健法の主な内容は、保健指導や健康診査にあたる「保健事業」と、医療その他の措置にあたる「医療対策」である。1994年に保健所法が大幅に改正され地域保健法になると、これらの事業の提供主体は原則として市町村に一元化された。

第5章

生命倫理と母子保健

(2) 人工妊娠中絶と優生保護法 ・・・・・・・・・・・・・・・・・・・・・・・・・・・・・・

　母子保健法とともに、特に母性保護の観点から母子保健に深くかかわる法律が優生保護法、現在の母体保護法である。1948 年に成立した優生保護法は 1952 年に改正され、「妊娠の継続又は分娩が身体的又は経済的理由により母体の健康を著しく害するおそれのあるもの」（第 14 条の 4）、「暴行若しくは脅迫によって又は抵抗若しくは拒絶することができない間に姦淫されて妊娠したもの」（第 14 条の 5）という条件のもとで、審査会の審査なしで専門医（優生保護法指定医）の判断による人工妊娠中絶を可能とした。

　この施策は「優生保護法成立以前の人工妊娠中絶は、産婦人科専門の医師以外の医師によって行われることが少なくなく、手術の失敗による障害の発生、症状悪化、母体死亡などが跡をたたなかった」という背景から成立した（海野・渡辺 2010）が、一方で人工妊娠中絶の増加を招いたことから批判を浴びることとなった。1950 年には約 32 万件（対出生比 13.7%）だった中絶件数は 1955 年には約 117 万件（対出生比 67.6%）と急増した[3]。この背景には、官民一体となって子どもの少ない文化的な家庭を戦後の新しい家族像として推進した「新生活運動」[4]、低用量ピルの未認可など避妊へのアクセスの問題があった。

　当時、欧米では中絶について胎児の生命の尊重と女性の権利という対立構造のなかで議論が白熱しており、表立って中絶手術を認めている国はほとんどなかった。海外から中絶を目的に来日する女性がみられた。それに対して一部の宗教団体による中絶への反対運動などが起こったことから、中絶要件に関する厳格化の動きが高まった。保守系議員を中心に結成された優生保護法改正期成同盟による運動があり、1972 年に①経済的理由の削除、②胎児の障害による中絶の許可（胎児条項と記す）、③適正年齢での初産の指導、の三点の修正を求めた。これに対して、女性団体は①経済的理由の削除に対し、障害者団体は②胎児条項に強く反対し、1973 年に国会に改正案が出されたものの、翌年審議未了で廃案になっている。1982年にも同様の動きがあったが、反対運動によって取り下げられている。

3 優生政策と母子保健

(1) 優生保護法下の強制不妊手術 ・・・・・・・・・・・・・・・・・・・・・・・・・・・・・・

　優生保護法は、母性保護に加え優生思想の側面もあり、「優生上の見地から不良な子孫の出生を防止するとともに、母性の生命健康を保護すること」（第1条）とされている。この法律は、戦時中の1940年に制定された国民優生法から1948年の優生保護法、1996年から現在に至る母体保護法という流れに位置づいている。

　国民優生法が、戦争に向けた人口増加政策において中絶や不妊手術を抑制したのに対し、優生保護法は戦後の人口抑制政策を受けて障害等を理由とした優生手術を積極的に行う根拠となった。優生保護法における優生手術すなわち強制不妊手術には、本人の同意が必要な不妊手術（第3条）、審査会の承認のみで行える不妊手術（第4条）、保護者と審査会の承認が必要な不妊手術（第12条）があり、これまでに、第4条と第12条規定で約1万6,500件、第3条規定は約8,500件、合計約2万5,000件もの不妊手術が実施されている（厚生労働省 2019）。

(2) 不幸な子どもの生まれない運動 ・・・・・・・・・・・・・・・・・・・・・・・・・・・・・・

　強制不妊手術とほぼ並行して行われたのが、自治体主導の優生政策「不幸な子どもの生まれない運動」である。この運動の「不幸な子ども」とは、人工妊娠中絶された胎児、流産や周産期で死亡した胎児、遺伝性疾患や精神および身体障害児などの「不幸な状態を背負った児、保育に欠ける児などの社会的にめぐまれない児」である（不幸な子ども生まれない対策室 1971）。

　1966年に兵庫県で始まった「不幸な子どもの生まれない運動」は、結婚から子どもの新生児期までを網羅する主に女性に対する啓蒙活動および保健活動として実施された。

　こうした動きは全国に広がったが、障害者による反対運動を受けて、1974年に「不幸な子どもの生まれない対策室」は廃止になり、他の自治

体においてもこれらの運動は終息した。

　その後、1993年に障害者基本法が制定され、翌年にはカイロ国際人口・開発会議[5]のNPOフォーラムで日本人が優生保護法の差別性について問題提起を行ったことから、1996年優生保護法は幕を閉じ、母体保護法と名称変更された。母体保護法では、不妊手術（条文では「優生手術」）と人工妊娠中絶に関する優生思想の部分は削除された。

4　出生前検査をめぐる倫理と母子保健の位置付け

（1）出生前検査への批判 ・・

　「不幸な子どもの生まれない運動」にみられた、「胎児に対する保護と選別の眼差し」（土屋2009）は解消されたと言えるのだろうか。こんにち、羊水検査[6]をはじめ、胎児を医学的に観察する技術、すなわち出生前検査／診断の技術は進歩を遂げ、産科医療のなかで実施されるようになっている。

　羊水検査や絨毛検査といった、流産の可能性のある出生前診断しかなかった時代には、その対象は胎児に障害があることが予想される妊婦に限られており、検査を受ける妊婦は少数だった。しかし、安全で精度の高い新型出生前検査（NIPT）などのスクリーニング検査が登場したこと、高齢の妊婦が増えてきたことなどから、近年こうした検査を受ける妊婦が増加している。胎児の疾患が事前にわかることで、出産直後の救命体制を整え、疾患によっては胎児治療の可能性もわずかながら出てきており、検査の結果を受けて障害のある子どもを育てる準備する妊婦もいると思われる。しかし、羊水検査を受けて障害があると判断された場合に中絶を選ぶ人は多く、胎児治療ができる胎児の疾患は限られている。中絶可能な期間（満22週未満）を過ぎて検査を行い、周産期の治療に有益な場合があるものの、検査の多くは中絶可能期間に実施されるため、命の選別のために出生前診断を受けるのではないかといった意見が障害者やその家族などから出されている。

　だが、こうした批判があっても出生前検査が行われるのは、受けるかどうかが個人の判断に委ねられているからである。WHOの検討会でも、「人々が自分の生殖の目標に照らして自分にとって最善の自発的な決定を

することを助けるのが今日の医学的な遺伝学であり、昔の優生思想との決定的な違いである」と言われており（Wertz 1995）、妊婦の意思決定を支える遺伝カウンセリングも医療施設で実施されている[7]。

他方で、こうした個人の意思による障害の排除を「裏口からの優生学」と批判する論者もいる（Duster 2003）。私たちの社会は戦後およそ50年間優生保護法を温存し、中央と地方の双方において優生的な施策を取ってきたことを踏まえれば、個人の「障害のある子どもを育てられない」という思いは、福祉政策の不十分さや未だに残る障害者への差別を背景に、人々の意識の中に潜在化しているものであると捉えることもできる。

（2）母子保健に求められること ･････････････････････････････

改めて検査を受ける当事者に目を向けると、子育てのサポートが少ないため障害のある子どもを育てる余裕がない、もともと妊娠したくなかった、体調に不安があって障害のある子どもを育てる自信がないといった声もある（柘植・菅野・石黒 2009）。これは障害のある人々への差別というよりも、生活や健康に密着した思いである。母子保健法における養育医療や多様な相談事業は、こうした女性の困難な状況に対応するためのものであろう。

妊娠・出産をめぐる不安に寄り添うことなく、出生前検査を受ける妊婦を非倫理的だとみなすようなことがあってはならない。母子保健はこのような倫理的課題に向き合っていくことが今後求められている。

■注

1　2000年度〜2018年度の厚生労働省「福祉行政報告例」表1および表2より筆者が集計した。

2　妊産婦の定義は、妊娠中および妊娠終了後満42日未満である妊産婦である。妊産婦死亡には、妊娠に関連しない病気や、事故などによる死亡は含まれない。

3　現在、中絶は減少傾向にあり、2018年衛生行政報告例によると16万1,741人である。ただし、初めて性交渉した年齢は、2004年が平均19.3歳、2014年は18.9歳と低下している（北村 2005／2015）。

4　新生活運動とは、1954年の「人口対策としての家族計画の普及に関する決議」および「人口の量的な調整に関する決議」を経て、受胎調節および産児調節、貯蓄慣行などを進めた運動であり、大企業や日本国有鉄道などの官営産業、農村漁村の組合や

主婦連合会、地域婦人団体連絡協議会などを巻き込んで進められた。（田間 1996）。

5　カイロ国際人口・開発会議は、女性の人権としてリプロダクティブ・ヘルス／ライツが提唱された点で国際的な人口政策の転換点ともいえる会議だったが、母体保護法においてリプロダクティブ・ヘルス／ライツは付帯条項として記されるにとどまった。

6　羊水検査とは、妊婦の羊水穿刺により採取し、染色体異数性などを診断する技術である。副作用として、0.3～0.5％の割合で流産が起こるとされている。

7　遺伝学は優生思想と結びつきホロコーストに利用された過去があるが、20世紀後半から遺伝カウンセリングとして人々の意思決定を支えるコミュニケーション過程という面が前景化してきた。日本の出生前検査における遺伝カウンセリングの歴史は『出生前診断　受ける受けない誰が決めるの？　遺伝相談の歴史に学ぶ』（山中・玉井・坂井 2017）に詳しい。

■文献

Duster, Troy. (2003) *Backdoor to Eugenics* Routledge.

不幸な子どもの生まれない対策室（1971）『不幸な子どもの生まれな施策——5か年のあゆみ』

兵庫県衛生部（1972）『昭和47年度 衛生行政の概要』

北村邦夫（2005）／（2015）『男女の生活と意識に関する調査報告書』日本家族計画協会

厚生労働省子ども家庭局母子保健課（2019）『七訂　母子保健法の解釈と運用』中央法規出版

厚生労働省（2019）障害保健福祉関係主管課長会議資料

中山まき子（2000）「『母子保健法』をつくった戦後の日本社会——リプロダクティブ・ヘルス／ライツをめざして」原ひろ子・根津直美編『健康とジェンダー』明石書店

高野陽（1986）「母子保健概論」高野陽・柳川洋・中林正雄・加藤忠明編『改訂7版 母子保健マニュアル』南山堂

田間泰子（1996）「少産化と家族政策」井上俊ほか『岩波講座 現代社会学 19〈家族〉の社会学』岩波書店

柘植あづみ・菅野摂子・石黒眞里（2009）『妊娠——あなたの妊娠と出生前検査の経験をおしえてください 』洛北出版

土屋敦（2009）「母子衛生行政の転換局面における『先天異常児』出生予防政策の興隆——『（少産）少死化社会』における生殖技術論と『胎児』の医療化の諸相」『三田学会雑誌』102-1

海野信也・渡辺博（2010）『母子保健学 改訂第2版』診断と治療社

Wertz, Dorothy C. Fletcher, John C. Berg, Kare. (1995) *GUIDELINES ON ETHICAL ISSUES IN MEDICAL GENETICS AND THE PROVISION OF GENETICS SERVICES*, WHO.

山中美智子・玉井真理子・坂井律子著（2017）『出生前診断 受ける受けない誰が決めるの？——遺伝相談の歴史に学ぶ』生活書院

第6章

少子化対策と子育て支援

板倉香子

1 少子高齢社会の子育ての現状

(1) 子ども数の減少と家族単位の縮小 ·····················

　2020年5月29日、「希望出生率1.8」[1]の実現を掲げた第4次少子化社会対策大綱が閣議決定された。出生数は年々減少し、2019年には予測を大きく下回る86万5,000人を記録、少子化に歯止めのかからない状況が続いている。

　図1は、1947年以降の毎年の出生数と合計特殊出生率[2]の推移を表したものである。出生数には、第1次ベビーブームと呼ばれた1947〜1949年と、その子ども世代に相当する第2次ベビーブーム（1971〜1974年）の2つの山があり、その後は減少を続けていることがわかる。合計特殊出生率については、過去最低を記録したのが2005年で1.26、その後1.4台まで持ち直したが、2019年には1.36となり、再び1.4を割り込んだ。「令和2年版 少子化社会対策白書」によれば、2019年の0歳から14歳の年少人口割合は12.1％、65歳以上の高齢者の割合（高齢化率）は28.4％で年々高くなり、少子高齢化の傾向は今後も続くと推計されている（内閣府 2020b）。

　国民生活基礎調査（厚生労働省 2019）によれば、児童のいる世帯は1,126万7,000世帯で、全世帯の22.1％である。そのうち、児童が「1人」の世帯は511万7,000世帯、児童が「2人」の世帯は455万1,000世帯である。いわゆる「ひとりっ子」の世帯が45％程度、それも含めて子どもが2人以内の家庭が85％を占めている。児童のいる世帯の平均児童数は、1.71人である。

　その世帯構造の推移を見ると（表1）、「核家族世帯」は1986年には

97

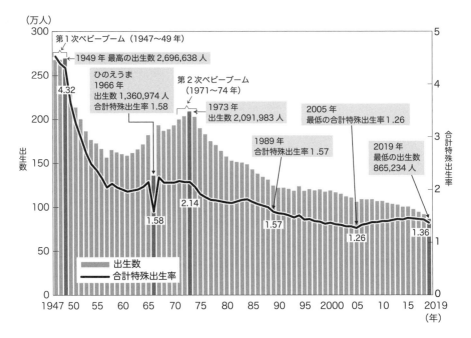

■図1　出生数および合計特殊出生率の年次推移

（出典）内閣府（2020）「令和2年版　少子化社会対策白書」

■表1　児童のいる世帯の世帯構造の年次推移（%）

	核家族世帯	夫婦と未婚の子のみの世帯	ひとり親と未婚の子のみの世帯	三世代世帯	その他
1986年	69.6	65.4	4.2	27.0	3.4
1992年	69.1	65.3	3.8	27.2	3.7
1998年	70.0	65.6	4.5	26.4	3.6
2004年	74.2	68.5	5.7	22.5	3.3
2010年	76.9	70.3	6.6	18.8	4.2
2016年	80.5	73.5	6.9	14.7	4.8
2019年	82.5	76.0	6.5	13.3	4.3

（出典）厚生労働省「国民生活基礎調査」2019年より筆者作成

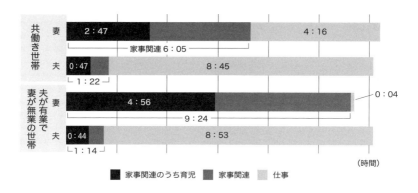

■図2 ６歳未満の子どもをもつ妻・夫の１日あたりの家事関連時間、
仕事等時間（週全体）

（出典）総務省統計局（2017）「平成28年 社会生活基本調査」より筆者作成

69.6％であったが、2019年には82.5％に増加している。一方で「三世代世帯」は1986年には27.0％であったが、2019年には13.3％に減少している。このように子どものいる世帯の大多数が核家族となり、家族の単位は年々小さくなっている。それは家庭内で子育てを担うマンパワーの減少にもつながっている。

　核家族世帯の場合、家庭内で子育てを担うのは夫婦である。図２は、６歳未満の子どもがいる家庭における夫婦の１日あたりの家事・育児時間を、共働き世帯と夫が有業で妻が無業の世帯（専業主婦世帯）とで比較したものである。妻の有業・無業を問わず、夫の仕事時間はおよそ９時間と長く、家事・育児に費やす時間は１時間あまりである。一方、共働きの妻の場合、１日４時間程度の仕事に加えて、家事関連時間はおよそ６時間、うち育児は３時間弱を費やしている。無業の妻に比べて家事・育児にかける時間が少なくなるのは当然だが、仕事時間も加わるために、家事・育児・仕事時間の合計が長い。無業の妻の場合は、１日の多くの時間を家事・育児に費やしている。子どものいる世帯では、とくに女性に家事と育児の負担が重くのしかかっていることがうかがえよう。

(2) 子育ての不安・負担と孤立 ······························

　仕事の有無に関わらず、子育てに不安や負担を感じる人は多い。2015 年に厚生労働省が実施した「人口減少社会に関する意識調査」によれば、0 歳から 15 歳までの子どもがいる人の 7 割が、子育てをしていて負担・不安に思うことがあると回答している。その内容は、経済的な不安や精神的疲れ、子育てに自信が持てないことなどである（厚生労働省 2015）。現代は、親自身も少子化の時代に生まれてきょうだいも少なく、周囲に子育てのモデルを見つけにくい。加えて、近所づきあいの希薄化が進み、子育て家庭が孤立しやすい状況にある。内閣府の調査では、「地域で子育てを支えるために重要だと思うこと」として「子育てに関する悩みについて気軽に相談できる人や場があること」と回答した人が全体の 45.9％、子どもがいる母親の場合には 52.1％にのぼった（内閣府 2019a）。

　子育ての負担が大きいときに助けてくれる相手は「自分の親または配偶者の親」すなわち子どもの祖父母だという人が多く、子どものいる既婚男性は 49.7％、女性は 58.0％であった（内閣府 2019a）。自治体によっては、孫育てのガイドブックや「祖父母手帳」（さいたま市）を発行し、現代の育児法を伝えて父母との関係を良好に保ちながら孫育てに関われるよう工夫する取り組みも見られる。

　このように頼りになる祖父母だが、それは祖父母が健在であればこそである。平均初産年齢は年々上昇して 30 歳を超え、30 代後半や 40 代の出産も珍しくない。妊産婦の年齢が上がれば、その親の年齢も高くなり、出産・育児と親の介護が重なる「ダブルケア」になるケースも増えている。内閣府では、ダブルケアを「小学校入学前の子どもの育児と、家族の介護を両方担っている人」として、全国に 25 万 3,000 人、そのうち男性は 8 万 5,000 人、女性は 16 万 8,000 人と推計している（内閣府 2016b）。2018 年にソニー生命が実施したインターネット調査によると、ダブルケアラーへの支援として「ダブルケア当事者がつながる場を地域でつくる」ことを求める人の割合が 7 割を超えた（ソニー生命 2018）。それは、ダブルケアラーが介護と育児をひとりで背負い、地域で孤立しがちであることの表れだろう。

2　少子化対策と子育て支援

（1）少子化対策としての子育て支援の展開 ・・・・・・・・・・・・・・・・・・・

　子育て支援施策は、わが国では少子化対策として始まった。いわゆる
1.57 ショックを契機に策定された「エンゼルプラン」（1994 年）、「新エン
ゼルプラン」（1999 年）には、延長保育や休日保育などの保育サービスの
充実や、地域子育て支援センターの整備などが盛り込まれた。また、厚生
労働省により施策化された「少子化対策プラスワン」では、男女ともに育
児休業を取得しやすい環境の整備などに重点が置かれた。ここまでの少子
化対策が、仕事と育児の両立を柱として進められてきたことが分かる。こ
れらの集大成として 2003 年に法制化された次世代育成支援対策推進法、
少子化社会対策基本法、そして 2004 年の少子化社会対策大綱もその流れ
を汲む。いずれも目的は少子化対策であり、子育て支援はその方法のひ
とつにすぎない。こうした子育て支援施策について垣内は、「子育て支援
の目的は少子化をくい止めるための手段として位置づけられ」「母と子の
権利保障である前に社会防衛的な意味合いが強い」と指摘している（垣内
2009）。

　2010 年には、民主党政権下で「チルドレン・ファースト」を掲げた「子
ども・子育てビジョン」（少子化社会対策基本法に基づく大綱）がまとめら
れた。少子化対策から子ども・子育て支援の視点に転換し、社会全体で子
どもと子育てを支えることが目指された。この大綱の閣議決定に合わせて
子ども・子育て新システムの検討が始まり、2012 年の子ども・子育て関連
三法の成立に至った。

　2013 年以降は、ふたたび自民・公明政権下で「少子化危機突破のための
緊急対策」や新たな「少子化社会対策大綱」の策定などの少子化対策が続
く。2016 年「ニッポン一億総活躍プラン」では、少子高齢化を「経済成
長の隘路」と表現し、「広い意味での経済政策として」子育て支援等に取
り組むとしている。これは、国の進める「子育て支援」の発想が、子育て
家庭の悩みや不安に寄り添い、社会で子育てを支えるものとしてではなく、

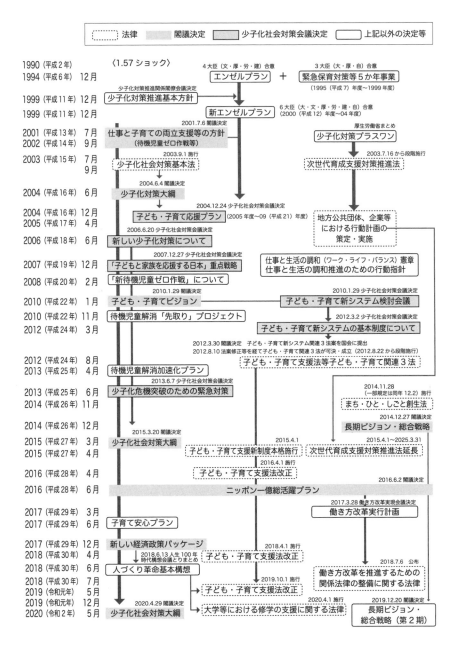

1990（平成2年）　　　〈1.57ショック〉

1994（平成6年）12月　　　　　　　4大臣（文・厚・労・建）合意　　　　　3大臣（大・厚・自）合意
エンゼルプラン ＋ 緊急保育対策等5か年事業
（1995（平成7）年度〜1999（平成11）年度）

少子化対策推進関係閣僚会議決定
1999（平成11年）12月　少子化対策推進基本方針

1999（平成11年）12月　　　　　　新エンゼルプラン　　6大臣（大・文・厚・労・建・自）合意
（2000（平成12）年度〜04年度）

2001.7.6 閣議決定
2001（平成13年）7月　仕事と子育ての両立支援等の方針　　　厚生労働省まとめ
2002（平成14年）9月　　（待機児童ゼロ作戦等）　　少子化対策プラスワン

2003.9.1 施行　　　　　　　　　　　　　　　　　　　　　　　2003.7.16 から段階施行
2003（平成15年）7月　少子化社会対策基本法　　次世代育成支援対策推進法
　　　　　　　9月

2004.6.4 閣議決定
2004（平成16年）6月　少子化対策大綱

2004.12.24 少子化社会対策会議決定
2004（平成16年）12月　子ども・子育て応援プラン（2005年度〜09（平成21）年度）
2005（平成17年）4月　　　　　　　　　　　　　　　　　　　　地方公共団体、企業等
2006.6.20 少子化社会対策会議決定　　　　　　　　　　　　　における行動計画の
2006（平成18年）6月　新しい少子化対策について　　　　　策定・実施

2007.12.27 少子化社会対策会議決定
2007（平成19年）12月　「子どもと家族を応援する日本」重点戦略　　仕事と生活の調和（ワーク・ライフ・バランス）憲章
仕事と生活の調和推進のための行動指針
2008（平成20年）2月　「新待機児童ゼロ作戦」について

2010.1.29 閣議決定　　　　　　　　　　　　　　　2010.1.29 少子化社会対策会議決定
2010（平成22年）1月　子ども・子育てビジョン　　子ども・子育て新システム検討会議

2010（平成22年）11月　待機児童解消「先取り」プロジェクト　　2012.3.2 少子化社会対策会議決定
2012（平成24年）3月　　　　　　　　　子ども・子育て新システムの基本制度について

2012.3.30 閣議決定　子ども・子育て新システム関連3法案を国会に提出
2012.8.10 法案修正等を経て子ども・子育て関連3法が可決・成立（2012.8.22 から段階施行）
2012（平成24年）8月　　　子ども・子育て支援法等子ども・子育て関連3法
2013（平成25年）4月　待機児童解消加速化プラン

2013.6.7 少子化社会対策会議決定
2013（平成25年）6月　少子化危機突破のための緊急対策　　2014.11.28
（一部規定は同年 12.2）施行
2014（平成26年）11月　　　　　　　　　　　まち・ひと・しごと創生法

2014.12.27 閣議決定
2014（平成26年）12月　　　　　　　　　　　長期ビジョン・総合戦略

2015.3.20 閣議決定　　　　　　　　　2015.4.1　　　　2015.4.1〜2025.3.31
2015（平成27年）3月　少子化社会対策大綱
2015（平成27年）4月　　　子ども・子育て支援新制度本格施行　次世代育成支援対策推進法延長

2016.4.1 施行
2016（平成28年）4月　　　　子ども・子育て支援法改正　　2016.6.2 閣議決定
2016（平成28年）6月　　　　　　　　　ニッポン一億総活躍プラン

2017.3.28 働き方改革実現会議決定
2017（平成29年）3月　　　　　　　　　　　　働き方改革実行計画
2017（平成29年）6月　子育て安心プラン

2017（平成29年）12月　新しい経済政策パッケージ　　2018.4.1 施行
2018（平成30年）4月　　2018.6.13 人生 100 年　子ども・子育て支援法改正
時代構想会議とりまとめ
2018（平成30年）6月　人づくり革命基本構想　　　2018.7.6　公布
2018（平成30年）7月　　　　　　　　　　　　働き方改革を推進するための
2019.10.1 施行　　　関係法律の整備に関する法律
2019（令和元年）5月　　　子ども・子育て支援法改正

2019（令和元年）12月　　　　　　　　　　　　2020.4.1 施行　　2019.12.20 閣議決定
2020.4.29 閣議決定
2020（令和2年）5月　少子化社会対策大綱　大学等における修学の支援に関する法律　長期ビジョン・総合戦略（第2期）

■図3　少子化対策のこれまでの取り組み

（出典）内閣府（2020）「令和2年版 少子化社会対策白書」

未来の経済を支える人材たる子どもを増やす＝少子化対策の域から出ていないことを示している。

　子育て家庭にはなぜ子育て支援が必要なのか。たとえば核家族化や晩婚化・晩産化、地域社会の変化に伴う近隣関係の希薄化など、個人の努力の及ばない社会の変化を背景として、子育ての不安や負担を感じる人が増え、支援を求めているからではないか。政府による一連の少子化対策によって、仕事と子育てを両立する人が増え、たとえば少子化の進行が抑止されることがあったとしても、子育て家庭の抱える悩みはなくならない。子育て家庭のニーズに寄り添う子育て支援の展開が、少子化対策とは別に求められる。それは、子どもが健やかに育つ権利と、男女問わず子育てする権利を守る、子どもと子育て家庭の権利保障ともいえるだろう。

(2) 子ども・子育て支援制度における子育て支援 ・・・・・・・・・・・・・・・・

　子ども・子育て支援制度は、2012 年に成立した子ども・子育て関連三法によりスタートした新しい子育て支援のしくみである。子ども・子育て家庭に対する現金給付、教育・保育給付と地域子ども・子育て支援事業で構成される。「量」と「質」の両面から子育てを社会全体で支えることを謳い、教育・保育の場を増やして待機児童を解消することや、地域の実情に合わせた多様な子育て支援事業を展開することで、子育て家庭を支えることを目指したものである。

　ここでは、表2にある地域子ども・子育て支援事業のうち、①から⑦について取り上げる。

　利用者支援事業は、子育て家庭が保育所等の施設や地域子育て支援拠点などの社会資源や関係機関等を円滑に利用できるように、身近な場所において相談や情報提供を行い、関係機関等との連携を進めるものである。実施主体は市区町村で、NPO 法人等に委託して実施することもできる。その事業内容に応じて「基本型」「特定型」「母子保健型」の３類型に分けられている（表3）。基本型は、利用者支援と地域連携を柱として、地域子育て支援拠点等の身近な場所で、個別のニーズを捉えていち早く対応したり、地域の関係機関・団体のネットワーク形成を行う。「母子保健型」は保健

■表2　地域子ども・子育て支援事業（一覧）

①利用者支援事業	⑧延長保育事業
②地域子育て支援拠点事業	⑨病児保育事業
③一時預かり事業	⑩放課後児童クラブ
④乳児家庭全戸訪問事業	⑪妊婦健診
⑤養育支援訪問事業	⑫実費徴収に係る補足給付を行う事業
⑥子育て短期支援事業	⑬多様な事業者の参入促進・能力活用事業
⑦子育て援助活動支援事業（ファミリー・サポート・センター事業）	

（出典）筆者作成

■表3　利用者支援事業の3類型

基本型	利用者支援と地域連携を行う。子育て家庭を包括的に支援するため、子育て家庭に身近な場所で実施する。相談支援にあたるのは利用者支援専門員である。
特定型	主として市区町村の窓口において保育サービスに関する相談に応じる「保育コンシェルジュ」と呼ばれるもの。保育所等の利用支援などを行う。
母子保健型	保健所や市町村保健センターにおいて、妊娠期から子育て期にわたる母子保健や育児に関する相談に応じ、母子保健サービス等の情報提供等を行う。

（出典）筆者作成

師等の専門性を活かした相談支援を行うもので、主として保健センターで行われている。子育て世代包括支援センターにおいて「基本型」と「母子保健型」を一体的に実施する自治体もあり、妊娠期から出産、育児期まで切れ目ない支援を行う体制づくりが目指されている。

　地域子育て支援拠点事業は、身近な地域における子育て親子の交流の場を提供し、また、専門職による相談支援や子育て講座等の実施により、孤立しがちな子育てを支える場となっている。従来は、ひろば型、センター型、児童館型に分類されていたが、子ども・子育て支援制度下では、一般型と連携型の2つにまとめられ、新たに地域機能強化型が創設された。子育て中の親子が気軽に集い、地域で子育てを支える場として展開されている。『地域子育て支援拠点事業における活動の指標「ガイドライン」改訂版』（NPO法人子育てひろば全国連絡協議会 2017）では、地域子育て支援拠

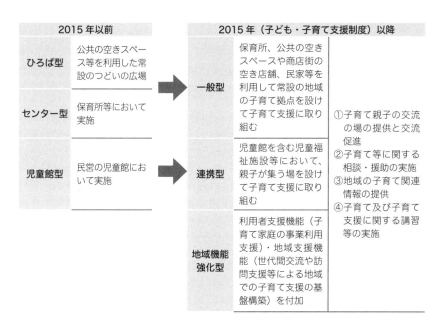

■図4　地域子育て支援拠点事業
(出典) 筆者作成

点について「親子・家庭・地域社会の交わりをつくりだす場である」とし
ている。子どもや親のありのままを受けとめ、地域とつなぐ役割を担って
いる。

　利用者支援事業や地域子育て支援拠点事業は、利用者がその場を訪れて
初めて支援が開始される。一方、支援者のほうから子育て家庭を訪ね、地
域の子育て支援に関する情報提供と子育ての状況把握を行う事業として、
乳児家庭全戸訪問事業（こんにちは赤ちゃん事業）がある。原則として、す
べての乳児（生後4か月未満）のいる家庭（里親家庭・ファミリーホームを
含む）を保健師や児童委員などが訪問するアウトリーチ型の支援である。
また、同じく訪問型の支援としては養育支援訪問事業がある。こちらは、
養育支援が必要と判断された家庭を保健師等が訪問し、養育に関する相談
や指導等を行うもので、より直接的な支援である。

　直接的なケアを提供する支援としては、ほかに一時預かり事業や子育て

短期支援事業がある。一時預かり事業は、乳幼児を日中、保育所や幼稚園、認定こども園等で預かる支援で、保護者の病気や冠婚葬祭、求職活動、リフレッシュなど理由を問わず利用することができる。子育て短期支援事業は、夜間帯に子どもを預かる夜間養護等事業（トワイライトステイ事業）と、泊まりがけで預かる短期入所生活援助事業（ショートステイ事業）があり、児童養護施設等により実施されている。

　子育て援助活動支援事業（ファミリー・サポート・センター事業）は、住民同士の支え合いを基礎としたボランティアベースの活動である。運営主体は市区町村であるが、社会福祉協議会やNPO法人などへの委託も多い。子どもの一時的な預かりや保育所への送迎等の支援を受けたい人（利用会員）と、支援活動を行いたい人（提供会員）の相互援助活動を、ファミリー・サポート・センターが調整して進めている。支援を受ける人も提供する人も、いずれも会員として登録し、センターの職員がコーディネート等を行う。利用会員から提供会員へは、活動時間に応じて一定額の謝礼を支払うため、「有償ボランティア活動」とも言われる。ボランタリーな活動ならではの、利用対象が幅広く活動内容も柔軟な点に特徴がある。

(3) 子ども家庭総合支援拠点 ……………………………………

　2016年の児童福祉法改正を背景に、市区町村は、子どもと子育て家庭、妊産婦の福祉に関する支援を行う責任のあるところから、コミュニティを基盤としたソーシャルワーク機能を担う拠点の整備に努めることとなった。それが2017年から実施されている子ども家庭総合支援拠点である。その役割は①子ども家庭支援全般に係る業務（実情の把握、情報提供、相談等）、②要支援児童及び要保護児童等への支援（児童相談所の指導措置委託を受けた支援を含む）、③関係機関との連絡調整、④その他必要な支援（一時保護等）である。子育て世代包括支援センターとの一体的支援の展開、および児童相談所との連携を図り、すべての子どもの権利を守る役割を担うことが目指されている。

3　子育て家庭への経済的支援

(1) 子育て家庭の経済状況 ・・・・・・・・・・・・・・・・・・・・・・・・・・・・・・

　現代日本は、家計における子どもの教育費負担が大きいと言われる。「第15回出生動向基本調査」（国立社会保障・人口問題研究所 2019）によれば、理想の子ども数をもたない理由のうち、最も高い割合を占めるのが「子育てや教育にお金がかかりすぎる」で、56.3％であった。幼稚園から大学まですべて公立の場合でも、教育費の総額は 1,000 万円と言われている。大学や専門学校など高等教育機関への進学率は 8 割を超えており、この経済的負担を各家庭の自助努力で賄っているのが実情である。

　では、子育て家庭の経済状況はどのようであろうか。国民生活基礎調査（厚生労働省 2019）によれば、児童のいる世帯の平均所得は 745.9 万円で、60.4％がその生活について「苦しい（やや苦しい・大変苦しい）」と回答している。世帯構成別には、「夫婦と未婚の子のみの世帯」の平均所得が 753.8 万円、「ひとり親と未婚の子のみの世帯」は 369.4 万円で、ひとり親世帯の経済状況の厳しさがわかる。

　教育費負担については、2019 年 10 月から、幼児教育・保育の無償化がスタートし、3 歳から 5 歳の幼稚園、保育所、認定こども園等の保育料について、原則として無料になった。また、2010 年から始まっている就学支援金制度による高校無償化についても、2020 年 4 月からは支給対象が拡大している。さらに、高等教育無償化制度によって、大学等に進学する家庭への支援も始まったが、この制度の対象は、住民税非課税世帯およびそれに準ずる世帯で、学生の成績や修学意欲など人物に関する基準も設けられている。このように、制度ができたとはいえ、その対象はなお限定的である。

(2) 児童手当 ・・・・・・・・・・・・・・・・・・・・・・・・・・・・・・・・・・・・・・

　子どもの養育にかかる費用は教育費ばかりではない。子どもが乳児の間には、ミルク代やおむつ代などが、幼児期以降には食費や衣料品費、医療

費など日常生活を営むための費用がかかる。子育て家庭への経済的支援として、子ども・子育て支援制度には、児童手当による現金給付がある。第4章ですでに見たように、1970年代に入って登場した児童手当は、社会福祉の普遍化の流れのなかで、すべての子どもを対象とすることを目指した制度であった。2020年度では、中学卒業までの子どもを養育する家庭で、所得制限限度額を超えない家庭を対象としている。3歳未満児は月額1万5,000円、3歳以上小学校修了前の子どもは月額1万円（ただし第3子以降は1万5,000円）、中学生は月額1万円が支給される。その使い道は「子どもの将来のための貯蓄・保険料」（57.9%）、「子どもの教育費等」（27.5%）、「子どもの生活費」（22.0%）、「子どもに限定しない家庭の日常生活費」（14.9%）などであった（内閣府2020c）。

4 子育てを支える地域社会づくり

　子育ては、家庭をベースに、その家庭がある地域社会で営まれる。身近な地域に親子が気軽に立ち寄れる場があれば、親子のニーズをとらえ、必要な社会資源に結びつけることができる。その際重要なことは、多様な拠点や活動が、ソーシャルサポートネットワークとして機能するべく有機的に連携していることである。乳児家庭全戸訪問事業などのアウトリーチ活動や、地域にある多様な主体による子育て支援拠点、住民による地域活動の場（子育てサークルや子ども食堂など）がつながりあうことで、それぞれの場でとらえたニーズにネットワークで対応できる。地域で孤立しがちな家庭であっても、だれか一人でもその家庭とつながる人がいれば、そこから支援の糸をたぐり寄せることができるのである。

　地域共生社会の実現に向けて、地域住民には、身近な生活圏域での主体的な課題発見・解決行動が強く求められている。しかし、当然ながら、住民だけで多様なニーズに応え生活を支えることはできない。ソーシャルワーカーなど専門職による支援があること、要援護性の高いケースに対しては、児童家庭支援センターや児童相談所などの高度な専門的機関による支援につなぐことのできる重層的な支援体制があることで、住民は幅広く

柔軟な活動を担うことができる。そうした体制づくりの責任を負うのはまずは市町村である。

　内閣府による国際比較調査によれば、スウェーデンの子育て家庭は、子育ての悩みを相談する相手が多様である。配偶者や家族には8割以上の人が相談しているが、そのほかに保育所や学校、地域の子育て支援センター・母子保健センターなどに相談すると回答した人が、それぞれ3割から4割程度を占めていた。日本では、保育所等に相談すると回答した人は1～2割程度にとどまっている。自国を「子どもを生み育てやすい国だと思う」と回答する人が実に97.1％にものぼるスウェーデン（内閣府2021）は、家族や地域、専門職や自治体に子育てを支えられているという実感のある社会なのだろう。社会全体で支える子育ては、こうした体制を身近な地域で整えることで、実現できるのではないだろうか。

■注
1　社会保障・人口問題研究所による出生動向調査結果をもとに算出したもの。その数式は以下のとおりである〔希望出生率＝既婚者割合×夫婦の予定子ども数＋未婚者割合×未婚結婚希望割合×理想子ども数 ×離別等効果〕（日本創成会議・人口減少問題検討分科会2014）
2　合計特殊出生率とは、「15歳から49歳までの女性の年齢別出生率を合計したもの」で、ひとりの女性がその年次の年齢別出生率で一生の間に生むとしたときの子ども数に相当する（内閣府：2020b）

■文献
垣内国光（2002）「育児支援政策の思想と現実――エンゼルプラン、新エンゼルプランの内実」垣内国光・櫻谷真理子編著『子育て支援の現在　豊かな子育てコミュニティの形成をめざして』ミネルヴァ書房
垣内国光・櫻谷真理子（2009）「子育て支援の実践と課題」竹中哲夫・垣内国光・増山均『新・子どもの世界と福祉』ミネルヴァ書房
垣内国光（2015）「人口政策・保育労働力政策としての子育て支援」『大原社会問題研究所雑誌』法政大学大原社会問題研究所、No.685
国立社会保障・人口問題研究所（2017）「現代日本の結婚と出産――第15回出生動向基本調査（独身者調査ならびに夫婦調査）報告書」
国立社会保障・人口問題研究所（2020）「第6回全国家庭動向調査 報告書」

厚生労働省（2015）「少子高齢社会等調査検討事業報告書」（「人口減少社会に関する意識調査」報告書）

厚生労働省（2019）「2019 年 国民生活基礎調査」

内閣府（2016）「育児と介護のダブルケアの実態に関する調査報告書」

内閣府（2019a）「少子化社会対策に関する意識調査」

内閣府（2019b）「子ども・子育て支援制度について」

内閣府（2020a）「少子化社会対策大綱」（第 4 次）

内閣府（2020b）「令和 2 年版 少子化社会対策白書」

内閣府（2020c）「児童手当等の使途に関する意識調査」（平成 30 〜 31 年）

内閣府（2021）「令和 2 年度少子化社会に関する国際意識調査報告書」

日本創成会議・人口減少問題検討分科会（2014）「成長を続ける 21 世紀のために『ストップ少子化・地方元気戦略』」

NPO 法人子育てひろば全国連絡協議会（2017）「地域子育て支援拠点事業における活動の指標『ガイドライン』【改訂版】」

総務省統計局（2017）「平成 28 年社会生活基本調査」

ソニー生命株式会社（2018）「ダブルケアに関する調査 2018」https://www.sonylife.co.jp/company/news/30/nr_180718.html　2020 年 6 月 30 日

山縣文治（2016）『シリーズ・福祉を知る 3　子ども家庭福祉論』ミネルヴァ書房

コラム2
ネウボラと子育て支援

1 ネウボラとは

　フィンランドでは、各自治体が妊娠期から就学前までの全子育て家庭に対して、担当の保健師や助産師などの専門家が①妊娠期から就学前までの子どもの健やかな成長・発達の支援、②母親や父親など家族全体の心身の健康サポートを含めて子育てに関するあらゆる相談をワンストップで応じる地域の子育て支援施設がある。このサービスを提供する場所を「ネウボラ（Neuvola）」と呼んでいる。ネウボラはフィンランド語では「相談やアドバイスの場」を意味し、国民の認知度が高く、利用率はほぼ100％である。ネウボラの始まりは、1920年代に遡る。この時代のフィンランドは、ヨーロッパの中でも貧しい国で、乳幼児死亡率が約90/1,000人と高かった（高橋2017）。こうした背景から1922年に医師や保健師らを中心とする民間の取り組みのひとつとして、ネウボラが設立され、1944年に法制化された（横山ら2018）。現在では、全家庭に無料で提供されている。そのおかげもありフィンランドの乳幼児死亡率は1.40/1,000人で世界一低く（Global Note 2019）、深刻な児童虐待の対応件数が極めて少ない（横山ら2018）。

2 日本における課題

　日本も乳児死亡率に関しては、世界トップレベルの低水準であるが、妊産婦の自殺率の高さや児童虐待の増加など依然として課題がある。そこで2010年代頃から「日本版ネウボラ」が導入され始め、2016年には子育て世代包括支援センター（法律上は「母子健康包括支援センター」）の設置が法制化された。

　しかし、子育て世代包括支援センターはフィンランドのネウボラとは異なる点も多い（表1参照）。まず、フィンランドの母子保健制度はシンプルで、妊娠がわかったら最初に行くのはネウボラであり、ネウボラ所属の1人の担当保健師が妊娠期から就学前まで対話を中心に家庭全体を支援する。このような仕組みであることから、保健師は子育て中の家族を支える重要な存在として国民に認知されている。一方、日本は、妊娠が分かったときに行く機関は医療機関であり、子育て世代包括支援センターはまだ住民に浸透している場所ではない。また、その実施場所も市町村によって保健センターや市役所など異なり、住民にとって分かりにくい。加えて、妊娠期に保健師が関わるケースはハイリスクな母子中心であ

■表1　フィンランドと日本の母子保健制度の比較

		フィンランド	日本
妊娠期の支援	母子健康手帳の交付	ネウボラの担当保健師	各自治体（子育て世代包括支援センター含む）の窓口
	健康診査の対象	妊婦とその夫（経産婦の場合は他の子どもも含む）	妊婦
	家庭訪問	出産前後にネウボラ保健師による家庭訪問	ハイリスク妊婦を対象に保健師が訪問
乳幼児期の支援	乳幼児健診の制度	ネウボラにおける保健師のクリニックを家族全員で受診	集団健診
	乳幼児健診の対象	家族全員	ほとんどの場合、子どもと母親
	乳幼児健診の時間	1回の面談は30分から1時間かけて個別に行われる。	集団検診における育児相談は、ケースにより異なる。
	家族全員の健康支援	家族全員の総合健康診査3回	自治体による

（出典）横山美江・Hakulinen Tuovi（2018）『フィンランドのネウボラに学ぶ　母子保健のメソッド　子育て世代包括支援センターのこれから』医歯薬出版株式会社 P19 表Ⅱ-2を参照し、筆者作成。

り、家族全員の健康相談や家族面接の実施も自治体によってばらつきがある。さらに、子育て支援の中心的存在が保健師であるという認識も薄い。このような制度では、児童虐待などのリスク予備軍を早期に発見し、予防的な介入を実施することは難しい。

　子育て世代包括支援センターは、2020年4月時点で全国に2,052か所まで拡大し、2020年度末までに全国展開を目指している（厚生労働省 2019）。日本の今後の課題として、ネウボラのように地域住民に子育て支援機関として認知されること、子育て中の家族全体を支援できるように保健師等の配置を含んだしくみづくりが必要であろう。

（尾島万里）

■文献

Global Note（2019）https//www.globalnote.jp/post_12582html　2020年4月30日

厚生労働省（2019）「2019年度子育て世代包括支援センター実施状況調査」http://www.mhlw.go.jp/content/11900000/000371571.pdf　2020年4月30日

高橋睦子（2017）『ネウボラ──フィンランドの出産・子育て支援』かもがわ出版

横山美江・Hakulinen Tuovi（2018）『フィンランドのネウボラに学ぶ母子保健のメソッド──子育て世代包括支援センターのこれから』医歯薬出版株式会社

第7章

現代における保育とは

飯塚美穂子

> **1** 保育・子育て支援ニーズ増加の背景と子育て家庭を
> 取り巻く社会的状況

(1) 子育て家庭の減少

　近年、子育て家庭を取り巻く社会的状況は大きく変容し、子どもの生活とその家族や家庭の形態は多様化してきている。特に、仕事と生活の調和（ワーク・ライフ・バランス）が重視されている昨今では、家族の一人ひとりが自分らしく生きていくことが目指され尊重されるようになってきた。しかし一方で、家庭を構成する家族が"個人化"するような状況もみられ、結果として家族で過ごす時間が減少するなど子育て家庭においてもさまざまな影響が危惧されている。さらに、就労形態の多様化により、保育・子育て支援ニーズは急速に増加・多様化しつつある。

　家庭や家族の変化の一つとして、共働き世帯の増加があげられる。1970年以降、共働き世帯は年々増加しており、1997年以降は、共働き世帯が男性雇用者と無業の妻からなる世帯数を上回っている（図1参照）。国立社会保障・人口問題研究所の「第15回出生動向基本調査」によると、働き方をめぐる男女の意識も、出産・子育て後も仕事に復帰することを望む「再就職」や仕事と子育ての「両立」をめざす人が増えてきている。

　また、子育てにおいては経済的負担感も課題となっているが、その傾向には変化が生じている。明治安田生命が実施した「子育てに関するアンケート調査」（2020）によると、0歳から6歳までの子どもがいる既婚男女に、子育て費用に関する意識についてたずねたところ、子育てにかかる費用で最も負担が大きいと感じている項目は前年に引き続き「保育園・幼稚

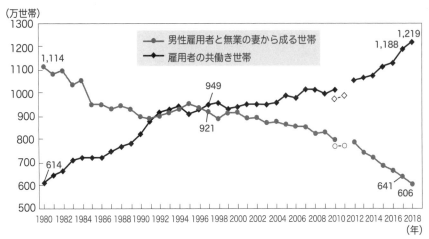

（備考）

1　昭和55年から平成13年までは総務庁「労働力調査特別調査」（各年2月。ただし、昭和55年から57年は各年3月）、平成14年以降は総務省「労働力調査（詳細集計）」より作成。「労働力調査特別調査」と「労働力調査（詳細集計）」とでは、調査方法、調査月等が相違することから、時系列比較には注意を要する。

2　「男性雇用者と無業の妻から成る世帯」とは、平成29年までは、夫が非農林業雇用者で、妻が非就業者（非労働力人口及び完全失業者）の世帯。平成30年以降は、就業状態の分類区分の変更に伴い、夫が非農林業雇用者で、妻が非就業者（非労働力人口及び失業者）の世帯。

3　「雇用者の共働き世帯」とは、夫婦共に非農林業雇用者（非正規の職員・従業員を含む）の世帯。

4　平成22年及び23年の値（白抜き表示）は、岩手県、宮城県及び福島県を除く全国の結果。

■図1　共働き等世帯数の推移
（出典）内閣府男女共同参画局『男女共同参画白書 令和元年版』2019より引用

園代（43.3％）」だが、前年の66.9％から大幅に減少している。対して「日用品」は前年14.0％から25.2％、「食費」は前年27.6％から37.1％となるなど負担と感じる割合が増えている。2019年10月に実施された「幼児教育・保育の無償化」の効果がある程度みられるものの、生活費の負担感は増加しており、子育て家庭への継続的支援が求められている。

（2）育児休業制度 ・・・・・・・・・・・・・・・・・・・・・・・・・・・・・・・

　増加する共働き世帯を支援するために整備されている代表的なしくみが、育児休業制度である。わが国の育児休業制度は、子どもの養育を行う労働

育児・介護休業法の概要（育児関係）

　子の養育を行う労働者等の雇用の継続・再就職の促進を図ることを目的として、育児休業制度や事業主が講ずべき措置等を規定。

育児休業

□子が1歳（保育所に入所できないなど、一定の場合は、最長2歳）に達するまでの育児休業の権利を保障
□父母ともに育児休業を取得する場合は、子が1歳2か月に達するまでの間の1年間【パパ・ママ育休プラス】
□父親が出産後8週間以内に育児休業を取得した場合、再度の育児休業の取得が可能

※ 有期契約労働者は、下記の要件を満たせば取得可能
①同一の事業主に引き続き1年以上雇用
②子が1歳6か月（2歳まで休業の場合は2歳）に達するまでに、労働契約（更新される場合には、更新後の契約）の期間が満了することが明らかでないこと

子の看護休暇

□小学校就学前の子を養育する場合に年5日（2人以上であれば年10日）を限度として取得できる（1日又は半日単位）

所定外労働・時間外労働・深夜業の制限

□3歳に達するまでの子を養育する労働者が請求した場合、所定外労働を制限
□小学校就学前までの子を養育する労働者が請求した場合、月24時間、年150時間を超える時間外労働を制限
□小学校就学前までの子を養育する労働者が請求した場合、深夜業（午後10時から午前5時まで）を制限

短時間勤務の措置等

□3歳に達するまでの子を養育する労働者について、短時間勤務の措置（1日原則6時間）を義務付け

不利益取扱いの禁止等

□事業主が、育児休業等を取得したこと等を理由として解雇その他の不利益取扱いをすることを禁止
□事業主に、上司・同僚等からの育児休業等に関するハラスメントの防止措置を講じることを義務付け

実効性の確保

□苦情処理・紛争解決援助、調停
□勧告に従わない事業所名の公表

※育児・介護休業法の規定は最低基準であり、事業主が法を上回る措置をとることは可能

■図2　育児・介護休業法の概要（育児関係）

（出典）厚生労働省雇用環境・均等局職業生活両立課『育児休業制度について』2019、p 2. より引用

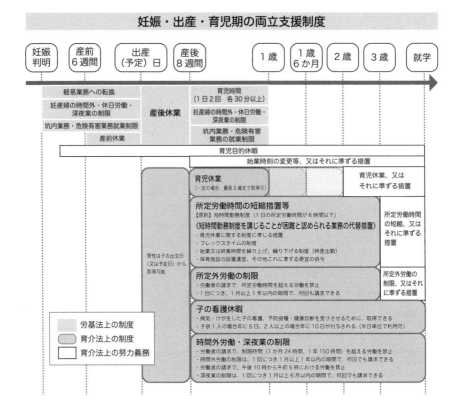

■図3　妊娠・出産・育児期の両立支援制度

（出典）厚生労働省雇用環境・均等局職業生活両立課『育児休業制度について』2019、p 4. より引用

者等の雇用の継続・再就職の促進を図ることを目的として、育児制度や事業主が講ずるべき措置等について規定している（図2参照）。その他、産後休業（産休）等の労働基準法上の制度も含めて、妊娠期から育児期にかけての子育て家庭を支え、仕事と子育ての両立を支援するしくみが整備されている（図3参照）。一方、育児休業取得率の状況を概観すると、2020年度は男性12.65％、女性81.6％となった。特に、男性ははじめて1割を超え、前年度比で1.7倍の伸びとなっており、今後も男女ともに制度を十分に活用できるよう、いっそうの環境整備が求められている。

(3) 待機児童問題と「保活」 ··································

　共働き世帯が増加し、保育ニーズは急速に増大・多様化したが、それに伴って保育所等の保育サービス不足による待機児童問題が深刻化している。保育所等の定員数は増えているものの、「認可保育所に申し込んでも入所できない」という切実な声はいまだ各地であがっている。近年では、「保育所に入るための活動」＝「保活」という言葉が飛び交うようになり、「保活」に取り組まなければ子どもを預けることができず、女性のキャリアを継続できない現状が指摘されるようになってきた。共働き等で保育が必要な状況にあり、保育サービスを受けられるだけの条件を満たしていてもなお、希望している園には入所できないという現実が少なからずみられる。

　厚生労働省によると、保育所等（認定こども園等を含む）の利用定員・利用児童数等の状況は、施設数：38,666か所（前年比1,014か所増）、利用定員：3,016,918人（前年比49,590人増）となっている。一方、待機児童数は5,634人であり、前年に比べ6,805人減となった（2021年4月1日現在）。また、都市部の待機児童として、首都圏（東京・神奈川・埼玉・千葉）、近畿圏（大阪・京都・兵庫）の7都府県（指定都市・中核市含む）とその他の指定都市・中核市の合計は3,516人であり、全待機児童数のうち62.4％を占めているが、待機児童率は都市部、その他の道県ともに0.2％であり、同率となっている。

2　社会福祉における保育

　今日の保育サービスは、子育て家庭のニーズに合わせて多様な事業が展開されているが、ここでは、保育サービスの中核的役割を果たしてきた保育所の成り立ちとあゆみを概観しておきたい。

(1) 保育所の成り立ち ··································

　1876（明治9）年、東京女子師範学校付設の幼稚園（現在のお茶の水女子大学付属幼稚園）が開設されたが、当時、幼稚園に子どもを通わせる家庭は一部の上流階級に限られ、一般家庭の子どもたちが利用するものではな

かった。そして、次第に経済的に困難な状況にある子どもの保育施設の必要性も意識されるようになり、今日の保育所の源流ともいえる施設が、篤志家・先駆者の善意によって各地に誕生していった。

1890（明治23）年に、赤沢鍾美（あつとみ）・ナカ夫妻によって開設された新潟市内の私塾である新潟静修学校において付設された託児所が、わが国の保育所の発端であるとされている。赤沢夫妻が、貧困家庭の児童が世話をしなければならない幼いきょうだいをおぶったまま学習していたのを見かねて、それらの乳幼児を預かったのがきっかけであったという。

1900（明治33）年には、初期の保育所として知られる「二葉幼稚園」が設立される（第2章参照）。二葉幼稚園では、父母懇談会の開催や家庭訪問を行い家庭ぐるみの生活改良を意図したこと、小学校との連絡を密接にし、卒園した子どもにも配慮を行う等、子どもやその親の立場に立ち、子どもの生活と家庭環境の改善など家庭の実態に対応するという、今日の保育所の姿につながるような実践が行われていた。

戦後、1948年に児童福祉法が施行され、保育所は法的根拠を得て「日日保護者の委託を受けて、その乳児又は幼児を保育することを目的とする施設」（第39条）となった。終戦直後の混乱期において、保育所は、子どもとその家族の生活を保障するためになくてはならない施設と考えられていた。その後の高度経済成長は、大量の労働力需要とともに女性労働者の増加をもたらし、女性の経済的自立と社会参加を促した。当時の保育政策も、子育て支援や子どもの権利保障というよりは、労働力確保のためという色が濃いものであった。急激な経済成長と社会構造の変化は、家庭生活へ大きな影響を及ぼし、共働き家庭の増加は、「かぎっ子」の発生や青少年非行の増加など、子どもを取り巻く生活環境にもさまざまな課題を生じさせることになった。

(2) 多様化する保育問題と保育所の機能 ･････････････････････････････

1970年代の低成長期に入ると、福祉見直し、市場福祉論が台頭する。子どもの心とからだのゆがみの問題、親による児童虐待、学校におけるいじめの問題など、さまざまな課題が出現し拡大していった。保育行政におい

ても、国の保育予算圧縮策の下で、入所基準を厳しくし入所を制限する、受益者負担論による保育料大幅値上げなどが実施された。1960年代からは、保育所不足が深刻な都市部を中心に、父母と保育者が共同で保育所づくり運動がおこなわれていたが、1970年代末には認可外保育施設をめぐる新しい課題が生まれてきた。営利を目的とする劣悪な託児所が次々に開設され、死亡事故が引き起こされた「ベビーホテル問題」などが社会問題化していく。その後も共働き家庭の増加を背景に、保育所需要は増加し続け、1980年代は、慢性的な保育所不足が続いていった。

1989年の合計特殊出生率が統計史上最低を更新する1.57となり（1.57ショック）、以後、保育施策等は「少子化対策」として進められ、1994年のエンゼルプラン、1999年の新エンゼルプランとして展開されていった。1994年には「児童の権利に関する条約」に批准し、子どもたちの命とその権利を守るために、社会が動いていくことになる。

1997年には児童福祉法が改正される。この改正において、保護者が保育に関する情報を得て保育所を選択するというしくみへと変わった。

2007年、全国社会福祉協議会・全国保育協議会は、「子どもの数が減っている一方で、家庭や地域の養育力が低下してきており、乳幼児の育児において不安や孤立感をかかえる保護者が増加し、子どもの育ちに対する課題や被虐待児の増加などが指摘されている」とし、提言を行った。保育をめぐる状況が大きく変化してきていることをふまえ、これからの保育所の機能の枠組みとして、①保育所の基本機能（乳幼児の保育、保育所を利用する子どもの保護者への支援、特に配慮を必要とする子どもの保育）、②機能拡充が必要な場合に、積極的に備えていく機能（地域の子育て家庭への支援、プレママ・プレパパ支援）、③連携・協働のなかで保育所として役割を果たしていく機能（子育て相談・サービス仲介、子ども家庭福祉に関する啓発、胎生期からおとなまで切れ目のない子育ての支援、子育て文化と子育てコミュニティの育み、災害発生時の社会福祉施設として）の3段階を意識し、整備していくことが望まれるとした。

このように、保育所の機能とは、子どもを守ることを第一義的役割としているが、そのためには、子どもの環境である家族や家庭を支えていくこ

とが不可欠となっている。今日では、地域における子育て家庭のニーズに対応し、「地域子育て支援」として、すでに多くの保育所が取り組んでいる。また、「連携」「仲介」「啓発」など、保育所が地域における社会資源の一つとして、様々な関係機関等とネットワークを形成することが、子どもを守り家庭を支えることに結びついているのである。保育所は、その萌芽期より、家庭の労働力確保（就労支援）や養育力補完、貧困対策、家庭支援など多くの役割を果たし、子どもと家族に伴走してあゆんできたといえる。

(3) 今日の保育サービスの特徴 ･･････････････････････････

　今日の保育サービスは、子ども・子育て支援新制度のもと、「施設型給付」「地域型保育給付」「地域子ども・子育て支援事業」の３つに分類されている。そのうち施設型給付は「幼稚園・保育所・認定こども園」であるが、ここでは新たな保育サービスの提供主体として制度化されてきた「認定こども園」について説明しておきたい。

　認定こども園とは、教育・保育を一体的に行い、幼稚園と保育所の両方の機能をもった施設であり、「幼保連携型」「幼稚園型」「保育所型」「地方裁量型」の４種類に分類される（表１参照）。①保護者の就労の有無にかかわらず施設の利用が可能、②集団活動・異年齢交流に大切な子ども集団を保ち、すこやかな育ちを支援、③待機児童を解消するため、既存の幼稚園などを活用、④育児不安の大きい専業主婦家庭への支援を含む地域子育て支援が充実、などの特徴をもっている。新制度においては、幼保連携型認定こども園を学校及び児童福祉施設として法的に位置づけているとされるが、実際の運用においては、短時間の幼稚園相当児と長時間の保育園相当児とを同じプログラムで保育する困難も指摘されている。幼保連携型認定こども園の設置数は6,093か所、認定こども園全体での設置数は8,585か所となっており、年々増加している（2021年4月1日現在）。

　一方、このような新しい保育の受け皿の整備と同時に、変わりつつある実態のひとつに、各地で進められている公立保育所の民営化問題がある。公立保育所の特徴として、「公務員として採用されるため退職者が少なく、保育士の経験値が高い」「園長の経験が幅広い（児童相談所等の相談機関で

■表1　認定こども園の種類

幼保連携型	幼稚園的機能と保育所的機能の両方の機能をあわせ持つ単一の施設として、認定こども園としての機能を果たすタイプ
幼稚園型	認可幼稚園が、保育が必要な子どものための保育時間を確保するなど、保育所的な機能を備えて認定こども園としての機能を果たすタイプ
保育所型	認可保育所が、保育が必要な子ども以外の子どもも受け入れるなど、幼稚園的な機能を備えることで認定こども園としての機能を果たすタイプ
地方裁量型	幼稚園・保育所いずれの認可もない地域の教育・保育施設が、認定こども園として必要な機能を果たすタイプ

（出典）内閣府ホームページ「認定こども園概要」より引用作成

の経験あり）」「行政機関との連携が比較的スムーズ」「地域とのつながりが深い」等があげられる。設立当初より地域に根づき、地域の子育て家庭を支える社会資源としての役割を果たしてきた公立保育所も多い。

　このようにわが国の保育サービスを担ってきた公立保育所であるが、「税制負担の軽減」「民間の活力の導入」「質の高いサービスの提供」などを目的に民営化が進められてきた。しかし、子どもを預ける保護者の立場からは、「コストの削減や効率化による保育の質の低下」や「子どもが生活する環境や保育士が変わってしまうことへの不安」などが多くあげられている。さらに、2019年10月から実施された幼児教育・保育の無償化[1]に目を向ければ、認可外保育施設や企業主導型保育事業等も対象に含まれており、保育サービスの幅は広がりつつあるが、認可保育所に比して有資格者配置などの水準が低く保育の質に対する懸念が指摘されている。サービスの量は確かに増えているものの、保育を必要とする子どもとその家庭に対する保育の実施責任をどのように問うのか、親子の生活を支える保育所の質をどう担保していくかという課題も生じている。

　今日の乳幼児とその家庭を支えていく保育サービスは、さまざまな家庭の状況に合わせて提供されることが求められている。時代が変遷を遂げても、保育サービスは常に子どもの育つ「環境」の一部であり、保育所等への入所によってその最善の利益を尊重し、家族の生活を安定させ支えてきた。子どもと保護者が社会的つながりを得ることができ、子育て家庭を地域から孤立させないために、その役割を果たし続けているといえる。

3 保育とソーシャルワーク

（1）保育所に求められる役割 ・・・・・・・・・・・・・・・・・・・・・・・・・・・・・・・・・

　子ども家庭福祉分野におけるソーシャルワークは、相談機関や入所施設・通所施設等において実践が展開されているが、保育とソーシャルワークの関係性、保育現場におけるソーシャルワークの定義、実践主体、展開される場や対象については、統一した見解はなされていない。ここでは2節に引き続き、社会全体で子どもの育ちと子育てを支えるしくみの一つとして位置づけられている保育所におけるソーシャルワークをとりあげて説明したい。

　これまで述べてきたように、待機児童数の急増に伴い、仕事と子育ての両立支援を図るために保育所の設置数は増加してきた。その質の担保・向上を目指し、職員配置や職員の処遇改善などの取り組みも同時に進められてきている。また、保育所は地域における身近な児童福祉施設であり、子育て家庭が抱える多様な福祉課題に対応するために設立されてきたという歴史的背景を持っている。新制度においても、「保育の必要性」の事由に「虐待やDV（ドメスティック・バイオレンス）のおそれがあること」等が新設され、「保育の優先利用についての規定」には同様に、「ひとり親家庭」「生活保護世帯」「生活中心者の失業により、就労の必要性が高い場合」「虐待やDVのおそれがある場合など社会的養護が必要な場合」「子どもが障害を有する場合」等が明記された。今日では、教育・保育の場を提供するということにとどまらず、ひとり親家庭や生活困窮家庭、児童虐待やDVなど様々な生活課題を抱える子育て家庭を優先して受け入れ、支えていくことが求められている。子育てへの不安を抱える保護者や孤立する子育て家庭の現実が表面化し、悩みがうまく解決されずに不適切な養育環境に陥ってしまうケースも少なくない。そのような社会状況に鑑み、子どもや保護者と最も身近に接する保育所と、保育士等に求められる個別支援の役割もいっそう高まってきたといえる。

（2）保育所におけるソーシャルワークの意義 ‥‥‥‥‥‥‥‥‥

　厚生労働省は、2016 年の報告書において、新たな子ども家庭福祉に関する見直しの要点の一つとして「近年、保育所において発達の問題を有するいわゆる『気になる子』が多いことが報告されるなど、家庭への支援を必要とする子どもが増加していることから、保育所におけるソーシャルワーク機能の強化や地域との連携が必要となっている。」と提言している。

　また、新制度においては、「量」と「質」の両面から子育てを社会全体で支えることを柱として掲げ、多様な保育・子育て支援の充実が推進されてきた。なかでも保育所は、「家庭養育機能の補完」とともに「地域における子育て支援の拠点」としての社会福祉的機能を果たしてきた。2004 年の児童福祉法改正によって設置され、地域における要保護児童とその家族を見守り支援する「要保護児童対策地域協議会」においても、保育所は重要な構成メンバーとして位置づけられている。

　しかし、児童福祉法（第 18 条の 4）に「専門的知識及び技術をもって、児童の保育及び児童の保護者に対する保育に関する指導を行う」とあるように、保育所の保育士が行うのは「子どもに対する保育」と「保育指導」であり、ケアワークが中心となる。それらに加えて、ソーシャルワークの原理や価値・知識・技術を深めたうえですべての保育士が日々援助を展開することは容易ではないであろう。

　一方で、保育所においてケアワークとともにソーシャルワークが必要とされるのは、子育ての困難さを抱える家庭が増加しており、その対応を保育士等の福祉専門職が行い、子どもの権利を守り、保護者の子育てを支えている現実がみられるからである。さらに、保育所に通う子どもたちは、就学前の乳幼児であり、自己の権利の主張や行使が難しい場合も少なくない。専門職がその権利を擁護し、個々の子どもの声を代弁しながら自立を促すことが求められる。保育所でもソーシャルワークが「必要な職務」として認識されているからこその実態であるといえるだろう。保育所におけるソーシャルワークとは、「子どもの権利を守る」ために、生活課題を早期に発見し、社会資源を活用しながら子どもの生活環境としての家族に介入するという、家庭の安定を図る取り組みとして位置づけられると考えられる。

4 保育サービスの今日的課題

　今日では、多様化する保育ニーズと地域ニーズに対応するサービスをめざして新しい子育て支援の拠点や事業が整備されつつある。

　「保育所等における要支援児童等対応推進事業」では、新たに「地域連携推進員の配置」が掲げられた（2020年度予算　保育所等における要支援児童等対応推進事業【新規】）。これは、保育所等において、保育士等が有する専門性を活かし保護者の状況に応じた相談支援などの業務を行う「地域連携推進員（仮称）」の配置を促進し、保育所等における要支援児童等（要支援児童、要保護児童及びその保護者等）の対応や関係機関との連携の強化、運営の円滑化を図る、というものである。つまり、保育所等において、ソーシャルワーカーの配置を示した事業であるともいえる。しかし、筆者が2019年に実施した認可保育所を対象とした実態調査によると、「保育所にソーシャルワーカーを配置すること」については賛否両論がみられた。「保育所以外の専門職が配置されることによってさまざまな課題への対応が可能になる」と歓迎する声と、「日常的に子どもと家庭に関わっていない専門職では、相談対応は難しいのではないか」という懸念である。「地域連携推進員」が実際に配置され運用された際に、保育所等におけるソーシャルワーク実践の一つの形態としてどのような効果をもたらすのか、今後丁寧な検証が必要であろう。

　保育をめぐる状況が刻々と変化する中で、保育現場に従事する専門職には、自らが社会福祉の専門職であることをあらためて自覚し、多くの社会資源との連携やネットワークを構築しながら、子どもと家庭に向き合っていくことが求められている。

■注
1　無償化の対象となるのは3歳以上児であり、3歳未満については非課税世帯のみに限定される。また、通園送迎費や食材料費は保護者負担となる。

■文献
一番ヶ瀬康子・泉順・小川信子・宍戸健夫（1962）『日本の保育』生活科学調査会
北川清一・稲垣美加子編著（2018）『子ども家庭福祉への招待』ミネルヴァ書房
国立社会保障・人口問題研究所（2016）「第15回出生動向基本調査」
厚生労働省（2021）『保育所等関連状況取りまとめ』（令和3年8月27日）
厚生労働省『令和2年度　雇用均等基本調査』2021
厚生労働省社会保障審議会児童部会（2016）『新たな子ども家庭福祉のあり方に関する専門員会報告（提言）』
全国保育団体連絡会・保育研究所（各年版）『保育白書』ひとなる書房
全国社会福祉協議会・全国保育協議会（2007）『これからの保育所の機能』

宮地さつき

1　なぜ学齢期について考えるのか

　「学齢期の子ども」とは誰を指すのだろうか。学校教育法によれば、保護者は「子に普通教育を受けさせる義務」（第16条）がある。その対象年齢は就学義務年齢、つまり満6歳に達した日の翌日以降における最初の学年の初めから満15歳に達した日の属する学年の終わりまでの時期と規定している（第17条）。具体的には、小学校等就学に該当する者を学齢児童、中学校等就学に該当する者を学齢生徒と称し、計9年間を「学齢期」と言う。このように「学齢期の子ども」とは元来、福祉領域の区分ではない。

　では、なぜ子ども家庭福祉の領域において、あえて「学齢期」に着目するのか。ここでは次の3点について概観していく。

　1つは、学齢期の発達段階における「遊び」の捉え直しを行うためである。第3章の子どもの権利保障でも示しているように、遊びは、子どもの成長・発達にとって重要な活動である。乳幼児期からの各発達段階に応じて、遊びのもつ効果は広く周知されているものの、その機会は減少傾向にある。例えば、1970年代以降の受験競争の激化と都市化による「サンマ（時間・空間・仲間）の喪失」があるが、それは都市化が進む世界各国の問題でもある。こうした事態を受け、IPA（International Play Association：子どもの遊ぶ権利のための国際協会）は子どもの遊びを保障する重要性から、国際児童年にあたる1979年に「遊びの権利宣言」を作成・公表した。そこでは、子ども遊びの特質を以下の6つに分けて説明している。

① 「遊びは本能的なものであり、自発的なものであり、自ら生ずるものであり、生まれながらのものであり、探索的なものである。」
② 「遊びは子どもの生活すべてである。」
③ 「遊びは、子どもの中にある目に見えないあらゆるものを顕在化させる動力である。」
④ 「遊びは相互交流であり、内なるものの表出であり、行動と意味を結びつけるものである。また、遊びは、そのことによって、満足感と成就感を子どもに与えるものである。」
⑤ 「遊びは、子どもの身体や心や感情や社会性を発達させるものである。」
⑥ 「遊びは、子どもが生きていくために必要なさまざまなことを身につける手段であって、単なる暇つぶしではない。」

　この精神は、1989 年に国連採択された子どもの権利条約にも引き継がれている。しかしそれでも、「大人の都合で、子どもたちのゴマ（時間・空間・仲間・すき間・手間）が失われて」しまった、と表現されるほど、近年、子どもたちにとって重要な「間」が減少している（神奈川県青少年指導者協議会 2019）。さらに、現在の子どもたちの主要な遊びとなっているオンラインゲームが、彼らの心身に及ぼす影響も看過できない。2019 年 5 月、WHO（世界保健機関）は国際疾病分類の約 30 年ぶりの改訂（ICD-11）に「ゲーム障害（Gaming disorder）」を精神疾患として新たに分類した。ICT（情報通信技術）の活用は現代社会において必要不可欠なものになりつつあるが、改めて学齢期の子どもにとっての「遊び」を捉え直していく必要があるだろう。

　2 つめは、福祉の観点から「学習権の保障」を理解するためである。就学義務はおとな側の義務であり、子どもには「教育を受ける権利」（日本国憲法第 26 条、子どもの権利条約第 28 条）がある。子どもたちの取り巻く環境が急速に変化する中、経済的、家庭環境、性別、出自などに関わらず、後述のように学校現場を含めた教育機会の確保について模索され

始めている。一方、子どもの学習権はどこまで保障されているだろうか。UNESCO（国際連合教育科学文化機関）は1985年に「学習権宣言」を行い、学習は「人間の生存にとって不可欠な手段」であり、基本的人権の一つであると謳った。しかしその学習権を保障していくべき教育現場の現状はどうだろうか。文部科学省（2020）によれば、近年、暴力行為・いじめ・長期欠席（不登校を含む）の認知・発生率が増加傾向にある。この増加については、教職員が子どもたちのSOSを把握できていると肯定的な見方もできる。他方で、子どもの学習権を保障する場であるはずの学校が子どもたちにとって必ずしも安全・安心の場になっていないという現実もある。私たちは学齢期の子どもたちの福祉（Well-being）を学校現場や教育委員会に委ねてきた歴史に立ち返り、子どもたちにとっての社会資源であり、生活の延長線上にある学校がより安心・安全な場となるよう努め、多様な子どもたちの学習権を保障していく責務がある。

　3つめに、教育と福祉の協働が「社会の要請」だからである。文部科学省は2008年度に「スクールソーシャルワーカー活用事業」の導入を開始したが、それ以後の動向にも表れている。例えば、子どもの貧困対策の推進に関する法律（2013年成立・翌年施行、2019年改正）に基づく大綱には、「地域に開かれた子どもの貧困対策のプラットフォームとしての学校指導・運営体制の構築」が謳われている。また文部科学省・厚生労働省（2018）「教育と福祉の一層の連携等の推進について」や文部科学省（2019b）「学校における医療的ケアの今後の対応について」などの通知には、これまで以上に特別支援教育の充実や関係機関等との連携強化が求められている。さらに学校関係者が児童虐待の発見・対応に重大な役割を果たしていることを受け、文部科学省（2019b）「学校・教育委員会等向け虐待対応の手引き」には「スクールソーシャルワーカーを活用するなどにより、日頃から関係機関等の連携を推進する」ことが示されている。こうした動きの中で、学校教育法施行規則の2017年改正に伴い、スクールソーシャルワーカーが学校の職員として法的に位置づいた。

　教育と福祉の連携・協働が叫ばれ、様々な困難を抱える学齢期の子どもたちの環境整備に福祉の視点が再認識されていることからも、私たちは改

めて「学齢期」に着目し学ぶ必要がある[1]。

2 児童健全育成事業とは

　児童福祉法では、子どもの健全育成に対する責任は保護者・国・地方公
共団体・国民それぞれが担い、社会全体で子どもの最善の利益を保障して
いくことを明らかにしている。本節では、学齢期の子どもの健全育成に関
わるその代表的な施策として、児童厚生施設と放課後児童健全育成事業に
ついてみていく。

（1）児童厚生施設――児童館・児童遊園・・・・・・・・・・・・・・・・・・・・・・・・・・・・・

　児童厚生施設とは、法第 40 条に規定されている「児童遊園、児童館等
児童に健全な遊びを与えて、その健康を増進し、又は情操を豊かにするこ
とを目的とする施設」であり、0 〜 18 歳まですべての子どもたちが自由
に利用できる施設である。具体的には児童遊園とは「屋外に広場、ブラン
コ等必要な設備を設け、児童に健全な遊びを与えて、その健康を増進し、
又は情操をゆたかにする施設」であり、児童館は「屋内に集会室、遊戯室、
図書室等必要な設備を設け、児童に健全な遊びを与えて、その健康を増進
し、又は情操をゆたかにする施設」をいう。2018 年 10 月現在、全国にそ
れぞれ 2,293 か所、4,477 か所設置されている（厚生労働省 2020）。

　児童館は、その規模や機能に応じて、表 1 のような種別に分けられてい
る。

　児童福祉施設の中で、児童館は保育所等に次いで 2 番目に多く設置され
ている施設であり、子どもや家庭にとっても身近な施設となっている。一
方で、児童館を設置している市区町村は全体の 6 割程度にとどまり、人口
5 万人未満の人口規模の自治体では約半数が設置していない（児童健全育
成推進財団 2016）。また、児童館は地域の多様な子どもたちを受け入れる
施設だが、様々な地域ニーズに対応できる力が十分に備わっているわけで
はない。ソーシャルワークの視点や技術が求められているという指摘もあ
る（児童健全育成推進財団 2018）。

■表1　児童館の種類と概要

種別		概要	箇所
小型児童館		小地域を対象に、子ども会や母親クラブなど地域に根づいた組織活動の育成・助長を図る総合的な機能	2,627
児童センター		小型児童館の機能に加え、運動や遊びを通じ、体力の増進の機能と年長児童育成機能を併せた特別の指導機能	1,717
大型児童館	A型	広域の児童を対象とし、児童センターの機能に加え、都道府県内の小型児童館や児童センター、その他の児童館の指導および連絡・調整などの役割を果たす中枢的な機能	15
	B型	自然のなかで宿泊させ、野外活動を行うことができる機能	4
	C型	児童に健全な遊びを与え、健康の増進や情操豊かに芸術や科学・体育などの総合的活動ができる機能	-
その他の児童館		公共性や持続性をもつもので、設備や運営などについては小型児童館に準じ、かつそれぞれの対象地域の範囲や特性、対象児童の実態などに応じたもの	114

(出典) 厚生労働省（2020）及び WAM（独立行政法人福祉医療機構）HP より筆者作成

(2) 放課後児童健全育成事業

　放課後児童健全育成事業とは、「小学校に就学している児童であって、その保護者が労働等により昼間家庭にいないものに、授業の終了後に児童厚生施設等の施設を利用して適切な遊び及び生活の場を与えて、その健全な育成を図る事業」（法第6条第3項の2）であり、いわゆる「学童保育」「児童クラブ」などと呼ばれる事業（以下、学童クラブ）である。

　その歴史は20世紀初頭にまで遡るが、その動きが全国に広がり始めるのは第二次世界大戦後である。高度経済成長とともに仕事を持つ保護者が増え、次第に子どもの放課後の安全を守りたいというニーズが各地で高まり、自主的に父母会や任意団体を結成して学童保育が実施されていった。1976年には厚生省（当時）が「都市児童健全育成事業実施要綱」により「児童育成クラブ」の設置・育成事業を開始したことが国庫補助の始まりと言われているが、保護者の就労支援として積極的な整備が進むのは、1990年代に少子化が社会的課題になるまで待たねばならなかった。少子社会において子どもの健全育成を図るという観点から検討され、1997年

の法改正により法的に位置づけられた。2019年までの約20年間のうちにクラブ数は9,729か所から2万5,881か所と全国で2.5倍に、登録児童数も約35万人から約130万人と3.7倍に、それぞれ拡大した（厚生労働省2019）。

　このような急激なニーズ増加の1つの要因は、少子化が進行する一方で共働き家庭やひとり親家庭が増加したことによって利用要件である「保護者が労働等により昼間家庭にいない」児童が増加していることがあげられる。そしてもう1つの要因は、2015年施行の「子ども・子育て支援新制度」（以下、新制度）によって児童健全育成施策が推進され、学童クラブの対象が「小学校に就学しているおおむね10歳未満」から「小学校に就学している児童」へと拡充したことが影響している（図1）。

　これに伴い、担い手不足も懸念されている。これまで学童クラブでは保育士や社会福祉士などの有資格者を含めた一定の要件を満たした「児童の遊びを指導する者（児童厚生員）」が配置されてきた。新制度への移行に伴い、「都道府県知事が行う研修を終了すること」が必要となり、資格等要件と研修を共に満たした者を「放課後児童支援員」とし、支援の単位（＝児童の数概ね40人以下）ごとに2人以上配置（ただし、うち1人を除き、補助員の代替可）することが「従うべき基準」として設けられた。しかしこれにより、人材の確保ができないことによって開所ができず、「待機児童の解消ができない」との声も上がった（厚生労働省 2017）。事実、利用できなかった児童数（待機児童数）は全国で2万人弱に上り、特に高学年にその増加傾向が見られる。その後、国は当初「従うべき基準」としていた資格等要件やその員数を、2020年度より「参酌すべき（参考にすべき）基準」へと見直した。これによって現場の負担軽減が図られる一方、「（学童）保育の質が低下する」との反発もある。

　学童クラブにおける実践は、子育ての孤立と児童虐待の予防を含む子ども家庭への組織的な支援の在り方や、障害のある児童の生活と他者とのつながりを持つ機会の保障、保護者間のつながりや父母会の地域に向けた活動、ソーシャル・サポート・ネットワークの在り方等、ソーシャル・インクルージョンの視点をもって行われる必要があり、まさにソーシャルワー

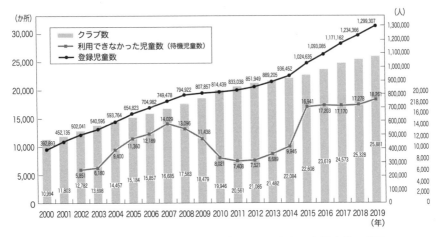

■図1　クラブ数、登録児童数及び利用できなかった児童数の推移
（出典）厚生労働省（2019）

クの現場そのものである（伊部 2010）。

3　法制度にみる福祉と教育の重なり

（1）新・放課後子ども総合プラン ・・・・・・・・・・・・・・・・・・・・・・・・・・・・・・・

　前節で学童クラブの現状と課題について触れたが、近年、子どもの放課後支援を俯瞰する上で重要な事業がもう一つある。それは、文部科学省が2004年度より展開している「放課後子供教室推進事業」（以下、子ども教室）である。2018年11月現在、全国に1万8,749教室が開室しており、保護者の就労の有無にかかわらず、すべての小学生を対象に平日の放課後や土曜日、長期休業中の小学校の余裕教室や体育館、公民館等を活用して、地域住民がその地域の特性に応じた多様な学習・体験プログラムを提供している。

　国は、学童クラブと子ども教室の2つの事業を一体的に推し進めていけるよう、2007年に「放課後子どもプラン」を創設した。さらに「日本再興戦略改訂2014―未来への挑戦―」（2014年6月24日閣議決定）では、「いわゆる『小1の壁』[2] を打破し、次世代を担う人材を育成するため、『待

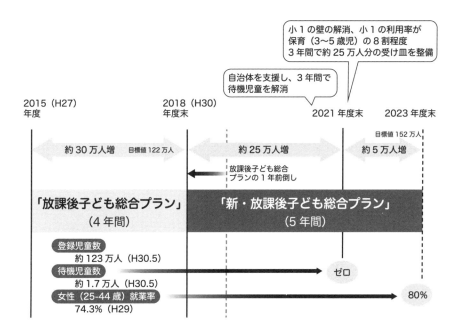

■図2　放課後児童クラブの受け皿整備（「新・放課後子ども総合プラン」）
(出典) 内閣府 (2018)

機児童解消加速化プラン』に加え、『放課後子ども総合プラン』を策定」
することが打ち出され、翌年度より「放課後子ども総合プラン」に基づ
いて整備が実施されてきた。その結果、目標としていた約30万人分の学
童クラブの受け皿を予定より1年早める形で拡充し、女性の就業率も約
73％まで押し上げた。それでもまだ待機児童は2万人近くに上っているこ
と、保護者が安心して就労できる環境づくりの観点から、これを引き継ぐ
形で2019年度より「新・放課後子ども総合プラン」が展開している。具
体的には、3年間で待機児童ゼロを目指すとともに、5年間で受け皿をさ
らに30万人分増やし、女性就業率も80％まで高めるなど目標値を掲げて
いる（図2）。

　多様な社会資源を活用して、あらゆる子どもたちやその家庭・地域の
ニーズに応じて放課後支援が展開されていることは歓迎されるべきだろう。

しかし受け皿が整ったとしても、その内実が伴わなければ本来の児童健全育成を図ることはできない。いずれの形態であっても、子どもの「遊び」と「生活」の場としての機能を維持・充実させていくことが、今後の課題となる。

(2) いじめ防止対策推進法と教育機会確保法 ‥‥‥‥‥‥‥‥‥‥

　近年、学校内の取り組みと思われている事柄に関しても福祉と教育の連携が強調されるようになってきた。2013年制定・施行のいじめ防止対策推進法もその一つと言える。そもそも「いじめ」とは、「児童等に対して、当該児童等が在籍する学校に在籍している等当該児童等と一定の人的関係にある他の児童等が行う心理的または物理的影響を与える行為（インターネットを通じて行われるものを含む）であって、当該行為の対象となった児童等が心身の苦痛を感じているもの」（第2条）と定義される。つまり、いじめは道端で見ず知らずの者から通りすがりの暴力行為や罵声を浴びせられるというような類のものではなく、濃淡はあるにせよ何らかの形で一定の人的関係がある中で生じるものと認識される。さらに、その基本理念は「いじめの防止等のための対策は、いじめが全ての児童等に関係する問題であることに鑑み、児童等が安心して学習その他の活動に取り組むことができるよう、学校の内外を問わずいじめが行われなくなるようにすることを旨として行われなければならない」（第3条）とある。すなわち、いじめを被害児童・加害児童のみの問題に矮小化するのではなく、すべての児童等が安心して学校生活を送れるよう環境を整えていく対策を練ることによって、結果としていじめ防止に繋がることを確認している。「いじめ問題の予防を考える上では、現象そのものに注目するだけではなく、背景にある仲間関係や学級の構造を丁寧に紐解く必要性がある」（唐 2019）と指摘されるように、背景にある個と環境の相互作用にも目を向けていく必要がある。

　もう一つ、学齢期に顕在化する課題として「不登校」がある。不登校とは、年間30日以上の長期欠席である者のうち「何らかの心理的，情緒的，身体的，あるいは社会的要因・背景により，児童生徒が登校しないあ

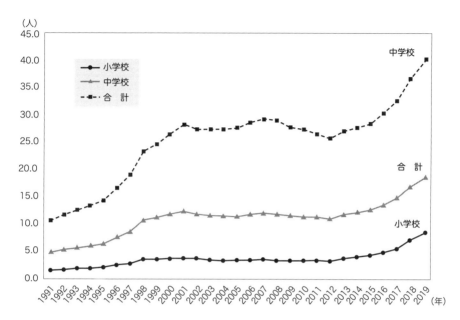

（注）調査対象：国公私立小・中学校(小学校には義務教育学校前期課程，中学校には義務教育学校後期課
　　　程及び中等教育学校前期課程、高等学校には中等教育学校後期課程を含む)

■図3　不登校児童生徒の割合の推移　（千人当たりの不登校児童生徒数）
（出典）文部科学省（2020a）

るいはしたくともできない状況にある者（ただし，「病気」や「経済的理由」
による者を除く）」と定義されている。このような状況にある子どもたちは、
2012 年度以降、特にその割合の増加は顕著であり（図3）、学習権保障の
しくみづくりが急務となっている。

　そこで、国はこのような子どもたち、または様々な理由で普通教育相当
の教育を受けられなかった者の教育機会の確保等を総合的に推進するた
め、義務教育の段階における普通教育に相当する教育の機会の確保等に関
する法律（教育機会確保法）を 2016 年制定、翌年施行した。基本理念には
「全ての児童生徒が豊かな学校生活を送り、安心して教育を受けられるよ
う、学校における環境の確保が図られるようにすること」（第3条第1項）
と、すべての児童生徒を対象にしている。またフリースクールや夜間学校
など、学習面のみならず生活面・精神面の支援、さらに家族支援を担って

きた存在の必要性にも触れている。

　これらの法律に共通していることは、すべての児童生徒を対象とした予防的対応の重要性と、こうした事象について教職員のみで抱えることなく、家庭や地域、心理・福祉の専門家等の関係者との情報共有の促進等に学校や教育委員会が積極的に取り組むことが盛り込まれている点である。

　学校で表面化する子どもの問題の背景には、生活困窮や児童虐待・マルトリートメント（不適切な養育）などもある。こうした子どもが暮らす家庭や社会の状況にも着目する必要がある。

4　学校とともにあるソーシャルワークの可能性

　ここまで、学齢期の子どもに焦点を当てて、いくつかの制度や法律を概観しながら、教育と福祉の重なりの重要性についてみてきた。その重なりに立脚する職種の１つがスクールソーシャルワーカーである。スクールソーシャルワーカーは、文部科学省（2017）が「教育相談において、教職員間の連携のみならず、スクールカウンセラー及びスクールソーシャルワーカーとも連携した体制を構築し、不登校、いじめ等の支援・対応を学

■表２　具体的なスクールソーシャルワーカーの職務

【不登校、いじめ等の未然防止、早期発見、支援・対応等】
・地方自治体アセスメントと教育委員会への働き掛け
・学校アセスメントと学校への働き掛け
・児童生徒及び保護者からの相談対応
・地域アセスメントと関係機関・地域への働き掛け
【不登校、いじめ等を認知した場合又はその疑いが生じた場合、災害等が発生した際の援助】
・児童生徒及び保護者との面談及びアセスメント
・事案に対する学校内連携・支援チーム体制の構築・支援
・自治体における体制づくりへの働き掛け

（出典）文部科学省（2017）より筆者作成

校がチームとして一体的に行うことが重要である」と言及しているように、教職員や多職種と協働した実践が期待されている。そこには、表2の具体的な職務にも示されているように、その専門性を生かした予防的対応も含まれている。

　文部科学省は、2019年度末までに全中学校区（約1万人）の配置を目指してきたが、2018年度末現在で延べ2,490名程度にとどまっている（文部科学省 2019c）。一方、この数字には、年々増加しつつある各自治体の単独事業や福祉職等の正規職員としての雇用が含まれておらず、正確な配置数は把握できていない。しかしいずれにしても、スクールソーシャルワーカーはその雇用形態や雇用条件は地域格差が大きいといわざるを得ず、量の拡充と同時に質の向上が急務である。

　当然、スクールソーシャルワーカーは万能ではない。鈴木（2015）が述べるように、教職員のためのソーシャルワークでも、学校に間借りしたソーシャルワークでもない、教職員・学校とともにあるソーシャルワークを目指した実践を展開していくことが大切である。なぜなら、学齢期の子どもたちにとって、教育と福祉は上下関係や対立するような性質ものではなく、それぞれの専門性を活かして協働し、彼らの土台となることこそが求められているからである。

　「何のために実践を行うのか」という原点に常に立ち返り、子どもやその家庭に寄り添い、そして地域づくりに寄与することは、ソーシャルワークの可能性をさらに深化していくことにつながるであろう。

■注
1　国は covid-19 感染拡大を抑えるため、2019年度末から 2020年度初めにかけて「全国 一斉臨時休業」を全国の小・中・高・特別支援学校等へ要請し、全国の9割を超える学校 が臨時休業となった (文部科学省 2020)。これにより、学校がいかに「遊び」や「学習」を含む子どもたちの「生活全般を保障する場」であるか、すなわち学校の「福祉的機能」について皮肉にも社会的に再認識された。また ICT 教育が急速に推進したことによって、長期欠席児童生徒などの教育機会の充実にも期待が高まりつつある (東京都教育委員会 2021)。
2　就学前に利用する保育所等の開所時間よりも就学後に利用する学童保育の開設時間

が短くなり、結果として親が仕事と子育ての両立が難しくなるといった状況を示す造語。

■文献

伊部恭子（2010）「学童保育における子育て・家族支援の課題」佛教大学社会福祉学部論集 , 第 6 号

IPA-Japan（子どもの遊ぶ権利のための国際協会日本支部）https://www.ipajapan.org/　2020 年 8 月 18 日

児童健全育成推進財団（2016）「平成 28 年度 子ども・子育て支援推進調査研究事業『地域の児童館が果たすべき機能及び役割に関する調査研究』報告書」

児童健全育成推進財団（2018）「平成 29 年度 子ども・子育て支援推進調査研究事業『児童館を中心とした社会的ニーズへの対応及び必要なネットワーク構築に関する調査研究』報告書」

神奈川県青少年指導者養成協議会（2019）「温故知新伝承あそび ing」

厚生労働省（2017）「放課後児童クラブの『従うべき基準』に関する実態調査」

厚生労働省（2019）「令和元年（2019 年）放課後児童健全育成事業（放課後児童クラブ）の実施状況（令和元年（2019 年）5 月 1 日現在）」

厚生労働省（2020）「平成 30 年社会福祉施設等調査の概況」

文部科学省（2017）「学校教育法施行規則の一部を改正する省令の施行等について（通知）」

文部科学省（2019a）「学校における医療的ケアの今後の対応について」

文部科学省（2019b）「学校・教育委員会等向け虐待対応の手引き」

文部科学省（2019c）「平成 30 年度 スクールソーシャルワーカー実践活動事例集」

文部科学省（2020a）「令和元年度 児童生徒の問題行動・不登校生徒指導上の諸課題に関する調査結果について」

文部科学省 (2020b)「新型コロナウイルス感染症対策のための小学校，中学校，高等学校及び特別支援学校等における一斉臨時休業について (通知)」

文部科学省・厚生労働省（2018）「教育と福祉の一層の連携等の推進について」

東京都教育委員会 (2021)「未来を創るかけがえのない子供たちの自立に向けて～不登校の子供たちへの支援のポイント～」

内閣府（2018）「新・放課後子ども総合プラン」

鈴木庸裕（2015）「スクールソーシャルワーカーの学校理解――子ども福祉の発展を目指して」ミネルヴァ書房

唐音啓（2019）「学級集団の構造といじめ問題に関する研究の外観と展望」東京大学大学院教育学研究科紀要第 59 巻

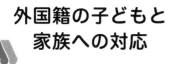

コラム 3
外国籍の子どもと 家族への対応

日本には多様な外国籍の子どもが暮らしている。在日韓国・朝鮮人など戦前からのオールドカマーの子ども。興行や農村花嫁として来日したフィリピン人女性の子ども。1990 年の出入国管理法改正で創設された「定住者」資格で在留する日系ブラジル人やペルー人の子ども。日本に留学し、高度専門職として働く外国人の子ども等。オールドカマーの大半は日本語に不自由しないが、ブラジル人などニューカマーでは、日本語指導を必要とする者も多い。

そのなかで、2019 年 4 月の出入国管理法改正により、さらに「特定技能」という在留資格が加えられた。これに伴い、文科省は「外国人の子供の就学の促進及び就学状況の把握等について」(総合教育政策局長通知 2019 年 3 月 15 日)を出し、外国籍の子どもの就学状況の把握や就学案内の徹底、相談窓口の一元化などを掲げた。

さらに、2019 年 5 〜 6 月、文科省は初めて全市区町村教育委員会を対象に「外国人の子供の就学状況等調査」(以下「就学状況等調査」)を実施した。この調査で、全体の 0.6% にあたる 630 人が不就学だと確認された。

不登校とは異なり、不就学は、学齢期でありながら義務教育諸学校に学籍がない状態をいう。不就学が生じるのは、文科省が「普通教育を受けさせる義務は、我が国の国籍を有する者に課されたものであり、外国人には課せられないと解される」[1]とするためである。しかし、国際人権規約(社会権規約)や子どもの権利条約は、国籍を問わず初等教育は義務的で無償なものとしている。現状でも、外国籍の子どもも、希望があれば義務教育諸学校への通学が認められる。しかし、不就学の外国籍の子どもがいても誰にも法的な責任が問われない状況は残されている。

一方、就学状況等調査では、「出国・転居(予定を含む)」が 3,017 人(2.7%)、「就学状況確認できず」が 8,658 人(7.6%)となっている。加えて、この調査の対象者は、住民基本台帳上の外国籍の学齢期の子どもより 10,183 人少なかった。これらの子どもたちも不就学だとすると、不就学者は最大で 2 万 2,488 人となる。

不就学の子どもは、働いていたり、NPO 等が開設する日本語教室で学んでいたりする場合もあるが、文科省が 2005 〜 2006 年度に行った「外国人の子どもの不就学実態調査」では、「何もしていない」とする者が 36.5% であった。一方、同調査では今後「学校に行き

たい」との回答が 32.1% にのぼった。しかし、日本語力不足で授業が難しいうえに、不就学が続くことで、「学校に行くにはもう手遅れ」との感覚で就学を断念する子どもの話も耳にする。

　転居をきっかけに不登校になりやすいため、転居の際に、外国籍家庭に対し、適切な手続きの実施を促すことが重要である。文科省は、「外国人児童生徒のための就学ガイドブック」を作成している。7つの言語で、就学や転校の手続きなどを説明している。外国籍家庭の転校の情報をキャッチした場合には、こうした情報を提供して不就学を防ぐことが肝要である。

　一方、外国籍の子どもの就学先は、義務教育諸学校のほかに、特定のエスニシティの子どもを対象とした外国人学校がある。就学状況等調査では「義務教育諸学校」に通う外国籍の子どもが9万 6,370 人（84.8%）、「外国人学校等」に通う子どもが 5,023 人（4.4%）であった。筆者の調査では、保護者がブラジル人学校を選んだ主な背景は、「日本の学校でのいじめなどトラブルへの懸念」と「トラブルの際、言葉の問題で教師と適切に関われるかという不安」であった。

　また、言語の問題だけでなく、学校文化の違いもある。外国籍住民の集住地域では、日本の学校でも「おたより」を外国語に翻訳して配布している。しかし、日本の学校を知らない外国籍保護者は、母語に訳されていても、内容を理解でき

ないこともある。たとえば、上履きや給食・掃除の身支度、体育などの実技教科、運動会で家族が応援する習慣などがない国もある。また、食文化や宗教上の理由で給食が食べられないと、弁当を用意せねばならない。

　集住地域では、母語と日本語の両方を解する日本語指導の支援者の配置が進んでいる。そうした支援者は、子どもだけでなく、保護者に対しても言語・文化の両面から家庭と学校の仲立ちをしている。こうした支援者の配置は、子どもへの日本語指導の枠組みで行われているが、外国籍家庭への福祉の観点からも拡充が望まれる。

（新藤　慶）

■注
1　文部科学省「外国人の子どもに対する就学支援について」https://www.mext.go.jp/b_menu/shingi/chousa/shotou/042/houkoku/08070301/004.htm　2020 年 6月 18 日

障害と子ども・家族

新藤こずえ

1 事例に学ぶ

事例1 医療的ケアが必要な子どもを授かった事例

　Aさん夫妻は数年に渡る不妊治療の末、待望の赤ちゃんを授かったが、18トリソミーという先天性疾患があることが判明した。医療的ケアが必要となり、生存期間が短いことで知られている。しかし、Aさん夫妻は産み育てることを決意した。医師や看護師、カウンセラーやソーシャルワーカーのサポートを得ながら、出産、NICU（新生児集中治療室）での治療を経て、家族で暮らしたいというAさん夫妻の希望で、退院して在宅生活に移行した。その後、1歳の誕生日直前に家族に見守られながら短い生涯を終えた。しかし、亡くなってしまっても、Aさん夫妻にとってかけがえのない存在であり続けている。

事例2 生活のすべての場面で介助が必要な事例

　Bさんは生まれつき脳性麻痺があり、身体障害のために食事や排泄など生活のすべての場面で介助が必要であった。父母は理髪店を営んでおり、母は多忙な中でBさんやきょうだいをケアする生活が続き体

調を崩してしまった。そのため、6歳から親元を離れて障害児入所施設で暮らすことになった。Bさんは自分の世話をすることが母の負担になっていると感じ、週末も帰省しなかった。施設では必要な介助は受けられたが、成人しても外出の自由がなく、施設を出たいという思いが募った。その後、Bさんは一念発起して施設を飛び出し、居宅介護（ホームヘルプ）や訪問看護などを利用しながら地域で一人暮らしをはじめた。ときどき母がBさんの自宅にやってくる。ヘルパーがいるため、介助の心配をせず母に会えることをBさんはとてもうれしいと思っている。

＊事例は文献をもとに筆者が再構成したものである。

　障害をもって生まれ育つ。このことは子ども本人と家族にとって、どのような意味を持つのであろうか。事例から読者に伝えたいことは、ひとつは、障害の有無にかかわらず、命の尊厳を守り「生きる」ことを尊重する重要性である。もうひとつは、障害のある子どもを支える諸制度は、障害のある子どもが一人の独立した存在として大人になるというプロセスのなかで、親子関係や家族を再構築するうえで必要なものである、という視点である。こうした視点は、障害のある子どもと家族の支援に携わる人々にとって必要不可欠なものである。

2　「障害」とは何か

(1)「障害」の定義

　障害者基本法（2011年）では、「障害者」を「身体障害、知的障害、精神障害（発達障害を含む）その他の心身の機能の障害（以下「障害」と総称する）がある者であつて、障害及び社会的障壁により継続的に日常生活又は社会生活に相当な制限を受ける状態にあるもの」とし、「社会的障壁」を「障害がある者にとつて日常生活又は社会生活を営む上で障壁となるような社会における事物、制度、慣行、観念その他一切のもの」と定めている。つまり、「障害」を「心身の機能の障害」と「社会的障壁」の両面か

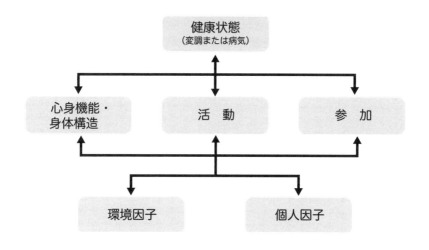

■図1　国際生活機能分類の概念
(ICF：International Classification of Functioning, Disability and Health)

らとらえている。現行の障害者基本法は、障害者権利条約（2006年）の批准に向けて改正されたものであり、2001年にWHO（世界保健機関）総会で採択されたICF（国際生活機能分類）の障害概念を反映した定義になっている。ICFは、人の生活機能と障害について、「心身機能・身体構造」「活動」「参加」の3つの次元と「環境因子」「個人因子」の影響を及ぼす因子で構成する概念である（図1）。人の健康状態は、心身の機能のみならず、その人を取り巻く社会制度や社会資源も含めた環境因子との相互作用に影響されることを示している。

　たとえば、自閉症スペクトラム障害のために言葉によるコミュニケーションが難しい子どもがいたとしよう。この場合、「心身機能・身体構造」としては脳機能の障害のために、言葉を使って会話をするという「活動」が難しいかもしれない。しかし、絵カードやサイン、タブレット端末を使うことによって、自分の意思を伝えるという「活動」は可能になる場合がある。また、「環境因子」として、上記の道具やICT利用環境が整っていれば、学習などの「活動」の幅を広げ、周囲の人々との交流のみならず社会への「参加」のレベルが向上する。「環境因子」にはハード面のみな

らず、人々が障害者の活動や参加について、肯定的な態度であるかどうかも含まれる。つまり、「環境因子」は障害のある人々の社会参加についての促進要因にも阻害要因にもなりうる。ICF の枠組みを用いることにより、人の健康状態が医学的診断による個人の疾病や障害のみならず、生活環境や社会制度、その人を取り巻く人々の意識が影響をもたらしていることを理解できる。

(2) 障害のある子どもの状況 ・・・・・・・・・・・・・・・・・・・・・・・・・・・・・・・・・・・

　近年、障害のある子どもの数は増加傾向にある。その背景には、従来であれば救うことのできなかった命が医学の進歩により出生可能となったことや、発達期にあらわれる障害について早期発見のしくみが整えられてきたことがある。日常的に医療的ケアと医療機器が必要な医療的ケア児は 12 年間で約 2 倍に、知的機能の遅れを伴わない発達障害のある子どもも含む特別支援教育を受ける児童生徒数はこの 10 年間で 2 倍以上に増加した[1]。

　日本における障害児者の概数は、身体障害者 436 万人、知的障害者 108 万 2,000 人、精神障害者 392 万 4,000 人となっている（障害者白書 平成 30 年度版）。 これを人口千人当たりの人数でみると、身体障害者は 34 人、知的障害者は 9 人、精神障害者は 31 人となる。複数の障害を併せ持つ者もいるが、国民のおよそ 7.4％が何らかの障害を有していることになる。そのうち、18 歳未満の子どもに着目してみると、身体障害者の 1.6％（7 万 1,000 人）、知的障害者の 20.4％（22 万 1,000 人）、20 歳未満の精神障害のある子どもは精神障害者の 6.9％（26 万 9,000 人）となっている。しかし、これらに含まれないものの特別な配慮が必要な子どももいる。

　なお、児童福祉法では、障害のある子どもを次のように定義している。「障害児とは、身体に障害のある児童、知的障害のある児童、精神に障害のある児童又は治療方法が確立していない疾病その他の特殊の疾病であつて障害者の日常生活及び社会生活を総合的に支援するための法律第四条第一項の政令で定めるものによる障害の程度が同項の厚生労働大臣が定める程度である児童をいう」。次項では、発達障害者支援法についてみていこ

う。障害者の日常生活及び社会生活を総合的に支援するための法律（障害者総合支援法）については、次節で詳しく述べる。

（3）発達障害のある子ども

　発達障害者支援法（2005年）において、発達障害とは「自閉症、アスペルガー症候群その他の広汎性発達障害、学習障害、注意欠陥多動性障害その他これに類する脳機能の障害であってその症状が通常低年齢において発現するものとして政令で定めるもの」と定義されている（それぞれの障害の特性は図2参照）。

　発達障害者支援法では、国際疾病分類に基づいて発達障害を定義しているが、医学的視点からみた発達障害は、知的障害を含めた広義の精神障害を指している[2]。だが、発達障害という言葉は、福祉、教育、医療、保健などすべての領域で一致した理解がなされているとはいいがたい。しかし、家庭や保育・教育の現場で「気になる子ども」「心配なところがある子ども」を理解し支援するためのキーワードとして定着しているといえるだろ

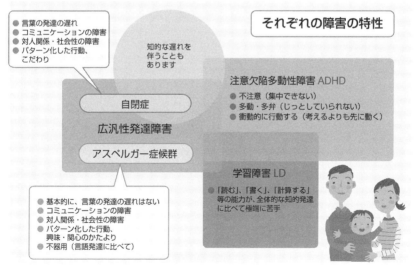

■図2　それぞれの障害の特性
（出典）厚生労働省「発達障害の理解のために」リーフレット

う。子どもの問題行動の背景にある要因の１つとして発達障害が子どもに関わる専門職や一般の人々に認識されるようになり、「発見」されやすくなっている。たとえば、2012年に文部科学省が行った調査では、教師からみて、こうした特性をもつ子どもは小学校、中学校では6.5％程度在籍しているという結果であった。また、これまで自閉症スペクトラム障害の子どもに対して、親のしつけの問題、親の愛情不足が原因であるといったまなざしが向けられてきたこともあるが、今日ではこうした見方は医学的に否定されている。

3 障害のある子どもに関する制度と支援のしくみ

　障害の有無にかかわらず、子どもが生まれた瞬間から子育てがはじまる。障害の発生要因や明らかになる時期はさまざまである。胎児のときからわかる病気や障害であれば、生まれてすぐに医療的ケアや福祉サービスが必要になる場合もある。一方、成長する過程のなかで、障害のある子どものための保育や教育が必要になる場合もある。障害のある子どもへの支援は、障害の有無にかかわらず普遍的に必要となる子育て支援と、障害の固有性に対応する医療・保健・福祉・教育などに関する支援があり、それらは障害のある子どもを中心としながらも、子どもを養育する家族を支えるものとなっている。

(1) 母子保健

　先天性の障害を発見するための検査としては、母子保健法（1965年）（第５章参照）にもとづく妊産婦健康診査、先天性代謝異常などの新生児マス・スクリーニング検査、乳幼児期の健康診査がある。検査によって胎児の疾病や異常の発生を早期発見することにより、発症を抑えたり治療に結びつけたりすることができる。市町村で実施される乳幼児健診は子どもの発育・発達の診査や子育て支援を目的としており、障害の早期発見の機能を果たしている。「療育とは、現在のあらゆる科学と文明を駆使して、障害をもった子どもの自由度を拡大しようとするもので、それは優れた

『子育て』でなければならない」（高松 1990）という言葉に示されているように、早期療育とは、可能な限り障害を早期発見し子育ての手立てを考えることにより、障害のある子どもの発達を促すことをいう。しかし、親が子どもの障害を受容することが難しく、療育の取り組みがすすまないこともある。したがって、親の障害受容のプロセス[3]に配慮した支援が求められる。

（2）子ども・子育て支援と保育

子どもに障害がある場合、障害のある子どもの特性に応じた専門的な支援が必要になるが、障害児である前にまず子どもであるという理解が重要である。子ども・子育て支援法（2015 年）において、障害のある子どもの支援は、すべての子どもを対象とする施策（一般施策）における障害児への対応と、障害児を対象とする専門的な支援施策（専門施策）の2つに大別される。一般施策では、子ども子育て支援制度にもとづき、①市町村計画における障害児の受入れ体制を明確化し、教育・保育の提供体制を記載、②優先利用など利用手続きにおける障害児への配慮では、「保育認定を受ける子ども」は市町村が利用調整を行い、「教育標準時間認定を受ける子ども」は市町村が受け入れ可能な施設をあっせんする、③様々な施設・事業において障害児の受入れを促進するための財政支援の強化や、障害児等の利用を念頭に置いた新たな事業類型の創設などがある。

障害児保育事業では障害のある児童の保育所での受入れを促進することを目的として、1974 年度より保育所に保育士を加配する事業を実施してきた。子ども・子育て支援制度では、①障害のある児童等の特別な支援が必要な子どもを受け入れ、地域関係機関との連携や、相談対応等を行う場合、地域の療育支援を補助する者を保育所、幼稚園、認定こども園に配置、②新設された地域型保育事業について、障害のある児童を受け入れた場合に特別な支援が必要な児童 2 人に対し保育士 1 人の配置を行うといったより具体的な方策が示された。

(3) 障害者手帳 ・・・・・・・・・・・・・・・・・・・・・・・・・・・・・・・・・・・・・・

　障害者手帳には、身体障害者手帳、療育手帳、精神障害者保健福祉手帳の３種がある。取得にあたっては、身体障害者手帳は身体障害者福祉法に、精神保健福祉手帳は精神保健福祉法にそれぞれ基準が定められている。なお、知的障害者福祉法では知的障害の定義はされておらず、厚生省（当時）の通知（1973年）にもとづき各都道府県が判定を行っている。手帳を取得することによって税の控除・減免や公共料金の割引が受けられる。障害のある子どもについては、特別支援学校高等部に進学する場合、療育手帳の取得が条件になっていることもある。また、将来、障害者雇用枠での就職をする際には障害者手帳を持っていることが条件となることもある。しかし、次に述べる福祉サービスについては、手帳を取得していなくても一定の障害があると認定され障害福祉サービス受給者証を取得すれば利用可能である。

(4) 福祉サービス ・・・・・・・・・・・・・・・・・・・・・・・・・・・・・・・・・・・

　障害のある子どもが利用できる福祉サービスは、児童福祉法にもとづくものと障害者総合支援法（2013年）にもとづくものがある。障害者総合支援法の目的は「障害者及び障害児が基本的人権を享有する個人としての尊厳にふさわしい日常生活又は社会生活を営むことができるよう、必要な障害福祉サービスに係る給付、地域生活支援事業その他の支援を総合的に行」うことである。

　児童福祉法にもとづく入所支援としては、福祉型障害児入所施設と医療型障害児入所施設があり、通所支援としては、児童発達支援、医療型児童発達支援、放課後等デイサービス、保育所等訪問支援がある（表1）。通所支援は市町村が実施主体であり、利用にあたっては、障害児相談支援にてサービス等利用計画を作成し、支給決定を受けた後、利用する施設と契約を結ぶ。入所支援は都道府県が実施主体となっており児童相談所に申請する。先に述べた療育は、児童発達支援として実施されている。子ども本人への発達支援、家族への支援、地域への支援を含めたものとして児童発達支援が位置づけられ、相談支援も含めた支援体制によって実施されてい

■表1　障害のある子どもを対象としたサービス

●障害児入所支援、通所支援の体系

都道府県	障害児入所支援	福祉型障害児入所施設	施設に入所している障害児に対して、保護、日常生活の指導及び知識技能の付与を行う。
		医療型障害児入所施設	施設に入所又は指定医療機関に入院している障害児に対して、保護、日常生活の指導及び知識技能の付与並びに治療を行う。
市町村	障害児通所支援	児童発達支援	児童福祉施設として位置づけられる児童発達支援センターと児童発達支援事業の2類型に大別され、身近な地域で適切な支援が受けられる。 ①児童発達支援センター／医療型児童発達支援センター 通所支援のほか、身近な地域の障害児支援の拠点として、「地域で生活する障害児や家族への支援」、「地域の障害児を預かる施設に対する支援」を実施するなどの地域支援を実施します。医療の提供の有無によって、「児童発達支援センター」と「医療型児童発達支援センター」に分かれる。 ②児童発達支援事業 通所利用の未就学の障害児に対する支援を行う身近な療育の場である。
		医療型児童発達支援	
		放課後等デイサービス	学校就学中の障害児に対して、放課後や夏休み等の長期休暇中において、生活能力向上のための訓練等を継続的に提供しする。学校教育と相まって障害児の自立を促進するとともに、放課後等の居場所づくりを推進する。
		居宅訪問型児童発達支援	重度の障害等により外出が著しく困難な障害児の居宅を訪問して発達支援を行う。
		保育所等訪問支援	保育所等を現在利用中の障害児、今後利用する予定の障害児に対して、訪問により、保育所等における集団生活の適応のための専門的な支援を提供し、保育所等の安定した利用を促進する。2018年4月の改正で乳児院・児童養護施設に入所している障害児も対象として追加された。

●障害児相談支援事業（児童福祉法）

障害児支援利用援助	障害児通所支援の申請に係る支給決定前に、障害児支援利用計画案を作成し、支給決定後に、サービス事業者等との連絡調整等を行うとともに、障害児支援利用計画の作成を行う。
継続障害児支援利用援助	支給決定されたサービス等の利用状況の検証（モニタリング）を行い、サービス事業者等との連絡調整などを行う。

※障害児の居宅サービスは、指定特定相談支援事業者がサービス利用支援・継続サービス利用支援を行う。障害児の入所サービスは、児童相談所が専門的な判断を行うため、障害児相談支援の対象とはならない。

（出典）全国社会福祉協議会「障害福祉サービスの利用について」2018年4月版より作成

第9章

障害と子ども・家族

る。なお、これらの入所支援・通所支援について、満3歳から就学前の障害のある子どもの利用者負担は2019年10月より無償化となった。

　また、障害者総合支援法にもとづく福祉サービスとしては、居宅介護（ホームヘルプ）、同行援護、行動援護、重度障害者等包括支援、短期入所（ショートステイ）がある。また、医療費の自己負担分を助成する自立支援医療、補装具費支給がある。

(5) 医療

　心身の障害を除去・軽減するための医療について、医療費の自己負担額を軽減する公費負担医療制度を自立支援医療制度という。その中のひとつ、育成医療は、身体に障害を有する児童で、その障害を除去・軽減する手術等の治療により確実に効果が期待できる者（18歳未満）を対象としている。

　また、障害者自立支援法が改正され、障害者総合支援法となった際に、障害者の定義に難病である者が加えられた。難病対策としては、難病の患者に対する医療等に関する法律（難病法）が2014年に公布され、2019年7月現在は361疾病が対象となっている。児童福祉法では、小児慢性特定疾病を「児童又は児童以外の満二十歳に満たない者が当該疾病にかかつていることにより、長期にわたり療養を必要とし、及びその生命に危険が及ぶおそれがあるものであつて、療養のために多額の費用を要するものとして厚生労働大臣が社会保障審議会の意見を聴いて定める疾病」と定義し、小児慢性特定疾病医療費を助成する制度がある。

　加えて近年、医学の進歩を背景として、NICU（新生児集中治療室）等に長期入院した後、引き続き人口呼吸器や胃ろう等を使用し、痰吸引や経管栄養、酸素吸入などの医療的ケアが日常的に必要な障害児が増加している。こうした医療的ケア児が在宅で生活を送る場合の受け皿はきわめて不足しており課題となっている。

(6) 特別支援教育

　学齢期の多くの子どもにとって、日中、もっとも長い時間を過ごすのは学校である。特別支援教育とは、「障害のある幼児児童生徒の自立や社会

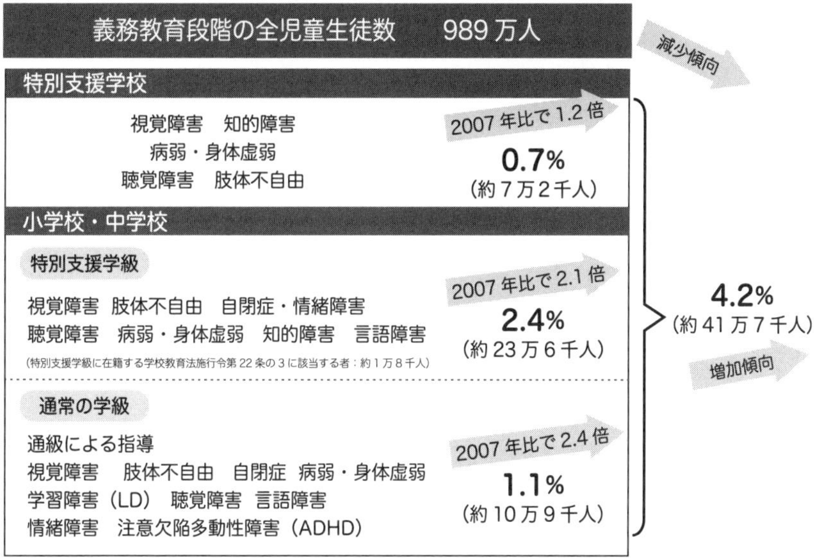

義務教育段階の全児童生徒数　　989万人		
		減少傾向

特別支援学校		
視覚障害　知的障害 病弱・身体虚弱 聴覚障害　肢体不自由	2007年比で1.2倍 **0.7%** （約7万2千人）	

4.2%
（約41万7千人）

小学校・中学校

特別支援学級

視覚障害　肢体不自由　自閉症・情緒障害 聴覚障害　病弱・身体虚弱　知的障害　言語障害	2007年比で2.1倍 **2.4%** （約23万6千人）

（特別支援学級に在籍する学校教育法施行令第22条の3に該当する者：約1万8千人）

通常の学級

通級による指導 視覚障害　肢体不自由　自閉症　病弱・身体虚弱 学習障害（LD）　聴覚障害　言語障害 情緒障害　注意欠陥多動性障害（ADHD）	2007年比で2.4倍 **1.1%** （約10万9千人）

増加傾向

発達障害（LD・ADHD・高機能自閉症等）の可能性のある児童生徒：6.5%程度※の在籍率

※この数値は、平成24年に文部科学省が行った調査において、学級担任を含む複数の教員により判断された回答に基づくものであり、医師の診断によるものでない。

（通常の学級に在籍する学校教育法施行令第22条の3に該当する者：約2,000人（うち通級：約250人））

■図3　特別支援教育の対象の概念図（義務教育段階）

（出典）文部科学省初等中等教育局特別支援教育課（2019）「日本の特別支援教育の状況について」
（2017年5月1日現在）

参加に向けた主体的な取組を支援するという視点に立ち、幼児児童生徒一人ひとりの教育的ニーズを把握し、その持てる力を高め、生活や学習上の困難を改善又は克服するため、適切な指導及び必要な支援を行うもの」（文部科学省）である。どのような障害があったとしても教育を受ける権利があり、教育基本法では「障害の状態に応じ、十分な教育を受けられるよう、教育上必要な支援を講じなければならない」という国及び地方公共団体の責務を定めている。加えて、発達障害者支援法では、「発達障害児（18歳以上の発達障害者であって高等学校、中等教育学校及び特別支援学校に在学する者を含む）がその障害の状態に応じ、十分な教育を受けられるようにするため、適切な教育的支援、支援体制の整備その他必要な措置を講じるものとする」としている。

特別支援教育の場としては、障害のある子どものみが在籍する特別支援学校、一般の小学校・中学校における特別支援学級、通常の学級に在籍しながら個別指導を受ける通級による指導がある。義務教育段階の子どもは全体としては減少しているものの、とりわけ通級による指導を受けている児童生徒数は急増し、2007年には4万5,000人あまりであったが、2017年には10万人を超え、2倍以上になっている。

　こうした状況のなか、インクルーシブ教育システム（包容する教育制度）の重要性が高まっている。障害のある者と障害のない者が共に学ぶ仕組みであり、障害のある者が教育制度から排除されないこと、自己の生活する地域において初等中等教育の機会が与えられること、個人に必要な「合理的配慮」が提供される等が必要とされており、障害者権利条約に規定されている。具体的な合理的配慮としては、①教員、支援員等の確保、②施設・設備の整備、③個別の教育支援計画や個別の指導計画に対応した柔軟な教育課程の編成や教材等があげられている。

（7）経済的支援

　障害のある子どもが生活するうえで必要な支援を実施するために、福祉サービスや医療、教育などさまざまな社会資源がある。しかし、それらを探し利用するための手続き、生活をともにしてケアやサポートをおこなうのはほとんどの場合、家族である。子どものケアの担い手となるために親がフルタイムで働くことが難しくなることもある。そのため、障害のある子どもが家庭でケアされながら育つためには、経済的支援が重要となる。障害のある子どもとその世帯への経済的支援には、手帳制度の項で取り上げた税の控除・非課税、公共料金の割引などがあるが、手当、共済制度についてまとめたものが表2である。

■表2　障害児に関わる手当・共済制度

特別児童扶養手当	精神又は身体に障害を有する20歳未満の障害児を養育している父母または養育者に支給することにより、障害のある子どもの福祉の増進を図ることを目的にしている。所得制限があり、所得が一定の額以上である場合は支給されない。
障害児福祉手当	重度障害のある20歳未満の子どもに対して、その障害のため必要となる精神的、物質的な特別の負担の軽減の一助として手当を支給することにより、特別障害児の福祉の向上を図ることを目的としている。受給には所得制限がある。
障害者扶養共済制度	障害児者を扶養している保護者が毎月掛金を納めることで、保護者が亡くなった時などに、障害児者に対し、一定額の年金を一生涯支給する任意加入の制度である。障害者の生活の安定と福祉の増進に資するとともに、障害者の将来に対し保護者の抱く不安の軽減を図ることを目的に創設され、地方公共団体が条例にもとづき実施している。

(出典) 筆者作成

4 障害のある子どもの育ちと家族

(1) 親と障害当事者のソーシャルアクション

　これまでみてきたように、今日、障害のある子どもに対する制度的な支援には、福祉・教育・保健・医療などさまざまなものがある。しかし、障害のある子どもを育てるための負担は、家族とりわけ母親に集中してきた。知的障害のある子どもを抱える母親たちが中心となって設立した全国精神薄弱者育成会（現・全国手をつなぐ育成会連合会）は、教育、福祉、就労などの施策の整備、充実を求め、政策に反映させ制度化するための活動を行ってきた[4]。こういった親たちの活動は、障害児者に関する諸制度の成立過程においてなくてはならないソーシャルアクションであった。

　しかし、ソーシャルアクションをおこなったのは親だけではない。1960年代から1970年代に日本を含めて世界各国において同時的に活性化した自立生活（Independent Living）運動は、子どもの立場である障害当事者のソーシャルアクションであった。そこでは自立を「他人の助けを借りて15分で衣服を着、仕事に出かけられる障害者は、自分で衣類を着るの

に2時間かかるために家にいるほかない障害者よりも自立している」（定藤 1993）と表現した。1970年代のわが国における自立生活運動は、障害者を抑圧するものである「家族」と「施設」から脱出し、自己決定権を行使した上での自立生活を目指すものであった。今日においても障害のある子どものケアは、子育ての期間を超えて、親が生きている限り一生続くものとなる場合もあり、高齢になった親と成人期の障害者をめぐる「老障介護」の問題が深刻化している（田中 2017）。したがって、障害のある子どもの育ちを支援するにあたっては、子ども本人の将来を見据え、「親ありき」の支援ではなく、ケアとサポートを社会化するという視点が不可欠である。

(2) 障害のある子どもの育ちと親子関係 ……………………………

　障害のある子どももいつかは大人になる。子ども期には療育や特別支援教育など、障害をもつことに伴う特別な支援を受けながらも、18歳までは障害のない子どもと同様に教育制度の枠組みの中で学校生活を送る。しかしそれ以降は、身体・知的障害者いずれも半数以上が障害福祉サービスを利用した社会福祉施設入所か通所となり、障害のない者とは異なる生活スタイルとなる。たとえば、療育手帳を所持している65歳未満の知的障害者の92.0％は親と暮らしており（厚生労働省 2018）、障害のある人は成人後も親きょうだいと生活している割合が極端に高い。

　そのため、障害のある子どもへの日常的なケアや経済的支援の必要性は、親のみならずきょうだいにも影響を与えることもある。親から障害のあるきょうだいの世話を頼まれて苦悩するきょうだいも少なくない。一方、親亡き後の障害のある子どもの行く末を悲観した親が無理心中したり、殺害したりしてしまうという事件が発生している。かつて重度障害のある子どもを殺害した母親に同情した人々が行った減刑嘆願運動について、脳性麻痺の障害当事者である横塚晃一は「重症児に生きる権利はないのか」「罪は罪として裁け」と訴えた。横塚（2007）は、障害者を「劣った存在」「価値のない存在」とみなし、だから生きていても仕方がないと考える健常者の価値観（差別意識）こそが問題の根底にあると主張した。

親は最大の理解者であり支援者であってほしい、そうありたいと、障害のある子どものみならず、親自身、そして障害のある子どもを取り巻く人々は望んでいる。しかし、そうした周囲のまなざしは親きょうだいを追い詰めることになるかもしれない。ケアやサポートを親きょうだいが担うことによって、障害児者を含めた家族の人生が豊かになることもあれば、お互いの人生を制約する存在になるかもしれない。冒頭の事例にもあるとおり、家族がケアやサポートを担うことが、障害当事者にとって最善とは限らない。また、すべての親きょうだいが障害のある子どものケアやサポートを担えるわけではない。福祉・医療・教育の専門職として支援に携わる人々は特に、そのことを念頭に置く必要があるだろう。

　障害のある子どもの親や支援を行う専門職のみならず、地域社会も含めて多くの人々が障害のある人々を取り巻く社会的ネットワークに加わり、障害のある子ども・家族とともに子どもの成長の喜びを分かち合うことが豊かな社会を構築することにつながるのではないだろうか。

■注
1　2018年度厚生労働科学研究費補助金障害者政策総合研究事業「医療的ケア児に対する実態調査と医療・福祉・保健・教育等の連携に関する研究（田村班）」報告によると、2005年度に9,987人であった医療的ケア児は2017年度1万8,951人となっている。また、文部科学省初等中等教育局特別支援教育課（2019）によると、1993年度には1万2,259人であった通級指導を受けている児童生徒は、2008年度には4万9,585人、平成29年度には10万8,946人となっている。
2　WHO（世界保健機構）の国際疾病分類（ICD-10）や、アメリカ精神医学会（APA）の精神疾患の診断・統計マニュアル（DSM-Ⅳ）を参照のこと。DSM-Ⅳは2013年にDSM-Ⅴに改訂され、診断基準の変更により「広汎性発達障害（PDD）」は、「自閉症スペクトラム障害」となった（APA 2013）。また、ICD-10は2018年にICD-11に約30年ぶりの改訂がされたが、ICD-11の発効は2022年の見込みであり、日本国内への適用はまだ実施されていない。
3　親の障害受容のプロセスについて、児童精神科医の佐々木正美（2001）は、次のように説明している。1. ショックと麻痺、2. 否認、3. パニック、4. 怒りと不当感、5. 敵意と恨み、6. 罪意識（自責の念）、7. 孤独感と抑うつ状態、8. 精神的混乱と無関心状態、9. 前向きな受容へ、10. 新しい希望、そして笑いとユーモアの発見、11. 新しい価値観の発見の11段階を示している。誰しもがこのプロセスをたどるわけではないが、親の障害受容は困難を伴うことや新たな価値観を見出す過程でもあることを

理解する際に参考になる。

4　1952年設立。2020年6月時点で会員数約10万人であり、ほかにも1961年設立の全国肢体不自由児・者父母の会連合会、1964年全国重症心身障害児（者）を守る会などがある。今日の障害者総合支援法における障害者支援施設、障害福祉サービス事業所や地域活動支援センターのなかには、こうした親の会や家族の会が母体となって運営しているものも多い。

■文献

厚生労働省（2018）「平成28年生活のしづらさなどに関する調査（全国在宅障害児・者等実態調査）結果」

定藤丈弘・岡本栄一・北野誠一（1993）『自立生活の思想と展望』ミネルヴァ書房

佐々木正美（2001）『児童精神科医が語る──響きあう心を育てたい』岩崎学術出版社

新藤こずえ（2013）『知的障害者と自立──青年期・成人期におけるライフコースのために』生活書院

高松鶴吉（1990）『療育とはなにか──障害の改善と地域化への課題』ぶどう社：10

田中智子（2017）「障害者ケアから照射するケアラー女性の貧困」松本伊智朗編『子どもの貧困を問い直す──家族・ジェンダーの視点から』法律文化社

Team18（2018）『18トリソミーの子どもたち』水曜社

横塚晃一（2007）『母よ！殺すな』生活書院

吉田三千代（2002）『ちょっと青空：聞き書き』共同文化社

コラム 4

ヤングケアラー

　「ヤングケアラー」と聞いて、どんなイメージが思い浮かぶだろうか？　「ケアラー」とは、慢性的な病気や障害、高齢などの理由で、看護や介護や見守りを必要とする人を無償でケアする人のこと。それに「ヤング」がつくと、18歳未満で、家族の世話をしている子どもや若者を指す。家族の誰かが何らかのサポートを必要とし、それを支える人手が充分にない時には、小中学生や高校生にあたる年齢の子どもであっても、本来であれば大人が担うような責任を負い、家族の世話や家事をすることになる。

　子どもや若者が行っているケアの内容は、ケアを要する人の状況や家族構成によって変わるが、ひとり親家庭でその親が病気である時などには、子どもは重い役割を引き受ける傾向にあると言われている。1980年代末からヤングケアラーに関する調査が行われ、世界に先駆けてその支援を構築してきたイギリスでは、ケアの内容をいくつかのタイプに分け、ヤングケアラーの状況を測定することが多い。たとえば、支援現場で広く使われているアセスメントシートでは、ケアの種類は以下のように分類されている。

①家事
　　食事の用意や後片付け、洗濯、掃除など、家の中で行う日常的な家事
②家庭の管理
　　買い物、家の修理仕事、重いものを持ちあげるなど、家のことをまわしていくために、家の外に出たり外部と交渉したり体力を使ったりする仕事
③金銭面・実用面の管理
　　請求書の処理、給付の受け取り、銀行でのお金の出し入れ、アルバイトで働く、家族や親族のために通訳をするなど
④身の回りのケア
　　ケアを要する人の衣服の脱ぎ着や入浴・トイレの介助、移動介助、薬を飲ませるなど
⑤感情面のケア
　　ケアを要する人のそばにいる、見守る、元気づける、話し相手になる、散歩や親戚や友達に会うために外に連れ出すなど
⑥きょうだいの世話
　　自分一人で、あるいは親と一緒に、きょうだいの世話をする

　イギリスのヤングケアラー支援団体では、サービス利用の申し込みがあると、まずは学校で子どもと会って1対1で話を聞き、さらにその子どもの家を訪ねて家族と面接をする。このようにして、

子どもたちが、どんなタイプのケアをどれぐらいの頻度で担い、どんな影響が出ているのかを把握し、どんなサポートを提供するかを決定するのである。

　子どもたちは、ケアに多くの時間と意識を注ぐことを通して、年齢の割に高い生活能力を身につける、マルチタスクをこなせる、聞き上手である、忍耐強い、病気や障害についての理解が深い、思いやりがある、といったプラスの影響を受ける。一方で、子どもが不適切なレベルのケアを長期間にわたって担う時には、マイナスの影響が出てきてしまうこともある。学校を欠席・遅刻しがち、宿題や課題が期日に間に合わない、忘れ物が多い、良い成績が取れない、友達づきあいや部活や趣味などに時間を使えない、理解してくれる人がまわりに少なく感情的にも身体的にも疲れている、自分の健康や進路は後回しにしてしまう……などの影響である。特に、子どもが何の支援を受けることもなく、年齢に合わないケアを2年以上続けた場合、こうした影響はより深刻になるとされている。

　日本では、高齢の祖父母をケアする孫という立場のヤングケアラーの話もしばしば聞かれるが、一般に、子どもがケアする相手として圧倒的に多いのは、母ときょうだいである。きょうだいは、幼いという理由でケアを必要とすることが多い。母親は、がんなどの病気や身体障害という場合もあるが、精神疾患を持っているなどの理由で子どもがケアをするこ

とも少なくない。体調の悪い時には、母親は起きてくることもできない。子どもは自分で食べるものを探して食べたり、きょうだいを食べさせたり、着るものを探して着たり、きょうだいに着せたりする。学校で必要なものをそろえられずに、「忘れ物」になってしまうこともある。

　子どもが家族の世話をするということは、日本では「美談」とみなされがちである。しかし、イギリスなどでは、子どもが年齢に合わない過度な負担を背負い、自分自身の人生を生きられなくなってしまう状況は、子どもの権利や児童保護、要支援、といった文脈で捉えられる。ケアを担う子どもの負担や不安を少しでも減らすために、ヤングケアラーがケアについても話ができるような環境を作り、丁寧にその子どもの話を聞くこと、そして何ができるかを一緒に考え、その実現に向けてサポートする仕組みを作っていくことが望まれる。

　　　　　　　　　　　　（澁谷智子）

■文献

澁谷智子（2018）『ヤングケアラー──介護を担う子ども・若者の現実』中公新書

澁谷智子編（2020）『ヤングケアラー　わたしの語り──子どもや若者が経験した家族のケア・介護』生活書院

第10章

子ども虐待──予防・発見から介入・支援

川松　亮

1　子ども虐待の定義と現状

（1）子ども虐待対応の理念と定義

　子ども虐待は、その子どもの心身を傷つけるだけではなく、子どもの心身の成長に影響を残し、将来にわたる不利をももたらす恐れがあるものである。このような子ども虐待は、子どもに対する人権侵害行為であると考えられる。わが国の子ども虐待対応の基本法である「児童虐待の防止等に関する法律」（以下、「児童虐待防止法」）第1条には、まさしくそのことが触れられている。そしてさらには、将来の世代の育成にも影響を及ぼす懸念があると述べられている。子ども虐待対応は子どもの権利を守るための取り組みであり、社会全体の問題として考えなければならないことが同法第1条には謳われているのである。

　わが国における子ども虐待の定義については、同法の第2条に述べられている。すなわち、「保護者がその監護する児童について行う行為」を虐待として定義し、家庭内で保護者が行う行為を「児童虐待」としているのが我が国の特徴である。ただこの「保護者」の概念はやや広い。児童福祉法によると「保護者」とは、「親権を行うもの、未成年後見人その他のもので、<u>児童を現に監護するもの</u>」（下線は筆者）とされている。従って、例えば親権者から親族に養育が委ねられている場合は親族が保護者に当たり、あるいは親権者と内縁関係にある者が保護者に該当する場合もある。

　続けて同法第2条では、子ども虐待として4つの種別を定義している。すなわち、身体的虐待、性的虐待、ネグレクト、心理的虐待の4虐待種別である。このうち、ネグレクトには、「保護者以外の同居人による虐待行

為の放置」が含まれている。これは 2004 年の児童虐待防止法改正時に定義として追加されたもので、これにより家庭内での保護者以外の者による行為についても虐待として対応できるようになったものであり、それをネグレクトとして計上することとされたのである。

また、心理的虐待についても 2004 年の児童虐待防止法改正で定義が拡大され、「児童が同居する家庭における配偶者に対する暴力」が心理的虐待に追加された。父母間（内縁者を含む）の暴力や暴言がある家庭で養育されることは、子どもの心身に緊張と不安を及ぼし、子どもの心身の成長に悪影響を及ぼすものである。このような事例に対しても、子ども虐待として対応ができることとなったのである。

(2) 子ども虐待の現状 ···

国は 1990 年度から子ども虐待の統計を公表し始めた。同年の虐待対応件数は 1,101 件であったが、その後は年々増加し、2018 年度には 15 万 9,838 件となった（図 1）。この増加は、日本の社会における子ども虐待そのものが増えていることを意味するのかどうかについては不明である。市民社会への周知が進み、子ども虐待が発見されて通告されるようになったため、児童相談所の対応件数が増加していると考えられる。つまり、かつて氷山の一角と言われた虐待事例が支援につながるようになったという面では、肯定的な評価もすることができよう。また、近年の虐待対応件数増にはもう一つ理由がある。それを示すのが図 2 である。

図 2 を見るとわかるように、虐待種別の中で、近年対応件数を大きく増加させているのが心理的虐待である。このうちの多くが警察署から通告された事例となっている。警察署が DV に関する対応をした場合に、子どもについては心理的虐待として通告することが近年強化されている。つまり先に述べた虐待の定義の拡大の結果、虐待相談対応件数が大きく増加する要因となったものである。警察署から通告される心理的虐待事例には軽度の事例が多いのが実情であり、その対応に現在の児童相談所が追われているという一面がある。一方で重度の虐待の背景に DV が見られる事例は多く、DV と子ども虐待との関連性に着目し、児童相談所と配偶者暴力相談

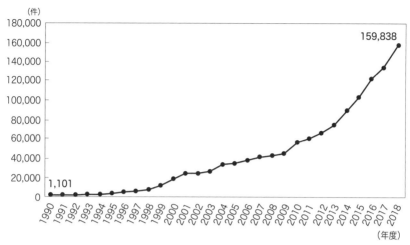

■図1　児童相談所における虐待相談対応件数の推移
（出典）厚生労働省福祉行政報告例各年版から筆者作成

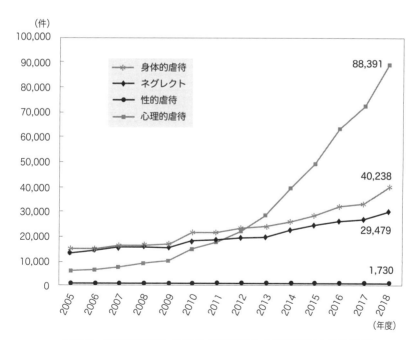

■図2　児童相談所における虐待種別の虐待相談対応件数推移
（出典）厚生労働省福祉行政報告例各年版から筆者作成

支援センターなどそれぞれの対応機関が連携して支援することが求められている。

(1) 児童虐待防止法の制定 ‥‥‥‥‥‥‥‥‥‥‥‥‥‥‥‥

　日本における子ども虐待対応は、1990年代に入ってから対応体制の整備が始まった。先述のように、厚生省（当時）が統計を公表し始めるのが1990年である。また、民間団体における虐待防止の取り組みも開始され、1990年に大阪の児童虐待防止協会、1991年には東京に子どもの虐待防止センターが設立されるなど、各地で活動が展開された。その後、虐待対応件数の増加と虐待による子どもの死亡事例の報道を受けて、児童相談所が法的権限を適切に行使して対応することを求める動きが強まっていった。すなわち、1997年には厚生省（当時）から「児童虐待等に関する児童福祉法の適切な運用について」が発出され、1999年には「子ども虐待対応の手引き」が発出された。こうした動きの結実として、2000年5月に児童虐待防止法が議員立法により成立し公布されたのである。

　同法では、先述のような子ども虐待の定義がなされるとともに、通告の義務や虐待対応における国や地方公共団体の責務、児童相談所における措置等が定められた。こうして、児童福祉法を基本法としながら、特別法としての児童虐待防止法と一体となって対応を進めていく法制度が整備されたのである。日本に先行する欧米諸国の虐待法制度では司法の関与度が高く、子どもの保護の適否を裁判所が判断する制度や、保護者のカウンセリング受講を裁判所が命じる制度などが導入されている。しかし日本の場合は、司法の関与が限定的であるところに特徴がある。当初から児童相談所という行政機関に判断の権限が集中する体制が構築され、やがてその問題点が指摘されるようになっていった。その後の法改正では司法の関与拡大が一つの論点となり、関与を拡大する仕組みが徐々に導入されていくのである。

(2) 児童虐待防止法等の改正の経緯 ・・・・・・・・・・・・・・・・・・・・・・・・・・・・・・・・

　児童虐待防止法は数回の改正を経て、虐待事例への介入の仕組みが強化されていく。まず2004年に、先述のような虐待の定義の拡大や通告義務の範囲の拡大（虐待の疑いがあれば通告を可能とする改正）などが行われた。また、2004年には児童福祉法も改正され、市区町村が虐待通告先として加えられることによって、市区町村と児童相談所との二層制による虐待対応の仕組みが開始された。さらには、地域の虐待防止ネットワークとして市区町村の要保護児童対策地域協議会が法定され、多機関の連携協働による支援体制整備が開始されたのである。家庭裁判所に審判を申立てて施設入所や里親委託の承認を得る条文に、更新の制度が導入されて司法の関与が拡大されたのもこの時である。

　2007年には、児童相談所の立入調査の権限を強化するために、裁判所の許可状を得たうえで臨検・捜索を行う制度の導入を含む児童虐待防止法改正が行われた。これにより、立入調査を拒まれた事例においても、例えば解錠をして立入調査を実施することが可能となった。また、入所措置等が採られた子どもに対する保護者の面会通信の制限や接近禁止命令等も定められた。こうして虐待対応のための児童相談所の権限がより強化されることとなったのである。

　さらに2011年には民法・児童福祉法等の改正が行われ、親権を停止する制度が導入されるなど、かねてから課題となっていた親権制限が強化された。また、親権者との対抗関係においては、児童相談所長による親権代行の規定の整備や、施設長等の監護権の強化が行われた。また、親権者の意に反して2か月以上の一時保護をする場合に児童福祉審議会の意見を聴く制度が導入された。

　2016年の児童福祉法等改正は、児童福祉法の総則に子どもの権利条約の理念を取り込む画期的な改正であったが、児童虐待対応についてもさまざまな改正が盛り込まれている。例えは、市区町村・都道府県・国の役割分担の明確化や、市区町村への子ども家庭総合支援拠点及び子育て世代包括支援センターの設置、市区町村や児童相談所職員の専門性強化などが行われたのである。2017年にも引き続き児童福祉法等改正があり、親権者

子ども虐待

の意に反して一時保護が2か月を超える場合に裁判所の承認を得る制度や、里親委託・施設入所の措置の承認（児童福祉法第28条）の申立てがあった場合に家庭裁判所が都道府県に対して保護者指導を勧告することができる制度など、司法関与の一部拡大が図られた。しかし、司法が一時保護の適否を判断したり保護者の養育状況改善に関与する制度については、さらなる司法関与の拡大を検討すべきであろう。

　続けて2019年の児童虐待防止法改正では、親権者は子どものしつけに際して体罰を加えてはならないという規定が設けられ、体罰を肯定的に捉える保護者に対応するうえで画期的な改正となった。今後は、「たたいたり、どなったり」するのではない子育ての方法を合わせて周知して、子育て支援の場でも活用していくことが求められている。また、民法には親権の一つとして「懲戒権」が未だに残存しており、2019年児童福祉法改正ではその附則として懲戒権のあり方について検討することが示された。今後はその削除を求め、しつけと称した体罰や虐待をなくしていくことが必要である。

3　子ども虐待発見からの介入の仕組み

(1) 発見・通告 ・・

　虐待を受けている子どもは、自ら訴えることができないものである。自分が訴えることで家族を困らせてしまうのではないか、あるいは自分が悪いからこうなっているのではないかと思っている場合もある。どこにでもあるあたりまえのことと誤解して我慢している場合もあるだろう。子どもの周りの者が子どもの様子から虐待リスクに気づき、相談につながない限り、子どもが救われないことが多いのである。

　児童虐待防止法第5条では、「児童の福祉に職務上関係のある者は、児童虐待を発見しやすい立場にあることを自覚し、児童虐待の早期発見に努めなければならない。」（同条第1項）と定め、職務上関係のある者の例示として、学校・児童福祉施設・病院・警察その他及びそこで働く専門職員等をあげている。子どもにかかわる人たちがまずは気づくことが必要であ

り、子どもに寄り添って気持ちを聴き取り支援につなげることが求められている。

またこれらの職員は、「正当な理由がなく、その職務に関して知り得た児童虐待を受けたと思われる児童に関する秘密を漏らしてはならない。」（同条第3項）。これは2019年に発生した虐待死亡事例で、子どもが虐待を訴えて書いたアンケートを学校・教育委員会が保護者に見せたことが問題とされ、その反省から盛り込まれたものである。なお、これらの職員は、「国及び地方公共団体の施策に協力するよう努めなければならない。」（同条第2項）とされ、また「守秘義務に関する法律の規定は、第2項の規定による国及び地方公共団体の施策に協力するように努める義務の遵守を妨げるものと解釈してはならない。」（同条第4項）とされ、関係機関の間での情報共有を推進している。

虐待通告の義務はすべての国民に課されている。すなわち児童虐待防止法第6条では、「児童虐待を<u>受けたと思われる</u>児童を発見した者は、速やかに、……（中略）市町村、都道府県の設置する福祉事務所若しくは児童相談所に通告しなければならない。」（下線は筆者）とされている。虐待かどうか確信が持てないことを理由として、通告を躊躇することが散見されている。そのため同法では、「受けたと思われる」場合に、疑いでもよいので通告を求めることで、通告を促進しようとしているのである。通告する人が虐待かどうかの判断をする必要はなく、それを行うのは専門機関である市区町村や児童相談所である。通告することはゴールではなく、そこから関係機関がかかわって支援を開始することにつながる。養育状況に心配があり、子どもの安全・安心な生活に懸念があれば、社会として介入して、養育状況の改善を求める取り組みを行うことが大切なのである。

なお、「当該通告を受けた市町村、都道府県の設置する福祉事務所又は児童相談所の所長、所員その他の職員及び当該通告を仲介した児童委員は、その職務上知り得た事項であって当該通告をした者を特定させるものを漏らしてはならない。」（児童虐待防止法第7条）と定められており、市区町村や児童相談所は通告をした者がだれであるのかを秘匿しなければならない。

子ども虐待

（2）通告受理後の介入的対応 ･･････････････････････････････････

　市区町村や児童相談所は、虐待通告を受理すると、得られた情報を基に緊急受理会議を開いて、その後の調査方針を決める。そして、速やかに子どもの安全確認を行うことが求められている（児童虐待防止法第8条）。この安全確認については、市区町村または児童相談所職員が直接か、または市区町村や児童相談所から依頼を受けた者が、子どもに直接会って目視することが原則とされている。そしてこの安全確認を所定時間内に実施することとされており、おおむね48時間以内に行うことが望ましいと厚生労働省から示されている（市町村子ども家庭支援指針及び児童相談所運営指針）。

　児童相談所は調査の過程において、子どもの安全を確保するために一時保護が必要と判断した場合、保護者の意向に関わりなく児童相談所長の判断で子どもを一時保護する権限を有している。この児童相談所による行政処分の権限は強いものであるが、児童福祉法では一時保護の目的として、「児童の安全を迅速に確保し適切な保護を図るため、又は児童の心身の状況、その置かれている環境その他の状況を把握するため」と定めており、その必要がある場合に児童相談所長が一時保護を決定することができる。一時保護はこのように、子どもの安全確保と子どもの状況のアセスメントを目的としてなされる。なお、市区町村が通告を受理して対応したのち一時保護が必要と判断した場合には、その事例を児童相談所に送致または通知することとされている（児童虐待防止法第8条）。2018年度に全国の児童相談所が対応した虐待相談件数15万9,838件のうち、一時保護された件数は2万4,864件（全虐待相談対応件数の15.6%）である（厚生労働省2018年度福祉行政報告例）。

　上記の安全確認において、子どもに会えないまたは会うことを保護者が拒否した場合には、児童相談所は「児童の住所又は居所に立ち入り、必要な調査又は質問」（児童虐待防止法第9条）を実施することができる。これが立入調査である。しかし施錠されている場合には、解錠してまで立入調査を行うことができず、そのために重大な事態に至った事例があった。そこで児童虐待防止法が改正されて、臨検・捜索の制度が導入されたのである。立入調査や臨検・捜索は警察署に援助要請をして（児童虐待防止法第

10条）実施されるのが通常である。2018年度における全国の児童相談所の実施件数は、立入調査が68件、臨検・捜索が6件となっている（厚生労働省2018年度福祉行政報告例）。

以上のように介入的な対応を児童相談所は求められており、児童相談所が持つ権限の行使を迅速的確に判断して、実行に移す必要がある。そのためには高度な専門性が要求される。そこで、児童相談所内に虐待対応専門の部門を設置したり、弁護士の配置や警察署との連携協働を図るなどしている。こうした対応を行うためには、従来の児童相談所が行ってきたような、子どもの問題に関する任意の相談を受けて支援する取り組みとは異なる手法が必要となる。児童相談所ではその相違にとまどい混乱しているのが実情である。そこで、こうした虐待相談における介入的な対応を組織的に分離することも、今後は検討すべき方向性であると考えられる。

ところで、児童相談所が虐待相談対応したのち、一時保護されるのは前述のような割合であるが、一時保護後に家庭に復帰できず里親委託または施設入所する事例は、全虐待相談対応件数の約2.9％（厚生労働省2018年度福祉行政報告例から計算）である。ほとんどの事例は地域において在宅で生活している。したがって、地域で丁寧にかかわり支援をすることが大切となるのである。

4 多機関協働による対応の仕組み

（1）要保護児童対策地域協議会の設置 ‥‥‥‥‥‥‥‥‥‥‥‥‥‥

子ども虐待が起こる背景には、その家庭の生活上の困難が垣間見えることが多い。保護者の就労が安定しなかったり、経済的な困窮を抱えている場合があり、そのような中で保護者が精神的に不安定であったり、子どもや保護者が病気や障害を抱えながらケアを受けられずにいる場合もある。父母の関係が不安定であったり、DVが見られることや、内縁関係など家族関係の変化が多い場合もある。海外にルーツのある家族が言葉の壁などのために支援につながっていないことも見られる。さらには、サポートをしてもらえる身近な関係者がいなかったり、支援サービスにつながってい

なかったりして孤立しており、そのことが困難をさらに深めている場合もある。こうした困難を複数抱え、「複合的な不利」といえる状況にある家庭が多いのが実情である（松本 2013）。

　子ども虐待を防ぐためには、上記のような家庭の困難を一つ一つ解消するための支援が必要である。こうした支援は、一人の支援者や一つの支援機関だけでは十分に行うことができない。地域の多様な支援者や支援機関がかかわって、それぞれの機能を持ち寄り、家族を支えていくことが必要となる。合わせて支援の方向性を合わせるために調整することも必要となる。そこで求められるのが地域ネットワークによる支援である。

　各市区町村には要保護児童対策地域協議会（以下、要対協）が設置されており、支援が必要な家庭の情報を共有し、支援内容を検討している。この要対協に参加する機関とその所属職員には守秘義務が課されており、そのために家族に関する情報を交換することが可能となっている。また、要対協をコーディネートする役割として、市区町村に調整機関が置かれている。

　要対協の会議運営方法は市区町村によって異なるが、おおむね三層の構造で運営されている。関係する各機関の所属長によって構成される代表者会議、実務の中心を担う職員によって構成される実務者会議、個々の事例の担当者が集まって検討しあう個別ケース検討会議の三層である。実務者会議では自治体内の支援事例全ての進行管理が行われ、個別ケース検討会議では個々の事例の具体的な支援のあり方を検討している。

（2）多機関協働の課題

　地域における連携協働は仕組みがあればうまくいくというものではない。連携協働を実のあるものにするために関係者の努力が求められる。まずはそれぞれの支援者や機関が、その子どもや家族に対して何ができるのかを考えて取り組んでいるかどうかが大切となる。他の機関に任せたり委ねたりすることで、機関同士のはざまに落ち込んでしまい、状況が悪化してしまう事例が生じないようにしなければならないのである。

　支援者同士、多機関同士が協働するためには、それぞれの取り組みを重

ね合うことが必要となる。同行訪問、同席での面接など、行動を共にすることで、それぞれの機関が何を支援可能なのかが当事者に伝わりやすく、機関同士も足並みをそろえやすくなる。それぞれの取り組みののりしろを作り、重ね合うのである。

　また支援の理念を共有することも必要である。そのためには個別ケース検討会議を適切なタイミングで行っていることや、共通するアセスメントツールを用いて子どもや家族の状況がどうなっているのかを判断することが大切になる。機関同士がお互いの機能と限界をよく理解し合うことも大切であり、お互いの組織の相違を認識しあった上で重ね合う支援が求められる。役割分担を強調すると支援が細切れになってしまう恐れがある。まずは多機関で子どもと家族の置かれた状況の理解を深め、必要な支援を検討して協働することが必要となる。

　家族の機能は地域で様々に補完することができる。家族だけで苦労しなくてよいように、地域の支援につなげることが大切となる。地域の支援サービスは実際には不足していたり、使いにくかったり、アクセスしにくい場合もある。サービス利用のための費用が壁になることもある。必要な支援情報が必要な人に届いていないことも意外と多い。地域に必要なサービスを創出するためのソーシャルアクションや支援資源にアクセスしやすい周知方法の工夫など、地域で取り組むべき課題は多い。

5　虐待予防と支援の課題

(1) 子ども虐待の予防

　前述のように虐待は様々な背景をもって生じてくる。養育の困難が深まり虐待と認識できる状況となれば、子どもは傷つき家族も傷つく結果となる。そうならないうちに、養育に困難をきたす前に予防し、虐待に至らないようにすることが何よりも大切である。これからは虐待予防に重点を置き、支援体制を整備する必要がある。

　市区町村には、すべての親子を対象とした子育て支援のサービスがさまざまに用意されている。こうした施策が充実し、誰もが利用しやすければ、

第10章

子ども虐待

養育に困難を抱える前にそれを予防できる。すべての親子を対象とした子育て支援の場で、養育上のリスクに気づかれて手厚い支援を受けることが求められる。

　こうした支援サービスの中でもとりわけ重要なのは、妊娠期から周産期にかけての支援である。妊娠の届け出時や妊婦健康診査などの際に、養育上のリスクを抱える可能性がないかどうかを発見し、リスクがあればそれを軽減するための支援につなげなければならない。ここでは主として母子保健事業と医療におけるかかわりが重要となる。妊娠の届け出をしない事例や妊婦健康診査を受診しない事例などが特にリスクが高いのであるが、そうした事例では妊娠に悩みを抱えながら相談できずにいる場合がある。「にんしんSOS」などの相談の場を拡充し、その情報を周知して、相談につながりやすくすることが必要である。

　出産後は、乳児家庭全戸訪問事業（こんにちは赤ちゃん事業）、乳幼児健康診査などが、養育上のリスクに気づける場となる。ここでも母子保健事業が予防に果たす役割が大きい。養育に行き詰まりがある場合には、家庭を訪れて家事育児をともにしながら保護者の話を傾聴できるような取り組みが効果的である。そのため、養育支援訪問事業を市区町村が充実させることが必要である。あるいは地域の子育て支援の場に参加する中で、養育の困難に気づかれ支援につながることもある。こうした地域子育て支援拠点事業も、気軽に立ち寄れる場として重要な役割を果たしている。必要な場合に子育て短期支援事業（ショートステイ・トワイライトステイ事業）や一時預かり事業（一時保育）を利用することも、親子の行き詰まりを解消する効果が大きい。これらの多様な支援を基礎自治体である市区町村が拡充すること、そしてそれらを利用しやすくすることが必要になる。

　子ども虐待を予防するためには、親子を取り巻く周りの人々や地域の支援機関、あるいは子どもの所属機関（保育所や学校等）が、養育上のリスクに気づけることが大切である。気づくためのポイントを整理して関係機関職員に周知することや、そのための研修の実施などに市区町村が取り組むことも大切となる。

（2）子どもと保護者への支援 ・・・・・・・・・・・・・・・・・・・・・・・・・・・・・・・・・・・

　日本における虐待対応は、児童相談所の介入機能の強化を中心に進められてきた。しかしそれだけでは虐待対応の一部分にすぎず、前述した予防と共に、虐待からの回復を図るための支援を充実させなければならない。

　虐待を受けた子どもは様々な情緒的・心理的な影響を受ける。それは将来にわたる不利として、子どもの人生にも影響を残す場合がある。したがって、できる限り早く支援につなげて、心理的なケアを受けることが必要となる。現状では性的虐待の発見が少なく、未だに潜在していると考えられる。性的虐待の発見が増加すれば、深刻なトラウマを抱えた子どもへの治療的な支援が大きな課題となってくると予想される。児童相談所や医療機関などが協力して、支援者の養成と支援手法の習熟を進める必要がある。

　保護者に対する支援も欠かせない。里親委託又は施設入所をした事例については、子どもと保護者との親子関係再構築のための支援が行われる（厚生労働省『社会的養護関係施設における親子関係再構築支援ガイドライン』、2014年3月）。その一環として、可能な事例では家庭への復帰に向けて、段階的な交流を進め、親子関係の修復を行う。合わせて、保護者が抱える精神疾患の治療や生活課題の解消など、養育条件を整えるための支援を並行して実施する。この支援は地域の関係機関等が協働で行うことは言うまでもない。保護者の養育姿勢を改善するためのプログラムとして、様々な心理教育の手法が導入され実践されている。どの保護者にも適応できるわけではなく、保護者の生活条件の改善を図りながら、保護者のアセスメントの上で効果的なプログラムを活用することが求められる（厚生労働科学研究『児童相談所における保護者支援のためのプログラム活用ハンドブック』、2014年3月）。

　子どもが在宅している事例や施設入所等から家庭復帰した後のアフターケアについても、親子関係再構築支援の一つとしてとらえ、継続的な寄り添い型の支援が必要である。親子との支援関係を構築しながら、親子の同意と納得を得て、関係機関と協働してかかわることとなる。親子に対しては、支援の結果に対する見通しを持てるような働きかけも大切である。地

171

域のネットワーク会議に親子が参画して、自らの養育の改善計画に関与する取り組みも始められている。そのことによって、自ら改善しようとする意欲が高まるのである。また支援者は、子どもや家族との信頼に基づく相談関係を作る力を高めることが重要となる。

　日本の子ども虐待対応は、これから充実すべき領域が多い。地域の支援者の力を寄せ合い、親子が少しでも前向きな生活を営めるように、粘り強い支援を形作らねばならない。そのためのマンパワーが欧米に比べて非常に少なく、市区町村や児童相談所の体制を強化して、専門職員を増員することも大きな課題である。そのために国による大幅な予算増が求められている。

■文献

川松亮（2019）『ジソウのお仕事』フェミックス

川﨑二三彦（2006）『児童虐待——現場からの提言』岩波新書

厚生労働科学研究（2014）『児童相談所における保護者支援のためのプログラム活用ハンドブック』（2012〜2013年度 厚生労働科学研究「児童虐待事例の家族再統合にあたっての親支援プログラムの開発と運用に関する研究」報告書所収）、2014年3月

厚生労働省『子ども虐待対応の手引き』（2013年8月改正版）

厚生労働省『市町村子ども家庭支援指針』（2020年3月31日改正）

厚生労働省『児童相談所運営指針』（2020年3月31日改正）

厚生労働省（2014）『社会的養護関係施設における親子関係再構築支援ガイドライン』、2014年3月

松本伊智朗編（2013）『子ども虐待と家族——「重なり合う不利」と社会的支援』明石書店

西澤哲（2010）『子ども虐待』講談社現代新書

杉山晴（2013）『ルポ虐待——大阪二児置き去り死事件』ちくま新書

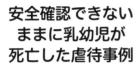

安全確認できない ままに乳幼児が 死亡した虐待事例

1 事例概要

　被虐待児童が出生した医療機関から市の保健センターに相談があり、市の子ども家庭課や児童相談所も関与したが、結果的に当該児童が衰弱死したネグレクト事例。

2 家族構成

　父親（無職）・母親（飲食店勤務）・長男（5歳・所属なし）・長女（2歳・所属なし）の4人家族。長女が衰弱死した。父母は内縁関係。父母ともに実家や親族とは疎遠であり、近隣住民や地域との交流はなかった。

3 相談のきっかけ

　長女が出生した医療機関から市の保健センターへ相談があった。母親は長女を妊娠中に妊婦健診を2回しか受診しておらず、長女は低出生体重児（2,146g）。父母には長男と長女の間にもう1子があったが、同医療機関での飛び込み出産後に、生後3か月で突然死している。母親の入院中に、父親が長男の面倒を見ているとのことだったが、父の来院時に同伴せず姿が確認できない、という内容であった。医療機関は保健センターに、長女の退院後の育児支援を要請した。

4 事例の経過

・医療機関から連絡を受けた市保健センターは、市の子ども家庭課に即日連絡した。当初は長男に対するネグレクトが疑われた。相談を受理した市子ども家庭課は、子どもの状況や家庭状況などの情報を収集し、長男の乳幼児健診受診や予防接種が滞っていることを確認した。

・母子退院翌日に、長男の安全確認と養育環境の確認を主な目的として、保健センターと子ども家庭課の職員が家庭訪問を実施。当日在宅していた父親がドアの外で対応し、職員に対して約1時間にわたり威嚇的・暴力的な言動で子どもへの面接・入室を強く拒否した。父は母に対して怒らなければならない、体で覚えさせなければならないなどとも話した。

・市子ども家庭課は、長男の生存が危ぶまれる重篤なネグレクトの疑いがあり、介入的対応が必要と判断して、事例を児童相談所へ送致した。

・児童相談所が翌日に家庭訪問を実施した。その結果、子ども二人の目視ができ、生活環境についても特に問題と思われる点は見受けられなかったとして、児童相

談所としては今後は母に対する母子保健の関与が必要と判断した。

・以降は、市の要保護児童対策地域協議会・進行管理会議において状況を把握した。支援方針としては、乳幼児健診や予防接種の勧奨など母子保健の機会を捉えた支援的な対応でかかわりを持つこととして，主任児童委員などの地域関係者へ見守りを依頼した。

・しかしその後に子どもの状況が把握できなかったため、市子ども家庭課と保健センターとで家庭訪問を行ったが，不在であったり，父から子どもとの面接を強く拒否されたりした。

・長男及び長女は就学前であるが，幼稚園・保育園等の所属集団がなかったため，外部との接触が確認できない状況が続いた。こうした状態が続く中で、長女（2歳10か月）が救急搬送先の病院で死亡した。餓死であった。また、長男（5歳）は低栄養のため自立歩行困難な状態で保護され入院した。

5　本事例の特徴

本事例は、長男の安否が確認できないことからネグレクトを疑って関係機関が関与を始め、結果的にはより低年齢である長女が死亡した事例である。長男・長女共に所属先がなく、乳幼児健診も未受診であり、関係機関による直接目視による安全確認ができないままに推移している。父親が示す関係機関への拒否的な態度もあったが、これは子どもに会わせることで虐待が発覚することへの恐れがそうさせたとも考えられる。このように長期にわたって子どもの姿が確認できない事例は、リスクが高いことに注目しなければならない。

家族の背景として、親族と疎遠でインフォーマルな支援者がおらず社会的に孤立していた可能性があり、また、父親が就労しておらず母親のみが稼働していたが、経済的な困難を抱えていた可能性もある。子どもたちの養育を誰が主になって行っていたのか、それが適切に行われていたのかの把握がなされないままであった。

さらに本事例の背景として、母親へのDVをうかがわせる父親の発言があり、その点に十分留意してアセスメントする必要があった。父親からのDVのために父母の間に支配の関係が生じ、そのために母親は抵抗ができない状態に置かれ、結果として子どもを守ることができなくなってしまう。また父親から支配される中で、母親は支援者から距離を置くようにもなってしまう。子ども虐待の背景にあるこうしたDVによる家庭内での支配関係を、見逃さずに把握することが必要となる。

本事例では、児童相談所が家庭訪問して現認した結果、問題は見られないとした判断が関係機関に共有されてその後も維持されている。そのために関係機関の介入的な関与が行われないままに最悪

の結果となってしまった。1回の家庭訪問による安全確認だけで判断するのではなく、様々な情報を総合して判断をすることや、継続した状況把握により絶えずアセスメントを見直すことが大切であることをあらためて認識させられた事例であった。

(川松　亮)

■文献
千葉県社会福祉審議会（2013）『児童虐待死亡ゼロに向けて〜平成23年度における児童虐待死亡事例の検証について（第3次答申）〜』

第11章

社会的養護──子どもを育てる社会の責任

新藤こずえ

1 社会的養護とは

(1) 社会的養護の基本理念と原理 ‥‥‥‥‥‥‥‥‥‥‥‥‥‥‥

　子どもを育てる責任は誰にあるのだろうか。子どもの権利条約（第18条）や児童福祉法（第2条）において、子どもを育てる責任は、まずその父母にあることが原則であり、子どもの養育や発達についての第一義的責任を有することとされている。しかし、現実にはさまざまな事情によって父母とともに生活することが難しい子どもたちがいる。そういった子どもたちに対する社会の責任を具現化したものが社会的養護である。

　児童福祉法では「保護者のない児童又は保護者に監護させることが不適当であると認められる児童」（第6条）を「要保護児童」と定め、こうした児童を公的責任で社会的に養育し、保護するとともに、養育に困難を抱える家庭への支援を行うことを「社会的養護」としている。社会的養護は、子どもの最善の利益を優先し、社会全体で子どもを心身ともに健やかに育成することを理念として行われている。

(2) 社会的養護の概況 ‥‥‥‥‥‥‥‥‥‥‥‥‥‥‥‥‥‥‥‥‥

　広義の社会的養護には、在宅の家庭に対して行う家庭支援型の相談支援（たとえば保健所や児童家庭支援センターによるもの）や、一時的な親子分離を伴うショートステイやトワイライトステイなどの家庭補完型の社会的養護も含むが、狭義では、家庭代替型の児童養護施設や乳児院などの施設養護、里親やファミリーホームなどの家庭養護の2つがある（表1）。

　2020年度の全国の児童相談所における児童虐待に関する相談対応件数

■表1　社会的養護の概況

●施設養護

施設	乳児院	児童養護施設	児童心理治療施設	児童自立支援施設	母子生活支援施設	自立援助ホーム
対象児童	乳児（特に必要な場合は、幼児を含む）	保護者のない児童、虐待されている児童その他環境上養護を要する児童（特に必要な場合は、乳児を含む）	家庭環境、学校における交友関係その他の環境上の理由により社会生活への適応が困難となった児童	不良行為をなし、又はなすおそれのある児童及び家庭環境その他の環境上の理由により生活指導等を要する児童	配偶者のない女子又はこれに準ずる事情にある女子及びその者の監護すべき児童	義務教育を終了した児童であって、児童養護施設等を退所した児童等
施設数	140か所	605か所	50か所	58か所	226か所	176か所
定員	3,857人	31,826人	1,985人	3,609人	4,672世帯	1,148人
現員	2,678人	24,908人	1,366人	1,226人	3,735世帯 児童6,333人	643人
職員総数	5,048人	18,869人	1,384人	1,815人	2,084人	858人

小規模グループケア	1,790か所
地域小規模児童養護施設	423か所

●家庭養護

里親	家庭における養育を里親に委託		登録里親数	委託里親数	委託児童数
			12,315世帯	4,379世帯	5,556人
	区分（里親は重複登録有り）	養育里親	10,136世帯	3,441世帯	4,235人
		専門里親	702世帯	193世帯	223人
		養子縁組里親	4,238世帯	317世帯	321人
		親族里親	588世帯	558世帯	777人

ファミリーホーム	養育者の住居において家庭養護を行う（定員5〜6名）
ホーム数	372か所
委託児童数	1,548人

※里親数、FHホーム数、委託児童数、乳児院・児童養護施設・児童心理治療施設・母子生活支援施設の施設数・定員・現員は福祉行政報告例（平成31年3月末現在）
※児童自立支援施設・自立援助ホームの施設数・定員・現員、小規模グループケア、地域小規模児童養護施設のか所数は家庭福祉課調べ（平成30年10月1日現在）
※職員数（自立援助ホームを除く）は、社会福祉施設等調査報告（平成30年10月1日現在）
※自立援助ホームの職員数は家庭福祉課調べ（平成31年3月1日現在）
※児童自立支援施設は、国立2施設を含む

（出典）厚生労働省（2020）「里親数、施設数、児童数等」『社会的養育の推進に向けて』をもとに作成

は 20 万件を超え、児童虐待防止法施行前の 1999 年度に比べ、約 18 倍に増加している。近年では保護者による虐待によって要保護児童となるケースが多い。要保護児童のなかで、里親に委託されている子どものうち約 4 割、乳児院に入所している子どものうち約 4 割、児童養護施設に入所している子どものうち約 6.5 割は虐待を受けている。児童福祉法が制定された戦後しばらくの間は、要保護児童となる理由は「父母の行方不明」や「父母の離婚」「父母の死亡」が主であったが、近年は虐待のほか、保護者の精神疾患、経済的理由など、親はいるけれども家庭環境上、適切な養育が受けられない子どもが中心となっている。しかし、要保護児童数自体は、1999 年から 2019 年 3 月末の間、約 4 万 1,000 人から 4 万 5,000 人を推移しており、児童相談所における相談件数の急増と連動しているとはいえない。

　ホスピタリズム [1] 論争や子どもの権利条約などの国際的な潮流を背景に、政府は要保護児童の養護の場を施設から家庭養育優先へと方向転換をすすめている。要保護児童数は、過去 10 年で、里親等委託児童数は約 2 倍、児童養護施設の入所児童数は約 2 割減、乳児院が約 1 割減となっている。

2　社会的養護にかかわる施設等

　子どもを社会的養護の対象として児童養護施設等の入所施設への措置、里親等への委託をするのは児童相談所である。児童相談所が行う援助については第 4 章、第 10 章を参照されたい。

(1) 施設養護 ••
①乳児院
　乳児院は、乳児（保健上、安定した生活環境の確保その他の理由により特に必要のある場合には、幼児を含む）を入院させて、これを養育し、あわせて退院した者について相談その他の援助を行うことを目的とする施設である（児童福祉法第 37 条）。全国乳児院入所状況実態調査によると、2017 年度新規入所児童のうち、心身の状況が「健全」であるのは 47.0％で、「病

児・虚弱児」は50.5％、「障害児」は2.4％と、「健全」ではない乳幼児が半数を超えている。乳児院では病虚弱児、被虐待児などが増加するなかで、医療的ケアにとどまらず、身体面、心理面、社会面と多様なケアニーズを抱える子どもの支援を行っている。また、保育士・看護師など多職種の連携により、乳幼児への専門的な養育と愛着形成を図るとともに家族のさまざまな相談支援にあたり親子関係の再構築や里親養育を支援するなど、家庭養育に向けたファミリーソーシャルワークに取り組んでいる。

②児童養護施設

児童養護施設は、保護者のない児童（乳児を除く。ただし、安定した生活環境の確保その他の理由により特に必要のある場合には、乳児を含む）、虐待されている児童その他環境上養護を要する児童を入所させて、これを養護し、あわせて退所した者に対する相談その他の自立のための援助を行うことを目的とする施設である（児童福祉法第41条）。

「児童福祉施設の設備及び運営に関する基準」では、児童養護施設における「養護」とは、児童に対して安定した生活環境を整えるとともに、生活指導、学習指導、職業指導及び家庭環境の調整を行いつつ児童を養育することにより、児童の心身の健やかな成長とその自立を支援することと示されている。

児童養護施設は子どもが生活するユニットの大きさによって大舎（20人以上）、中舎（13〜19人）、小舎（12人以下）があり、どの規模で支援を行っているのかは施設によってさまざまである。また、良好な家庭的環境のなかで子どもを養育することを目的とし、本体施設の支援の下で地域の民間住宅などを活用して家庭的養護を行う地域小規模児童養護施設（グループホーム）や、小規模なグループで家庭的養護を行う小規模グループケアがある。小規模グループケアには、本体施設の敷地内で行うものと、敷地外においてグループホームとして行うもの（分園型小規模グループケア）がある。

③児童心理治療施設

　児童心理治療施設は、家庭環境、学校における交友関係その他の環境上の理由により社会生活への適応が困難となった児童を、短期間入所させ、又は保護者の下から通わせて、社会生活に適応するために必要な心理に関する治療及び生活指導を主として行い、あわせて退所した者について相談その他の援助を行うことを目的とする施設である（児童福祉法第43条の2）。2016年の児童福祉法改正により情緒障害児短期治療施設から名称変更した。

　対象児が抱える課題の例としては、場面緘黙、チック、不登校、集団不適応、多動性障害や広汎性発達障害などがあり、保護者を含めたケアとして、虐待を受けた児童、保護者及び家族全体を対象とした心理療法である家族療法を実施している。

④児童自立支援施設

　児童自立支援施設は、不良行為をなし、又はなすおそれのある児童及び家庭環境その他の環境上の理由により生活指導等を要する児童を入所させ、又は保護者の下から通わせて、個々の児童の状況に応じて必要な指導を行い、その自立を支援し、あわせて退所した者について相談その他の援助を行うことを目的とする施設である（児童福祉法第44条）。

　対象児が抱える課題の例としては、窃盗、浮浪・家出等の問題、性非行などがあげられる。しかし、児童自立支援施設の入所児童の64.5％は被虐待経験があり、加害性のある行為の背景には、こうした被虐待経験があることも少なくない。児童自立支援施設は、伝統的なケア形態として、家庭的養護の象徴ともいえる実夫婦とその家族が住み込んで子どもの支援を行う小舎夫婦制や、職員が交代で勤務する小舎交代制という支援形態で展開してきた施設である。

⑤母子生活支援施設

　母子生活支援施設は、配偶者のない女子又はこれに準ずる事情にある女子及びその者の監護すべき児童を入所させて、これらの者を保護するとと

もに、これらの者の自立の促進のためにその生活を支援し、あわせて退所した者について相談その他の援助を行うことを目的とする施設である（児童福祉法第38条）。

入居者が抱える課題の例としては、経済的困窮、ドメスティック・バイオレンス（DV）などがある。母子ともに入所することができる施設であり、入所世帯の母親は就業している場合もあれば、身体的・精神的障害があるために不就業の場合もある。また近年、母が外国人である割合が増加している。

⑥児童自立生活援助事業（自立援助ホーム）

児童自立生活援助事業は、義務教育終了後、児童養護施設、児童自立支援施設等を退所、あるいはなんらかの理由で家庭にいられないために就職する原則として15歳から20歳まで（状況によって22歳まで）の児童等に対し、共同生活を営むべき住居（自立援助ホーム）において、相談その他の日常生活上の援助及び生活指導並びに就業の支援を行い、あわせて援助の実施を解除された者への相談その他の援助を行うことにより、社会的自立の促進に寄与することを目的としている（児童福祉法第6条の3）。

つまり、働かざるを得なくなった子どもたちの暮らしの場となる施設であるが、今日、全国の中学卒業後の高等学校等への進学率が97％を超えている状況のなかで、義務教育を終了後すぐの就職は困難である。近年では自立援助ホームで生活しながら高校や大学等に進学する子どもも少なくない。従来から自立援助ホームが行ってきた就業の支援にとどまらず、多様な課題を抱えた子どもたちへの支援を行っている。

(2) 家庭養護

①里親

里親制度は、家庭的な環境の下で子どもの愛着関係を形成し、養護を行うことができる制度である。児童福祉法第27条第1項第3号の規定にもとづき、児童相談所が要保護児童の養育を委託する制度であり、養育里親（専門里親含む）、養子縁組里親、親族里親がある（表2）。その他、自治体

によって新生児里親、週末里親等の制度を設けているところがある。

2016年の児童福祉法改正により、社会的養護では施設よりも、里親委託を優先して検討することが明記された。里親委託は、次のような効果が期待できるとされている。（a）特定の大人との愛着関係の下で養育され、安心感の中で自己肯定感を育み、基本的信頼感を獲得できる（b）適切な家庭生活を体験する中で、家族のありようを学び、将来、家庭生活を築く上でのモデルにできる（c）家庭生活の中で人との適切な関係の取り方を学んだり、地域社会の中で社会性を養うとともに、豊かな生活経験を通じて生活技術を獲得できる。

なお、2017年度から、里親の新規開拓から委託児童の自立支援までの一貫した里親支援を都道府県（児童相談所）の業務として位置付けるとともに、養子縁組里親を法定化し、研修を義務化した。里親等委託率は、2009年度の10.5％から、2019年度には20.5％に上昇しているものの、都道府県市別の里親等委託率の差をみてみると、最小の熊本市（10.8％）と最大の新潟市（55.9％）では5倍以上の差があり、次節で述べるフォスタリングが課題となっている。

■表2　里親の種類

種類	養育里親		養子縁組里親	親族里親
		専門里親		
対象児童	要保護児童	次に挙げる要保護児童のうち、都道府県知事がその養育に関し特に支援が必要と認めたもの　①児童虐待等の行為により心身に有害な影響を受けた児童　②非行等の問題を有する児童　③身体障害、知的障害又は精神障害がある児童	要保護児童	次の要件に該当する要保護児童　①当該親族里親に扶養義務のある児童　②児童の両親その他当該児童を現に監護する者が死亡、行方不明、拘禁、入院等の状態となったことにより、これらの者により、養育が期待できないこと

（出典）厚生労働省（2020）「里親制度の概要」『社会的養育の推進に向けて』をもとに作成

②小規模住居型児童養育事業（ファミリーホーム）

　小規模住居型児童養育事業（ファミリーホーム）は、養育者の家庭に児童を迎え入れて養育を行う家庭養護の一環として、要保護児童（保護者のない児童又は保護者に監護させることが不適当であると認められる児童）に対し、この事業を行う住居において、児童間の相互作用を活かしつつ、児童の自主性を尊重し、基本的な生活習慣を確立するとともに、豊かな人間性及び社会性を養い、児童の自立を支援するものである（児童福祉法第6条の3第8項）。

　個人型ファミリーホームと法人型ファミリーホームがあり、個人型の中には里親が養育者となっている里親型ファミリーホームもある。法人型は社会福祉法人やNPO法人などが設置したものである。

3　社会的養護につながる子どもの状況と家族の課題

　ここでは、「児童養護施設入所児童等調査の概要（2018年2月1日現在）」を手がかりに、社会的養護につながる子どもの状況と家族の課題について理解を深める。

　子どもが児童養護施設等にいたる養護問題発生理由のうち、一般的に「虐待」とされる項目（「放任・怠だ」「虐待・酷使」「棄児」「養育拒否」）を合計すると、児童養護施設は45.2%、児童心理治療施設は39.6%、乳児院は32.6%、里親は全体の39.3%、ファミリーホームは43.4%、自立援助ホームは45.5%を占めており、「虐待」が社会的養護につながる大きな理由になっていることがわかる。ちなみに児童自立支援施設は「児童の問題による監護困難」が68.2%を占めており、「虐待」を理由とする入所は19.4%である。しかし、児童自立支援施設では64.5%の子どもに被虐待経験があったことが入所後、明らかにされており、社会的養護につながり、支援を受けるようになってから、子どもが職員に打ち明けることで虐待が判明することも少なくない。なお、「虐待」以外の養護問題発生理由としては、「母の精神疾患等」が乳児院で23.2%、児童養護施設で14.8%となっている。その他「破産等の経済的理由」などがある。一方、父・母・

父母の「死亡」は、乳児院では 0.6％、児童養護施設では 2.5％にとどまっており、ほとんどの子どもに親がいることがわかる。

　また、児童の心身の状況については、知的障害、自閉症スペクトラム、注意欠陥多動性障害（ADHD）、反応性愛着障害などを中心に、何らかの障害や疾患のある子どもは全体 39.4％にのぼっている。施設等の種別ごとにみると、里親では 24.9％、児童養護施設では 36.7％、児童心理治療施設では 84.2％、児童自立支援施設では 61.8％、乳児院では 30.2％、母子生活支援施設では 54.1％、ファミリーホームでは 46.5％、自立援助ホームでは 46.3％となっている。

　社会的養護で暮らす子どもの見通しについて、里親では「自立まで現在の里親家庭で養育」が 68.7％に対し、「保護者のもとへ復帰」は 10.2％にすぎない。児童養護施設では「自立まで現在の児童養護施設で養育」が 58.3％、「保護者のもとへ復帰」は 27.7％となっている。

　この背景には、子どもの親や親族がいたとしても、家族のもとで生活することが子どもにとって望ましいとはいえない状況や、親自体が困難な状況におかれていることが考えられる。たとえば、相対的貧困線以下で生活している子どもが 7 人に 1 人の割合で存在している今日において（第 1 章、第 12 章参照）、そのなかでも母子世帯の約半数が相対的貧困である状況で、子育ての困難はさまざまな形であらわれる。児童虐待に関する研究では、子どもの障害に加えて経済的困難などの複合的な不利を抱えている家庭では、子育ての困難を引き起こすリスクが指摘されている（たとえば松本 2013）。近年みられる、子どもを放置した末の児童虐待死事件は、子育ての困難がネグレクト化したものとしてとらえることもできるのではないだろうか。

4　社会的養護の課題

（1）施設養護から家庭養護への転換 ･･････････････････････････
　日本では社会的養護を必要とする児童の約 9 割が児童養護施設等の施設に入所している現状に対し、欧米主要国ではおおむね半数以上が家庭への

里親委託である。2016年の児童福祉法改正では、児童がより家庭に近い環境で養育されることを推進するため、児童相談所が要保護児童の養育環境を決定する際の考え方を明確化した。特に就学前の児童については家庭と同様の養育環境において養育されるようにするため、乳児院や児童養護施設ではなく、里親や小規模居住型児童養育事業（ファミリーホーム）への措置とすることが明記されており、「家庭と同様の養育環境」の確保が課題となっている。

　さらに、児童福祉法の理念を具体化するため、厚生労働省が設置した「新たな社会的養育の在り方に関する検討会」は「新しい社会的養育ビジョン」（2017年）を取りまとめた。要点としては、①里親への包括的支援体制（フォスタリング機関）の抜本的強化と里親制度改革、②永続的解決（パーマネンシー保障）としての特別養子縁組の推進、③乳幼児の家庭養育原則の徹底と、年限を明確にした取組目標、④子どものニーズに応じた養育の提供と施設の抜本改革、⑤自立支援（リービング・ケア、アフター・ケア）などが実現に向けた具体的な工程とともに示されている。

　フォスタリングとは、里親のリクルート及びアセスメントや登録前・登録後及び委託後における里親に対する研修、子どもと里親家庭のマッチング、里親養育への支援であり、施設養護から家庭養護への転換を図るうえで重要とされている。また、自立支援（リービング・ケア、アフター・ケア）については、従来からその必要性が指摘されてきた。児童福祉法の対象年齢は18歳未満であることから、社会的養護の子どもは原則として18歳で支援が終了するが、支援の必要性の観点ではなく、一定の年齢に達したことで支援が終結することになる。被虐待経験など多くの困難を抱えた子どもへの自立支援が十分に行えないという課題に対応するためには、一部で認められている22歳までの措置延長の対象を拡大することや、地域生活の支援、進路保障も含めた支援が求められている。

(2) 特別養子縁組は社会的養護の永続的解決となるか ‥‥‥‥‥

　「社会的養育ビジョン」では、実親による養育が困難な子どもの養育について、永続的解決（パーマネンシー保障）としての特別養子縁組の推進

が掲げられている。特別養子縁組は、子どもが一般家庭で養育されるという点で、家庭養護の中心である里親と類似しているが、根拠法も目的もまったく異なるものである（表3）。里親はあくまでも児童福祉法にもとづく社会的養護の一形態であり、特別養子縁組は民法にもとづき実方の血族との親族関係が終了する養子縁組である。特別養子は普通養子と異なり、法的に親が単独の親となり養子と永続的かつ安定的な関係を形成する。特別養子縁組は、血のつながりを重んじる日本文化を背景として、生物学上は親子ではないが、法律上だけでも実親子関係をつくりたいという里親の思いからはじまったものである。

　背景には、第一に、「子どもを育てることが難しい親」の存在がある。具体的には、望まない妊娠、望まない出産、未婚の母、0歳での虐待死、社会的養護が必要な子どもの増加、ひとり親（とくに母子世帯）の貧困率の高さ、性交経験の低年齢化が背景にあると考えられる。第二に、「実子がおらず子どもを求める親」の存在がある。昨今の晩婚化、晩産化、非婚化に伴う出生率の低下や、「後継ぎ」がいない夫婦・家族の増加が背景にある。そのため、子どもを育てることが難しい親と、子どもを求める親の相互の利害が一致しているといえる。また、子どもが永続的に家庭で養育されることは、子どもの福祉の観点からみても望ましいという考え方もある。

　一方で、さまざまな事情によって実親に養育されることが困難な子どもたちを公的な責任にもとづいて養育するという社会的養護の主旨に鑑みると、特別養子縁組の推進は、社会的養護すなわち公的な責任を、個人の責任（単独の親）に帰着させるという側面を持っている。したがって、ややもすると子育ての自己責任を強化するリスクもある。そのため特別養子縁組については、親の利害関係ではなく、子どもの福祉を基盤とすることが重要である。推進にあたってはフォスタリング機能の担い手や「子どもを育てることが難しい親」と「子どもを求める親」、何より子どもを中心とした支援も併せて慎重に進める必要があるだろう。たとえば、障害のある子どもが社会的養護となった場合、施設養護が中心で里親等の家庭養護が進んでいないことは従来から指摘されており（日本グループホーム学会

■表3　養子縁組（普通養子・特別養子）と養育里親の比較

		普通養子	特別養子	養育里親
根拠法		民法	民法	児童福祉法
実親	実親の同意	・15歳以上は実親の同意は不要 ・15歳未満の子が養子となる場合は、法定代理人が代わって承諾（民法797）	・実親の同意が必要 ・ただし、父母による虐待、悪意の遺棄の場合には、実父母の同意は不要。（民法817条の6）	「養子縁組」でなく「養育家庭」、里子になる子の親の同意が必要。
	親子関係	実親との親子関係は継続	実親との親子関係は終了。実親との間に発生していた相続権、養育・扶養義務も消滅（民法817の9）	実親との親子関係は継続
養親	年齢	養育者の年齢が成年であること（民法792）※成年擬制は除く。	養育者の年齢が成年であり、一方が25歳以上であること（民法817の4）	申込者の年齢が25歳以上、65歳未満であること
	配偶者	婚姻していなくてもよい。	婚姻していて配偶者がいる人（民法817の3）	一定の条件を満たせば独身者でも可能。特別な資格は必要ない。
	親子関係	養親子関係（戸籍上の扱いは「養子」と表記。養子になった子の続柄の欄には「養子」と記載され、実父母の氏名と、養父母の氏名が記載される）	実親子関係に準じた関係（戸籍上の扱いは「実子」と同じく表記）戸籍謄本にも実親の名前は載らない。	戸籍は別。子は実親の戸籍に入ったままで、単に「委託」なので養育者との戸籍上の親子関係は発生しない。住民票の移動は可能。続柄は「縁故者」または「同居人」となり、児童の年齢が18歳以上で、措置解除となる。
		家庭裁判所にて関係の解消をしない限り、一生親子関係が継続。	原則的に親子関係の解消はできない。一生親子関係が継続。	児童が18歳で養育関係の解除。
子ども	年齢	養子になる人が、養親よりも年上ではないこと	家庭裁判所に対する特別養子縁組の請求のときに原則15歳未満であること。（民法817の5）ただし、15歳以上でも、15歳になる前から養親に養育されている場合は可能（例外）	乳児～18歳未満の児童を「委託」（18歳以上措置解除・延長は20歳まで）
成立条件		当事者の合意と市区町村役場に届け出をすることによって、法律上の親子関係が形成される。	家庭裁判所の審判によって、親子関係が形成され、その後届出。	児童相談所からの委託により養育関係の成立。
氏		変更される	変更される	変更されない
関係の解消		協議離縁が可能。ただし、裁判で離縁が認められるのは、他の一方から悪意で遺棄されたとき。他の一方の生死が3年以上不明のとき。その他、縁組を継続し難い重大な事由があるときなど。	原則として離縁は不可。ただし、裁判所の判断があれば認められる。（養親による虐待や悪意の遺棄など、養子の利益にならない場合、養子の実父母が養子を監護することができる場合）	児童相談所と相談後、養育関係解除。
手当て		なし	なし	養育里親で1人目月々90,000円　2人目以降月々90,000円
一般生活費		なし	なし	一人につき月々60,110円（乳児）52,130円（乳児以外）

（出典）http://child-abuse.main.jp/chigai.html、新保育士養成講座『社会的養護』全国社会福祉協議会を元に加筆作成

2010)、親が育てられない子どもを匿名で預かる「こうのとりのゆりかご」（コラム参照）においても、子どもに障害があることで、養子縁組希望者が見つからず施設入所を継続している事例もみられる（熊本市要保護児童対策地域協議会こうのとりのゆりかご専門部会 2017）。特別養子縁組の推進において、こうした障害のある子どもが養子になりにくい問題すなわち特別養子縁組の「選別性」は、直視しなければならない課題であろう。

（3）子どもたちの進路と社会的養護を離れたあとの支援 ⋯⋯⋯⋯

　社会的養護のもとで生活している子どもたちの進学、就職の状況をみてみると、高校進学率は高くなったが、高校卒業後の進路は一般に比べ進学率は低く、就職が多くなっている。進学希望は年々増加傾向にあるものの、児童養護施設で暮らす高校生は卒業後、62.9％が就職している（厚生労働省子ども家庭局家庭福祉課 2019）。児童養護施設の子どもの進学率は、大学等（大学、短期大学、高等専門学校高等課程）14.0％、専修学校等（専修学校、各種学校、公共職業訓練施設）14.3％であり、合わせても 28.3％にとどまっている。全国ではこうした高等教育機関進学率が 81.5％（2018 年度学校基本調査）であることを考えると、その差はあまりにも大きい。改正児童福祉法では「社会的養護自立支援事業」として、里親等への委託や児童養護施設等への入所措置を受けていた児童について、必要に応じて 18 歳到達後も原則 22 歳の年度末までの間、引き続き里親家庭や施設等に居住して必要な支援を提供する事業に要する費用を補助することが定められた。生活相談支援や就労相談支援のみならず、住居費支援（里親・施設の住居費を支援）、学習費等支援（進学希望者の学習塾費等を支援）、生活費支援（大学進学者等の生活費を支援）がある。また、児童養護施設等を退所する子どもや女性（母子生活支援施設利用の母親）が就職したり、アパート等を賃借したりする際に、施設長等が身元保証人となる場合の損害保険契約の保険料に対して補助を行う「身元保証人確保対策事業」もある。しかし、進学や一般就職になじまない子どもはこうした支援の網からこぼれ落ちていることや（新藤 2020）、経済的困難や孤立状態に陥りがちであることが調査研究からも明らかにされている。たとえば、児童養護施設退所者は同

年齢層（15 〜 24 歳）の 18 〜 19 倍の生活保護受給率であることも明らかにされている（永野・有村 2014）。

社会的養護の子どもに対する自立支援は、入所時に行うアドミッションケア、施設等の生活全体を含めたインケア、自立や家庭復帰に向けて行うリービングケアを通して行われる。ある児童養護施設の職員は、インタビューで「アフターケアのためのインケアなのです」と話していた。親に依存できない子どもたちであるからこそ、子どもたちが施設等を離れたあとにさまざまな困難に直面することは十分すぎるほど予期される。そのため、施設等を離れたあともアフターケアを利用しながら、つまり「依存しながら自立する」ための支援が求められる。親を頼れない子どもたちであるからこそ、他者に依存する必要性も重要性もあることを社会全体が認めることが、すべての子どもにとって生きやすい社会をつくることにつながるのではないだろうか。

■注
1　ホスピタリズムとは「施設病」と訳され、施設で養護することによって、子どもの発達に弊害をもたらすという考え方である。集団のなかに人格形成の可能性を見出す「集団主義養護理論」や、施設においてできる限り家庭的な生活を送る「家庭的養護理論」といった、施設そのものや施設における実践のあり方に対する問題を提起した。

■文献
新たな社会的養育の在り方に関する検討会（2017）「新しい社会的養育ビジョン」（平成29 年 8 月）
厚生労働省子ども家庭局・厚生労働省社会援護局障害保健福祉部（2020）「児童養護施設入所児童等調査の概要（平成 30 年 2 月 1 日現在）」
厚生労働省子ども家庭局家庭福祉課（2019）「社会的養護の現況に関する調査」
熊本市要保護児童対策地域協議会こうのとりのゆりかご専門部会（2017）『「こうのとりのゆりかご」第 4 期検証報告書』
京都市（2017）『児童養護施設等退所者の生活状況及び支援に関する調査報告書』
松本伊智朗（2013）『子ども虐待と家族――「重なり合う不利」と社会的支援』明石書店
永野咲・有村大士（2013）「社会的養護措置解 除後の生活実態とデプリベーション」『社会福祉学』54（4）
日本グループホーム学会（2010）『障害児の里親促進のための基盤整備事業報告書』

新藤こずえ（2020）「障害とともに生きる若者」杉田真衣・谷口由希子編『大人になる・社会をつくる──若者の貧困と学校・労働・家族』明石書店

白井千晶（2018）「ダウン症候群を事由にした養子縁組の仲介・支援・決定の実践について」『社会と倫理』33

全国乳児福祉協議会「乳児院で暮らす子どもたちの数」（https://nyujiin.gr.jp/about/）2020 年 10 月 12 日

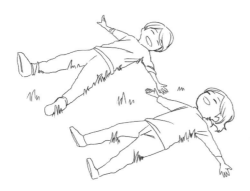

こうのとりの
ゆりかご
（赤ちゃんポスト）

親が育てられない子どもを匿名で預かる「こうのとりのゆりかご」（赤ちゃんポスト）は、熊本市の慈恵病院が、遺棄されて命を落とす新生児や人工妊娠中絶で失われていく命を救うために病院の建物内部に設置し、2007年5月から運用を始めた。設置にあたっては、安易な妊娠や子捨てを助長するといった意見や、匿名での預け入れ行為が保護責任者遺棄罪等に該当するのではないかといった懸念もあったが、国は「直ちに違法とは言えない」と判断し、「子どもの安全確保」「相談機能の強化」「公的相談機関等との連携」の遵守を条件として熊本市が設置を認めた。

熊本市要保護児童対策地域協議会こうのとりのゆりかご専門部会の報告書によると、開設から2017年3月31日までの約10年間で130人の受入れを行い、そのうち身元が判明した事例は104件（80.0％）、身元が不明の事例は26件（20.0％）である。身元判明事例のうち、父母等が引き取った件数は15件（11.5％）であり、その他は預け入れ後の一時保護から乳児院・児童養護施設への措置、里親委託や特別養子縁組につなげている。

報告書によると、出産の場所は「自宅」が58件（44.6％）で最も多く、「車中」も4件（3.1％）ある。「医療機関」は50件（38.5％）であった。医療を要する子どもの割合や自宅出産等（孤立出産）の割合が増加傾向であることがわかっている。社会保障審議会が毎年発表している「子ども虐待による死亡事例等の検証結果等について」によれば、2003年7月から2017年度末までの間に、生まれたその日に「虐待死」した子どもは全国で149人であり、そのほとんどが、医療者などの立ち会いなく、自宅などでの孤立出産で産まれたことが明らかにされている。孤立出産と虐待死の間には関連があり、「ゆりかご」はこうした子どもの命を救っているといえる。

赤ちゃんを預け入れに来た者からの聞き取りなどをもとに分類した「ゆりかご」に預け入れた理由では、「生活困窮」が34件（26.2％）でもっとも多く、次いで「未婚」27件（20.8％）、「パートナーの問題」22件（16.9％）であった。これらの状況から預け入れた背景には、親自身の貧困に加え、預け入れの負担や責任が出産した女性に偏っていることが推察される。「ゆりかご」は安易な妊娠や子捨てを助長するという意見はいまだ根強いが、そうした意見には、妊娠や子捨ては暗に女性の問題であるという意識が透けて見え、男性の存在や責任を軽視し

ているのではないだろうか。ひとり親の、とりわけ母親が子育てを担うにあたっては、経済的困難を中心としたさまざまな困難が明らかにされており、子どもの貧困対策法などに示されている貧困への対応を充実させることが、赤ちゃんが実親のもとで育つ可能性を高めると考えられる。

慈恵病院が「ゆりかご」を設置するにあたりモデルとしたドイツでは、2014年5月に「内密出産法（妊娠支援の拡大と内密出産の規定のための法律）」が施行された。この法では一定の年齢に達した子どもから希望があれば母親の身元を知らせ、母子の安全を図りながら出自を知る権利を担保している。日本では制度が整っていないが、慈恵病院では病院にだけ身元を明かした状態での出産を受け入れることを発表し、子が後に自分の出自を知る権利を病院が独自に保障する仕組みを設ける事実上の「内密出産」となった（朝日新聞2019年12月7日）。

「ゆりかご」は、さまざまな事情を抱えながら出産する母親のシェルターであり、子どもの生きる権利を守る最後の砦である。しかし、日本ではこのような取り組みはほとんど広がっていない。その背景には、「ゆりかご」のしくみを支える病院や医療スタッフの負担のみならず、妊娠・出産・子育ての全責任は親にあるという意識が人々の根底にあるからではないだろうか。こうした人々の意識は、「ゆりかご」に子どもを預けざるを

得ない人々だけでなく、孤独な子育てを強いられている人々、そしてこれから子どもを産み育てるすべての人々を追い詰めるものである。だからこそ、子どもは親の所有物ではなく社会の子どもという価値観を私たちが共有し、連帯することが重要になるのではないだろうか。すべての子どもが、その誕生を祝福され、生きる権利が保障され、安心・安全に育つことを社会で支える営みがより一層求められている。

（新藤こずえ）

■文献

熊本日日新聞「こうのとりのゆりかご」取材班（2010）『揺れるいのち　赤ちゃんポストからのメッセージ』旬報社

熊本市要保護児童対策地域協議会こうのとりのゆりかご専門部会（2017）『「こうのとりのゆりかご」第4期検証報告書』

社会保障審議会児童部会児童虐待等要保護事例の検証に関する専門委員会（2019）「子ども虐待による死亡事例等の検証結果等について（第15次報告）の概要（令和元年8月）」

第12章

子ども・家族の貧困——実態と対策

大澤真平

　子どもの貧困という特別な貧困があるわけではない。貧困の中に暮らす子どもがいるだけである。しかし、大人の所得や雇用の問題ではなく、子どもの立場やニーズから貧困に暮らすことの意味や影響を捉えようとする視点から貧困を考えるために、子どもの貧困という言葉が使われる。

1　子育て家族の貧困とその背景

（1）貧困の定義と相対的貧困率

　「貧困」とはなにか、これが「正しい」定義だというものはない。誰が、何を目的に定義を作るのか、定義する者の価値判断とあるべき解決策をどう考えるかで定義はいくつも存在しうる。もっとも、一般的には貧困は所得か生活水準によって定義される。生活を実現する決定要因である所得で定義するか、生活状態を表す生活水準から定義するか、いずれにしろ経済的な困窮のなかで人々が暮らしていくことの困難さが中心にある。

　しかし、何をもって経済的困窮とするか、その基準を決めることは簡単ではない。水や食料のようにすべての人にとって必要なものを手に入れられない状態と考えることもできれば、経済的な困窮のせいで来客にお茶を出せなかったり、知人の葬儀に参加できないといったような、通常の社会生活が送れない状態を貧困と考えることもできる。では、通常の社会生活とは何かと問われると、当事者の置かれている社会的・文化的・歴史的背景との関係において決定することになる。そのため、異なった生活環境に置かれた者どうしの貧困を比較したり、共通の視点で貧困を論じることは実は難しい。

　たとえば開発途上国とされる国においては、世界銀行の貧困定義である

国際貧困ライン（2015 年以降「1 日 1.9 ドル未満で暮らす人の比率」）が一般的に用いられている。これはもっとも基本的な衣食住、飲み水、医療、エネルギー、教育、仕事といった物やサービスを得られない所得水準を表す指標である。このような最低水準の必要から貧困を捉える見方を「絶対的貧困」という。一方で日本を含む経済発展が進んだ国では、その国の平均的な生活水準に比較して、通常の生活が送れない生活状態にあることを貧困とみなすことが多い。このような貧困の捉え方を「相対的貧困」というが、日本では国民の年間所得の中央値の 50％に満たない所得水準を相対的貧困率として定義している。それが日本における子どもの相対的貧困率[1]（子ども全体のうち、貧困の世帯に属する子どもの割合）13.5％という数字である（平成 30 年国民生活基礎調査）。

　この相対的貧困率から子どもがいる世帯の特徴を見てみよう。子どものいる現役世帯のうち、ふたり親世帯の貧困率は 10.7％、ひとり親世帯の貧困率は 48.1％となっている。このひとり親世帯の貧困率の高さは主に母子世帯の置かれた状況を反映している。日本の母子世帯の母親の就労率は先進国のなかでトップクラスにあるにもかかわらず、就労している母子世帯の貧困率は先進国でもっとも深刻になっている。その背景には、女性が家事育児役割を担うことを前提にした日本の社会の中で、女性の雇用・労働条件が十分に整えられてこなかったという問題がある。ただし、貧困にある子どもの 70％以上はふたり親世帯で暮らしており、世帯構成に関わらず子どもの貧困は深刻な問題となっている。

(2) 貧困にある家族の生活 ･････････････････････････････････

　相対的貧困率で示される貧困にある生活とは具体的にどのような生活なのだろうか。2013 年に成立した子どもの貧困対策の推進に関する法律（以下、子どもの貧困対策法。詳しくは第 3 節参照）を受けて、北海道、東京、大阪、愛知、沖縄など各自治体で生活実態調査が行われてきた。その結果からは、貧困にある世帯でライフライン（水道・ガス・電気・電話・家賃）の滞納経験が高いこと、病院への受診を控える傾向があること、過去 1 年間に必要な食料を買えなかった経験があること、貯金が無く借金を含めた

家計の維持を行っている割合が高いことなどが明らかになっている。

　貧困のもとでは、限られた所得の中で「やりくり」をしながら生活せざるを得ない。実際には少ない収入から税や社会保険料がひかれたあと、家賃や水道光熱費の支払い、食費・通信費・家事生活用品費など生活必需品の費用、養育費や教育費といった子育て費用など、固定化された家計支出の中で「やりくり」する余地がほとんどないのが実情である。表面上はなんとか「やりくり」しているように見える家庭でも、月々の収入がわずかでも少なくなったり、追加的な費用が必要となったり、なにかしらの生活上のアクシデントがあれば、すぐに家計が立ち行かなくなる。こういった暮らしの中で生まれ育つ子どもがいることを、相対的貧困率という数字は表している。

（3）子育て家族は支えられているのか——日本の政策的特徴 ・・・・・・・・・

　このような子育て世帯の貧困の背景には日本の政策的な特徴がある。福祉国家の貧困に対する政策の大きな柱として所得再分配機能がある。政府は所得再分配政策として、税と社会保険料などの社会保障費の徴収と、児童手当など各種の社会給付のバランスを取り、それらを通じて人々の所得格差を縮小し社会全体の安定を図る機能を持つ。しかし、日本の場合、この所得再分配政策が十分に機能していないことが繰り返し指摘されている。OECD（経済開発協力機構）による所得再分配前後の子どもの貧困率の国際比較データによると、ほとんどの国では所得再分配後に子どもの貧困率は低下する。しかし、日本では所得再分配による貧困率の低下はごくわずかである。日本では子どものいる世帯に対する児童手当などの社会給付が薄く、税や社会保障費の負担が重い傾向にあり、所得再分配が貧困削減の機能をほとんど果たしていないのである。

　一方で、子育てや教育にかかる費用を社会的に負担する仕組みが整っていれば、たとえ経済的な困窮にあっても制度やサービスの利用が可能になる。その点に関して、家族の子育てを支える保育、就学前教育、ホームヘルプ、施設サービスなどの現物給付の対GDP支出割合を確認すると、日本はOECD平均を相当に下回っている。また、教育にかかる費用に関す

る公財政教育支出も同様の状況であり、特に高等教育費の家計負担割合が高くなっている。たとえば、フィンランドやスウェーデンのような北欧諸国では高等教育費の家計負担はほぼゼロであるのに対し、日本における家計負担割合は51％である（OECD 2017）。日本の私立大学・文系で4年間にかかる学費は平均で395万円であり、国立大学でも平均242万円がかかる（文部科学省調べ2018年）。教育にかかる家計負担の重さから、親と子どもは進学の希望をあきらめることもあるだろう。2019年には「大学等における修学の支援に関する法律」が成立したことで、住民税非課税世帯とそれに準ずる世帯の学生の授業料等の減免措置と給付型奨学金の支給が行われることになった。ただし、制度利用には成績要件があり、私立大学では減免上限額以上の学費についての差額負担が必要とされ、教育の機会の保障という観点からは課題も残っている。

　このように、日本の政策的な特徴として子どもの育ちと学びを社会的に支える仕組みが弱いのである。福祉国家の類型分析を行ったエスピン－アンデルセンは、「家庭こそが家族の福祉の責任を第一に負わなければならないと公共政策が想定（むしろ主張）するようなシステム」を「家族主義的なシステム」と定義しているが、日本は子どもの育ちと学びを家族に依存する傾向が強い家族主義的な福祉国家となっていることがわかる。このことは、家族の置かれた状態や状況が子どもの生活にダイレクトに影響しやすいことを意味している。

2　貧困にある子どもの生活と貧困の世代的再生産

(1)「子どもの貧困」と子ども期の特徴 ･････････････････････････

　本章冒頭にも述べた通り、子どもの貧困という特別な貧困があるわけではない。だが、子どもの立場やニーズから貧困に暮らすことの意味や影響を捉えようとする視点が重要であるからこそ、子どもの貧困という概念が必要とされる。

　それには子ども期の特徴の中でいかに貧困の影響が表れるのかを具体的に考えていかなければならない。松本（2019）は貧困研究の観点から「子

ども」あるいは「子ども期」の社会的区分の特徴を、①生と生活の家族への依存、②身体的脆弱性と生命・健康維持の他者依存性、③成長と発達の過程にあること、④自己形成の基盤である外界への働きかけ、主体的な参加と応答の経験が、多くの場合「遊び」という形式をとること、⑤生活様式が学校制度のあり方に強く規定されていることの5つに整理している。子どもは生活と健康の維持を家族に依存しているからこそ、子どもの育ちが家族のあり方に大きく影響を受けることになる。また、貧困は子どもの成長・発達を阻害する影響を与えるが、それは子どもの「いま」のダメージが「これから」の不利につながっていく可能性を高めることを意味している。さらに、大人の観点からは無視されがちであるが、子どもの生活にとって最も重要な経験となる「遊び」をいかに保障するかといった視点も欠かせない。遊びを含め友人関係や日常生活そのものが学校を中心として組み立てられていることから、学校での排除あるいは学校からの排除は子どもにとって大きな喪失を生み出すことにつながる。

(2) 貧困にある子どもの生活 ・・・・・・・・・・・・・・・・・・・・・・・・・・・・・・・・・・・・・・・

　「子ども」あるいは「子ども期」の特徴を踏まえて、子どもの貧困対策法にもとづく生活実態調査から子どもの生活を少し確認してみよう。

　図1は子どもの日常生活に関する各項目について「経済的な理由でできない」と回答した割合を所得階層別にみたものである。図に示すように経済的な困窮が強いほど、子ども期を過ごす環境が整わないことになる。また、子どもの生活が家族任せになりお金でサービスを買わなければならない市場化が進むほど、子どもが放課後のスポーツ、文化芸術活動、体験的アクティビティといった機会を得られるかどうかは、家庭の経済状況に左右されるようになる。図2は中高生が部活動に参加しない理由を確認した結果である。多くの子どもは学校を通じて部活動に参加しているが、全体の2割程度の子どもは部活動に参加していない。その理由は家庭の経済状況によって異なっており、所得の低い世帯の子どもは、お金の問題や家の事情で部活動に参加できていなかった。このように部活動など制度化された仕組みであっても、それだけで子どもが参加できるとは限らない。子ど

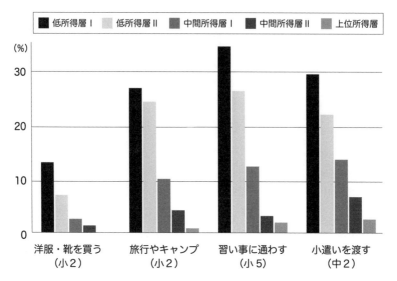

■図1　子どもの生活で「経済的にできない」こと

（出典）子どもの生活実態調査（旭川市調査）より筆者作成。調査の詳細は「旭川市子どもの
　　　生活実態調査結果報告書（2018）」を参照。なお、所得中央値は中間層Ⅱに含まれる。

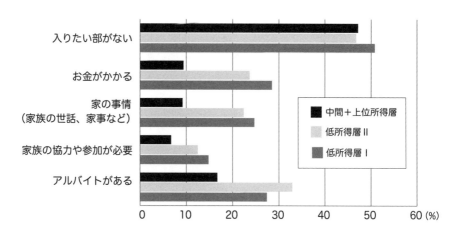

■図2　中高生が部活動に参加しない理由

（出典）子どもの生活実態調査（北海道調査＋札幌市調査）より筆者作成。調査の詳細は「北海
道子どもの生活実態調査結果報告書（2017）」および「札幌市子どもの貧困対策計画策定に係
る実態調査の結果報告書（2017）を参照。なお、所得中央値は中間層Ⅱに含まれる。回答は中
学2年生と高校2年生の合計。「まああてはまる」＋「非常にあてはまる」の合計。

もの経験と機会を実質化するためには基盤となる生活の安定が欠かせないことが理解できるだろう。

(3) 貧困の世代的再生産 ・・・・・・・・・・・・・・・・・・・・・・・・・・・・・・・・・・

　貧困のなかで子ども期を過ごした子どもが、やがて大人世代になった時にふたたび生活困窮に陥るような現象を「貧困の世代的再生産」という。家族の不利を緩和・是正するための政策や実践が機能すれば、貧困に生まれ育つ子どもの多くは将来的に生活困窮から脱することができる。そのため、「貧困に育つ子どもは貧困になる」といった決定論的なことではない。しかし、欧米で先行するパネル調査（同じ調査対象者を数十年に渡り繰り返し調査する調査方法）の結果からは、より幼少期に、またより長期に貧困にさらされるほど、将来的な生活困窮につながりやすいことが明らかにされている。家族の不利がどのようなプロセスを経て子どもの不利、やがては次の大人世代の不利につながっていくかについては諸説ある。これまでの調査結果からは健康・精神的ストレス・意欲・自尊心・自己肯定感・学力・学歴などを通じて不利の移転が生じていることが示されている。

　貧困にあることは経済的な困窮により健康や生活を十分に維持できないだけではない。それは人と人とのつながりを断ち切るような社会関係からの排除をもたらす。リスター（2011）は貧困にあることで他者から非難や軽蔑のまなざしを受けること、恥やスティグマの意識を持たされること、そのなかで尊厳や自尊心が傷つけられることといった、貧困の社会的な影響を指摘している。特に子どもは日常的な生活の中で他者との比較を通じて、自分の家庭の生活状況を認識し評価することになる。みんなと同じ体験や社会参加ができないことで、制約の意識と自分には十分な機会が与えられないという認識を深めることになる。さらに家庭の経済的な問題は、家族だけで解決しなくてはならないという意識のもと、子ども自身が選択肢の制限を仕方ないものとして受け入れ、子どもの想いや不満は表出されなくなっていく。自分の家庭にお金がないことが「恥ずかしい」という感情もあり、家庭の経済的困窮を隠そうと子ども自身が自分で社会関係から距離を取るような行動も生じてくる。そのことが子どもの貧困という問題

をますます見えにくい状態にし、社会的な支援とのつながりにくさを生み出すことになる。

　子ども期の不利は若者期への不利へとつながっていく。1990年代から日本でも若者の成人期への移行は不安定化しており、特に若者が自立できる雇用環境が失われるなか、成人後も長期にわたって家族に頼りながら生活を送り社会的自立をして行かざるを得ない若者が増加している。このような若者の生活基盤の不安定さは、若者の恋愛や結婚した後の次世代の子育ての困難につながっていく。近年では若者世代の奨学金ローンが次世代の子育てのスタートからの負債となるような、世代を超える教育費の負の影響も指摘されている。

3　「子どもの貧困対策の推進に関する法律」とその課題

(1) 子どもの貧困対策法の成立 ……………………………………

　子どもの貧困の現状に対し、日本では2013年に「子どもの貧困対策の推進に関する法律」（子どもの貧困対策法）が成立した。成立の背景にはいわゆる子どもの無保険問題[2]や給食費未納問題など、貧困の子どもへの影響の社会問題化や、政府による相対的貧困率の公表、子どもの貧困問題への市民運動の広がりがあった。成立当初の法律の目的は「子どもの将来がその生まれ育った環境によって左右されることのないよう、貧困状況にある子どもが健やかに育成される環境を整備するとともに、教育の機会均等を図るため」とされ、国及び地方自治体に子どもの貧困対策を実施することが義務付けられた。法律の成立により「子どもの貧困」が社会問題として政策課題となり、問題解決に対する公的な責任が明らかにされたことは大きな前進であったと言えよう。

　法律の成立を受けて決定された「子どもの貧困対策に関する大綱」には子どもの貧困をとらえる「指標」として、子どもの相対的貧困率や生活保護世帯に属する子どもの高等学校等進学率等、25項目の指標が挙げられた。しかし、これらの指標には生活水準を把握する物質的はく奪（食料や医療といった生活に必要な物やサービスが経済的理由で欠けている状態）や子

どもの幸福度など、実際の子どもの生活改善を確認する指標は盛り込まれなかった。また指標をどの程度改善するかといった数値目標も設定されなかった。貧困率を削減させる所得再分配政策や雇用労働の改善については、子どもの貧困対策として検討されなかった。ここから見えてくるのは、貧困や低所得にある子どもの「いま」の生活状況の改善という観点の弱さである。全体的にみると、子どもの貧困対策法は同じ貧困のなかにある「子ども」と「大人」を切り離し、子どもの自助努力のもと、教育を通じた将来的な貧困からの脱却を求める貧困対策としての性格を持つ法律となった感は否めない。

　このような枠組みのなか、具体的な子どもの貧困対策として教育支援、生活支援、保護者に対する就労支援、経済的支援の4つの柱があげられている。特に学力向上を通じた教育機会均等の観点が重視されているのが特徴となっている。学校を子どもの貧困対策のプラットフォームと位置づけ、学校教育による学力保障や、学校を窓口とした福祉関連機関との連携、そして地域による学習支援などが大綱には示されている。これを受けてスクールソーシャルワーカーの活用や、学校外での生活保護世帯や貧困にある子どもへの学習支援事業が展開されることになった。また、学校内外を通じて支援の必要な子どもが福祉サービスとつながり、関係機関の連携により家庭を支える仕組みを構築する糸口ができた。しかし、学校と教育が子どもの貧困の緩和に寄与するためには、これまで貧困世帯にある子どもを低学力に置いてきた学校教育のあり方を問い直し、貧困にある子どもの実態に応じた実践を行っていく必要がある。同時に、その背後にある学力・学歴を通じて子どもを選別していく学校の機能それ自体の変革を進めていくことが求められている。選別的な価値観のもとでは学校はすべての子どもにとって安心・安全な居場所にはなりえないだろう。

(2) 改正された子どもの貧困対策法と残る課題 ・・・・・・・・・・・・・・・・・・

　子どもの貧困対策法はおおむね5年をめどに見直しを検討するとされており、2019年に子どもの貧困対策法・大綱改正が行われた。改正でも所得再分配については取り上げられず、また、教育支援重視の観点と「学校

教育による学力保障」、「学ぶ意欲と能力のある」子どもを支援の対象に限定する点も従来通りであった。おおむね法律体系の性格に変更はなかったと言える。

　とはいえ、子どもの福祉の観点からは一定の意義があった。ひとつは、子どもの権利概念にもとづく子どもの「意見の尊重」と「最善の利益」が法の基本理念に位置づいたことである。そのことにより、貧困にある子どもや保護者の声を法律に反映させる措置が取られた。もうひとつは、貧困対策の対象を生活保護世帯や母子世帯といった特定世帯の問題に限定せず、子どものいる世帯すべてとヤングケアラー（コラム参照）や外国籍を持つ者をも含む多様な対象に広げたことである。さらに法の目的として「子どもの貧困の解消に資すること」、「将来の『貧困の連鎖』を断ち切るだけでなく、現在の状況の改善」、「背景に様々な社会的要因があることを踏まえて推進」、「都道府県のみならず、市区町村にも子どもの貧困対策計画の策定が努力義務に」といった、成立当初の子どもの貧困対策法に欠如していると批判されてきた部分について、法に明記されることになった。大綱改正では、指標として水道光熱費などのライフラインの未払い経験や食料や衣服の購入ができないといった基本的な生活の必要が満たされているかどうかが加えられたことで、生活水準の把握にも目配りがなされるようになった。

　日本における子どもの貧困対策はまだ始まったばかりで体系的に構築されているとはいえない。たとえば、子どもの貧困対策法が成立するなか、同時に生活保護生活扶助基準が切り下げられ、子どものいる受給世帯の保護費が最も削減されることになった。一方で子どもの貧困対策をうたいながら、他方で現実に貧困の中にいる子どもの生活水準を下げる措置がとられたのである。子どもの育ちを社会的に保障するためにどのような社会政策のあり方が求められるのか、総合的な観点から子どもの貧困対策を構築していくことが今後の課題である。

4 子ども・家族の支援に関する諸施策の現状と課題

（1）学びに関する諸施策 ・・・・・・・・・・・・・・・・・・・・・・・・・・・・・・・・

　ここでは子どもの貧困対策として行われている施策の現状と課題を簡単に確認していこう。

第
12
章

子ども・家族の貧困

　子どもの教育機会を保障する制度として就学援助制度がある。日本国憲法第 26 条（教育を受ける権利、教育の義務）、教育基本法第 4 条（教育の機会均等）と学校教育法第 19 条「経済的理由によって、就学困難と認められる学齢児童生徒の保護者に対しては、市町村は、必要な援助を与えなければならない」の規定に基づき、就学に要する費用（学用品費、体育実技用具費、新入学児童生徒学用品費、通学用品費、通学費、修学旅行費、校外活動費、医療費、学校給食費、クラブ活動費、生徒会費、PTA 会費等の費目）を、小中学校の子どもがいる生活保護世帯とそれに準じる困窮世帯に給付する制度である[3]。

　義務教育の機会をすべての子どもに保障することが制度の目的であるが、実際の運用と利用には市町村格差が存在する。就学援助を利用する際、生活保護に準じる困窮世帯は準要保護認定基準によって利用の可否が判定されるが、この準要保護認定基準は自治体によって決められており、同じ所得水準でも居住地によって就学援助制度が利用できるかどうか判断が異なる。また支給対象の費目や金額も自治体により異なっており、最も出費を必要とする 4 月時点で支給する仕組みを取っている自治体も少ない。さらに制度周知の不備や申請手続きの煩雑さなど、改善の余地は大きい。

　貧困世帯の子どもの学びを支援するという観点から最も広がりを見せているのは学習支援である。子どもの貧困対策法が成立する以前から、学習支援事業はいくつかの自治体で取り組まれてきた。そこでは単に学習の理解を向上させるといった面だけではなく、地域の居場所作りであったり、支援者との関係性のなかで他者への信頼や自己肯定感を育むといった点も重視した取り組みが行われてきた。現在、この学習支援事業は法的な根拠の与えられた国家的な教育政策として進められている。2015 年に施行さ

れた生活困窮者自立支援法では任意事業であったが、2018年に改正され、「子どもの学習・生活支援事業」として支援対象者を拡大し、法に基づき安定的・継続的に実施できる事業となった。これにより生活困窮者世帯の子どもと保護者に対し、学習支援、居場所作り、養育相談や就労も含めた進路相談が行われている。この「子どもの学習・生活支援事業」以外にも、別の施策としてひとり親家庭等生活向上事業の学習支援ボランティア、児童養護施設の子どもに対する学習支援事業、放課後に学校で実施する学習支援などが実施されており、各担当部局の連携・調整や福祉関係者と教育関係者の連携が求められている。これらの学習支援によってわかる喜びや学ぶ意欲の先に希望の進路実現を見出すような、個々の子どもの可能性とライフチャンスの実現という効果と意義が期待される。

　一方で、学習支援は問題もはらんでいる。特に学習支援は「より良い」就労への水路付けといった、学力を通した子どもの自助努力による自立支援政策としてのワークフェア[4]の側面を有している。そのことは学習に取り組まないように見えるものや、支援を受けても貧困から抜け出せなかったものに対して貧困の自己責任を問う観点と結びつきやすい。子どもの貧困問題は学力の獲得を通した子どもの自助努力で解決すべき問題なのかという問い直しは常になされるべきだろう。学習支援を学力という狭い捉え方に閉じ込めるのではなく、子どもが自分の人生を送っていくために必要な広義の学びの支援と位置付けることが求められる。

（2）生活と遊びに関する諸施策 ･･････････････････････････････

　そのほかに、子どもの貧困と関連した活動として「子ども食堂」があげられる。子ども食堂は制度化された事業ではないが、厚生労働省が「子ども食堂の活動に関する連携・協力の推進及び子ども食堂の運営上留意すべき事項の周知について（通知）」、文部科学省が「子ども食堂の活動に関する福祉部局との連携について（通知）」を出しており、子どもの貧困対策における居場所づくりの事業として期待が寄せられている。子ども食堂は地域住民や自治体が主体となり子どもが無料または低額で食事をすることができるコミュニティの場を指すことが多い。全国に3,700か所（NPO法

人むすびえ及び全国地域ネットワーク共同調査、2019年）を超える子ども食堂が開設されている。ただし、子ども食堂は地域住民の自発的な活動が中心であり、貧困にある子どもや家庭に対するソーシャルワーク等の支援が行える専門職の配置がなされているわけではない。そのため生活上の課題解決につながるケースは多くはない。

　今日、多くの先進国では子どもの権利の保障を念頭に置きながら、子どもの余暇時間や放課後を社会的な制度として位置づける「放課後の社会化」政策が進められてきている。各国では子どもの権利条約をベースにした指針や計画、実施状況評価の仕組みを取り入れ、大人の主導ではなく主体的な子どもの活動が保障されるよう施策を進めている。第2節で確認したように、子どもの放課後や余暇活動の経験の格差があることを考えれば、日本でも美術、演劇、音楽、スポーツ、料理、コンピューター、野外活動など、すべての子どもを対象とした活動を社会的に用意し、そのなかで子どもの貧困対策が検討されてもよいだろう。

5　子どもの「いま」を保障すること

　最後に、子どもの貧困対策の方向性の問題について考えてみよう。日本に先駆けて子どもの貧困対策に関する法律である子どもの貧困法（Child poverty act 2010）を制定したイギリスでは、その後、政権交代に伴って福祉改革及び労働法（Welfare reform and Work act 2016）が成立し政策が変更された。その結果、貧困率や物質的はく奪といった従来の指標から、教育機会や就労機会といったライフチャンスの達成が子どもの貧困を把握する新しい目標となり、実際の生活水準の改善を図る施策が縮小されるなかで再び子どもの貧困率が上昇している。

　教育機会や就労機会といったライフチャンスは個々の子どもの人生にとって大きな意味を持つ。しかし、貧困の世代的再生産は、貧困にある子どもが将来的に貧困から脱すればよいという問題ではない。自分の人生をどのように歩んでいくのかを決めるのは子ども自身である。それは周りの支えと関わりのもと、子ども期の経験や機会の積み重ねの中で子ども期を

通じて形成されていく。単に学力向上や就労のための支援をすればいいのではない。子どもが子どもらしい子ども期を過ごせる生活を保障しなければライフチャンスは子どものものにならないだろう。だからこそ、生きる主体としての子どもの「いま」を、子どもの権利としていかに保障できるかが問われている。

　そのためには、所得再分配による世帯収入の改善、保育や幼児教育を含む子育て支援の充実、住環境整備など住宅福祉サービスの展開、子どもの健康と医療の保障、排除しない教育、遊びと余暇の経験の機会など、子どもの育ちを社会的に保障する基盤を整えていくことがなにより必要とされている。

■注
1　正確には子どもの暮らす世帯の可処分所得（児童手当や生活保護費を含む収入から税金、社会保険料等を除いたいわゆる手取り収入）を、一人当たりの世帯所得に換算し直して（等価可処分所得）、国民すべての一人当たりの世帯所得の中央値（一人当たりの世帯所得を順に並べたとき、真ん中にくる人の所得）の半分の所得を貧困線とし、その貧困線を下回る人の割合を相対的貧困率としている。
2　保護者が国民健康保険の保険料を滞納したために「無保険」となり、医療が受けられない中学生以下の子どもが3万人以上発生していることが社会問題となった。それを受けて2008年12月に国民健康保険法が改正された。
3　市町村が実施する就学援助に関しては、就学困難な児童および生徒に係る就学奨励についての国の援助に関する法律（就学奨励法）、学校給食法、学校保健安全法の3つの法律（施行令含む）に定められている。
4　ワークフェアは、「社会から排除された人々に対し，教育や訓練を通じて雇用可能性や社会参加可能性を高めることで，包摂を図ろうとする政策理念」（仁平 2015）である。一方で、従来の福祉給付を就労に置き換えることで、「自助努力をしないとみなされる者」を社会的に排除するベクトルをも併せ持っている。

■文献
エスピン－アンデルセン・G（2000）『ポスト工業経済の社会的基礎——市場・福祉国家・家族の政治経済学』渡辺雅男・渡辺景子訳、桜井書店
池本美香（2009）「日本の放課後対策の現状」池本美香編著『子どもの放課後を考える　諸外国との比較でみる学童保育問題』勁草書房
伊藤善典、阿部彩（2016）「イギリス：行き詰った子どもの貧困対策——自由主義レジ

ームにおける限界」貧困研究会編『貧困研究』vol.17

リスター・R（2011）『貧困とは何か——概念・言説・ポリティクス』松本伊智朗監訳、明石書店

松本伊智朗（2013）「教育は子どもの貧困対策の切り札か？」貧困研究会編『貧困研究』vol.11

松本伊智朗（2019）「序章　なぜ、どのように、子どもの貧困を問題にするのか」松本伊智朗、湯澤直美編著『生まれ、育つ基盤——子どもの貧困と家族・社会』（シリーズ子どもの貧困1巻）明石書店

仁平典宏（2015）「〈教育〉化する社会保障と社会的排除——ワークフェア・人的資本・統治性」『教育社会学研究』96集

OECD（2017）Education at a Glance 2017

岡部卓（2018）「生活困窮者自立援助の手順」岡部卓編著『生活困窮者自立支援法——支援の考え方・制度解説・支援方法』中央法規出版

大澤真平・松本伊智朗（2016）「日本の子どもの貧困の現状」『公衆衛生』80（7）

大澤真平（2019）「第1章 貧困と子どもの経験——子どもの視点から考える」小西祐馬、川田学編著『遊び・育ち・経験——子どもの世界を守る』（シリーズ子どもの貧困2巻）、明石書店

リッジ・T（2010）『子どもの貧困と社会的排除』渡辺雅男監訳、桜井書店

末富　芳（2017）「就学援助制度の『課題』」末富芳編著『子どもの貧困対策と教育支援——より良い政策・連携・協働のために』明石書店

末富　芳（2020）「子どもの貧困における教育と『政治』：2019年子どもの貧困対策法・大綱改正を中心に」日本教育社会学会編『教育社会学研究』No.106, 東洋館出版社

幸重忠孝（2019）「子どもの居場所作りとその実践（2）」山野良一、湯澤直美編著『支える・つながる——地域・自治体・国の役割と社会保障』（シリーズ子どもの貧困5巻）、明石書店

湯澤直美（2017）「子どもの貧困対策の行方と家族主義の克服」松本伊智朗編『「子どもの貧困」を問いなおす——家族・ジェンダーの視点から』、法律文化社

第13章

ひとり親家族の福祉

岩田美香

1 ひとり親家庭とその現状

(1) ひとり親家庭とは

　ひとり親家庭とは母子家庭や父子家庭の総称であるが、テレビのドラマなどにおいてもシングルマザーやシングルファーザーが取り上げられることは特別な事ではなく、私たちの周囲をみても、ひとり親家庭はめずらしい家庭の形態ではない。ところで、一般に家族とは夫婦とその子どもや両親など血縁や婚姻関係者を中心に構成される親族の集団のことを示し、家庭とは家族が生活を共にする集団や場所を示す。また、世帯とは住居と生計を共にする者の集まり、あるいは生活単位のことである。本章は、「ひとり親家族の福祉」と題しているが、文中では法律・制度名や国の統計名から「ひとり親家庭」「ひとり親世帯」を使って説明していく。しかし章の最後において、家族の一形態としての「ひとり親家族」について再検討

■表1　母子世帯数・父子世帯数の推移（単位：世帯）

各年10月1日現在

	1995年	2000年	2005年	2010年	2015年
全世帯[1]	44,107,856	47,062,743	49,566,305	51,842,307	53,331,797
母子世帯	529,631	625,904	749,048	755,972	754,724
父子世帯	88,081	87,373	92,285	88,689	84,003

資料　総務省統計局「国勢調査」
（注）
1　世帯の家族累計「不詳」を含む
2　母（父）子世帯数の数値は、未婚、死別または離別の女（男）親と、その未婚の20歳未満の子どものみからなる世帯（他の世帯員がいないもの）数である。

（出典）2018/2019年『国民の福祉と介護の動向』

することから、章の題名としては「ひとり親家族」を用いている。

　国勢調査によるひとり親世帯数の推移をみると（表1）、母子世帯は増加傾向にあり、2015年10月現在において、母子世帯は75万4,724世帯、父子世帯は8万4,003世帯と、母子世帯は父子世帯の約9倍である。この調査におけるひとり親世帯の定義は、「未婚、死別または離別の女（男）親と、その未婚の20歳未満の子どもからだけの世帯」すなわちシングルマザーやシングルファーザーと未成年の子どもだけの世帯である。

　一方、厚生労働省が5年に一度行っている「全国ひとり親世帯等調査」においては、祖父母などと同居している世帯も含まれている。その数（推計値）は、2016年11月現在、母子世帯が123万1,600世帯、父子世帯が18万7,000世帯である。

（2）ひとり親世帯の現状 ·······················

　上記の「平成28年度 全国ひとり親世帯等調査」から、ひとり親家世帯の現状についてみていく。

①ひとり親になった理由

　ひとり親になった理由（表2、表3）の推移をみると、死別によってひとり親世帯になった割合は減少しており、反対に離婚を主とした生別によるものが増加している。なかでもシングルマザーは9割以上が生別によっ

■表2　母子世帯になった理由別　構成割合の推移（単位：％）

調査年次	総数	死別	生別						不詳
			総数	離婚	未婚の母	遺棄	行方不明	その他	
1983	100.0	36.1	63.9	49.1	5.3	＊	＊	9.5	-
1988	100.0	29.7	70.3	62.3	3.6	＊	＊	4.4	-
1993	100.0	24.6	73.2	64.3	4.7	＊	＊	4.2	2.2
1998	100.0	18.7	79.9	68.4	7.3	＊	＊	4.2	1.4
2003	100.0	12.0	87.8	79.9	5.8	0.4	0.6	1.2	0.2
2006	100.0	9.7	89.6	79.7	6.7	0.1	0.7	2.3	0.7
2011	100.0	7.5	92.5	80.8	7.8	0.4	0.4	3.1	-
2016	100.0	8.0	91.1	79.5	8.7	0.5	0.4	2.0	0.9

（出典厚生労働省「平成28年度 全国ひとり親世帯等調査結果報告」
（注）表中の「＊」は、その年度において設定されていない調査項目である。

■表3　父子世帯になった理由別　構成割合の推移（単位：％）

調査年次	総数	死別	生別						不詳
			総数	離婚	未婚の父	遺棄	行方不明	その他	
1983	100.0	40.0	60.1	54.2	＊	＊	＊	5.8	-
1988	100.0	35.9	64.1	55.4	＊	＊	＊	8.7	-
1993	100.0	32.2	65.6	62.6	＊	＊	＊	2.9	2.2
1998	100.0	31.8	64.9	57.1	＊	＊	＊	7.8	3.3
2003	100.0	19.2	80.2	74.2	＊	0.5	0.5	4.9	0.6
2006	100.0	22.1	77.4	74.4	＊	-	0.5	2.5	0.5
2011	100.0	16.8	83.2	74.3	1.2	0.5	0.5	6.6	-
2016	100.0	19.0	80.0	75.6	0.5	0.5	0.5	3.0	1.0

（出典）厚生労働省「平成28年度 全国ひとり親世帯等調査結果報告」
（注）表中の「＊」はその年度において設定されていない項目である。

てひとり親となっており、79.5％が離婚、また「未婚の母」[1]も1割には満たないが着実に微増している。シングルファーザーも離婚が75.6％と高いが、シングルマザーに比べると死別の割合が19.0％と高い。

②世帯構成

　調査時点におけるシングルマザーの平均年齢は41.1歳、末子の平均年齢は11.3歳、平均世帯人員は3.29人で、親（子どもから見た祖父・祖母）と同居している母子世帯は27.7％となっている。一方、シングルファーザーの平均年齢は45.7歳、末子の平均年齢は12.8歳、平均世帯人員は5.65人で、親と同居している父子世帯は44.2％と、母子世帯よりも同居の割合は高い。さらに父子世帯の親との同居率を見ていていくと、死別による父子世帯の同居率は31.2％、生別による同居率は47.5％となっており、離婚などによるシングルファーザーの方が親と同居している。

③就労状況

　シングルマザーは81.8％と大部分が就労している。しかし雇用形態では、「正規職員・従業員（44.2％）」「自営業（3.4％）」に対して、「派遣社員（4.6％）」と「パート・アルバイト（43.8％）」をあわせると48.4％であり、不安定雇用が約半数を占める。不安定雇用の多さは、シングルマザーになって再び働きだすことによる不利もあり、シングルマザーになる前に

「不就労」であった割合は23.5％にのぼる。結婚や出産のために専業主婦となったと推測されるが、再就職する際には正職員で働くことの困難さがみられる。

シングルファーザーの場合も大部分の85.4％が就労しており、「正規」雇用が68.2％、「自営業」が18.2％である。不安定雇用である「派遣（1.4％）」と「パート・アルバイト（6.4％）」は両者をあわせても7.8％と低い。シングルファーザーになる前に「不就労」であった者は3.0％であり、就労の継続と雇用条件は関連している。

④収入状況

シングルマザーの雇用状況は収入にも関連しており、シングルマザー自身の年間平均就労収入は200万円であり、諸手当や養育費等を加えた平均年間収入でも243万円である。他の世帯構成員も加えた世帯全員の平均年間収入は348万円であり、この348万円は、国民生活基礎調査における「児童のいる世帯」の平均所得を100として比較すると49.2と半分を下回る低さである。

シングルファーザーにおいては、シングルファーザー自身の年間平均就労収入は398万円であり、平均年間収入は420万円である。世帯全員の平均年間収入は573万円であり、母子世帯に比べると高くはなっている。しかし同様に、国民生活基礎調査における児童のいる世帯の平均所得と比較すると81.0であり、全国の平均より2割ほど低くなっている。

2 養育費と子育て

（1）養育費と面会交流

①養育費の取り決め状況

離婚などの場合、養育費の取り決めを「している」シングルマザーは42.9％と約半数である。取り決めを「していない」理由としては、「相手と関わりたくない（31.4％）」「相手に支払う能力がないと思った（20.8％）」「相手に支払う意思がないと思った（17.8％）」の順になっている。その結

果、別れた夫からの養育費を「現在も受けている」者は24.3％に過ぎず、平均月額は4万3,707円（養育費の金額が決まっている場合）となっている。

　シングルファーザーについては、別れた妻と養育費の取り決めを「している」者は20.8％である。取り決めを「していない」理由も「相手に支払う能力がないと思った（22.3％）」「相手と関わりたくない（20.5％）」「自分の収入等で経済的に問題がない（17.5％）」であり、別れた妻からの養育費を「現在も受けている」者は、わずか3.2％、平均月額は32,550円である[2]。離婚しても、子どもに対する親としての扶養義務は父母ともにあり、子どもから見ると両親から扶養を受け取る権利であるが、履行されている割合は少ない。

②面会交流の状況
　離婚後の親子関係の継続は、面接交流の状況からも見ることができる。シングルマザーが、別れた夫と子どもとの面会交流の取り決めを「している」のは24.1％であり、現在も面会交流を行っているのは29.8％と、いずれも少ない。また、その面会の頻度は、「月1回以上2回未満（23.1％）」が最も多くなっている。

　シングルファーザーについても、別れた妻と子どもとの面会交流の取り決めを「している」のは27.3％と3割弱であるが、現在も面会交流を行っているのは45.5％と母子家庭よりは多い。面会の頻度は「月2回以上（21.1％）」が最も多く、回数の面でも母親との交流は多くなっている。

　現在、面会交流を行っていない最も大きな理由としては、シングルマザー・シングルファーザーともに「不詳（はっきりしない）」が半数を占めているが、次に多い理由は両者ともに、「相手が面会交流を求めてこない」「子どもたちが会いたがらない」が1割前後となっている。

(2) ひとり親の子育て
①子どもについての悩み
　子育てにおけるシングルマザー・シングルファーザーの悩みは、「教育・進学」が最も多く両者ともに5割を超えている。次いで「しつけ」につい

ての悩みを抱えており、これも両者ともに 15 ～ 16％である（割合は「悩みがない」と不詳を除いたもの）。

　子育ての悩みにおいて高い割合を占めていた子どもの教育に関して、親として子どもに進んでもらいたい最終学歴についても、両者ともに同様の傾向であり、「大学・大学院」まで進んでほしいという希望がシングルマザーで 46.1％、シングルファーザーで 41.4％である。次いで「高校」までの進学を希望している（シングルマザー：28.0％、シングルファーザー：31.3％）。こうした子どもへの進学希望は、親自身の学歴が高くなるにつれて、子どもに希望する最終学歴も高くなっている。

②生活の困りごとと相談相手

　生活において困っていることは、シングルマザーで「家計（50.4％）」が半数を超えて最も多く、次いで「仕事（13.6％）」と「自分の健康（13.0％）」となっている（割合は「悩みがない」と不詳を除いたもの）。シングルファーザーについても同様に「家計（38.2％）」が最も多く、「家事（16.1％）」と「仕事（15.4％）」が、これに次いでいる。

　こうした困りごとについて相談する相手を、シングルマザーで 80.0％、シングルファーザーの 55.7％が持っているが、その内訳は両者ともに「親族」が 6 割、「知人・隣人」が 3 割と私的なネットワーク内で相談を行っている。反対に「相談者がいない」者は、シングルマザーで 20.0％に対し、シングルファーザーでは 44.3％と高い。彼らは「相談相手が必要ない」と思っているのではなく、「相談相手が欲しい」と回答している者がシングルマザーで 6 割、シングルファーザーでも 5 割になっており、ひとり親と相談先を繋げていく事が必要である。

3　ひとり親家庭への施策とサービス

（1）ひとり親家庭等の自立支援策の体系 ·····················

　ひとり親家庭への主な福祉施策は、「母子及び父子並びに寡婦[3] 福祉法（第 4 章参照）」を中心に展開されている。同法律名は、当初は「母子福祉

法」であったが、「母子及び寡婦福祉法」を経て、2014年には父子も法律名に加筆され、現在の法律名となっている。

　この法律では、国や地方自治体に対して母子家庭等の福祉を増進する責務を規定（第3条第1項）すると同時に、母子家庭等の当事者に対しても、自ら進んで自立を図るように努めること（第4条）を義務付けている。さらに同法では、国が基本方針を定め、都道府県（福祉事務所を設置する市町村を含む）は、その基本方針に即して自立促進計画を策定することとなっており、その計画は「子育て・生活支援」「就業支援」「養育費確保支援」「経済的支援」の4本柱から成っている。それらの内容については、下記の①〜④において示す。

　また、厳しい状況にあるひとり親家庭や多子家族が増加傾向にあることから、2015年に「すくすくサポート・プロジェクト（すべての子どもの安心と希望の実現プロジェクト）」を策定し（2015年12月21日「子どもの貧困対策会議」決定）、就労による自立支援を基本としつつも、「相談窓口のワンストップ化」「教育費負担軽減」などの総合的支援の充実を進めている。

①子育て・生活支援

　子育てや生活のための支援としては下記のようなものがある。

1．母子・父子自立支援員による相談支援
2．ひとり親家庭等日常生活支援事業：親の修学や疾病などにより家事援助、保育等のサービスが必要となった時に家庭生活支援員の派遣等を行う。
3．保育所等の優先入所
4．子どもの生活・学習支援事業等による子どもへの支援
5．母子生活支援施設の機能拡充
6．子育て短期支援事業：社会的養護サービスのひとつとして位置づいており、保護者の病気や仕事の際に、「ショートスティ（短期入所生活援助）事業」や「トワイライト（夜間養護等）事業」によって一時的に子どもを児童養護施設などで預かる。

②就業支援

ひとり親への就労支援では下記のようなものがある。

1. 母子・父子自立支援プログラムの策定：児童扶養手当受給者に個別の支援計画を策定する。ハローワークの就労支援コーディネーターと福祉事務所の母子・父子自立支援プログラム策定員が協働で策定し、ハローワークの就労支援ナビゲーターが個別に支援する。
2. マザーズハローワーク：子育て中の男女に対する再就職支援を専門的に実施する公共職業安定所。
3. 母子家庭等就業・自立支援センター事業：都道府県を実施主体として、就業相談や資格取得などの就業支援講習会の実施、就業情報の提供など、一貫した就業支援サービスを展開する。
4. 母子家庭・父子家庭自立支援給付金制度：「自立支援教育訓練給付金事業（就業に向けた教育訓練講座の受講料の一部負担）」と「高等職業訓練促進給付金等事業（看護師や介護福祉士等の資格取得のための養成期間中の生活費）」を支給する。

③養育費確保支援

先に見たように、養育費は取り決めも受け取っている割合も低いが、養育費確保に対する支援が母子福祉施策の一つに位置付けられたのは、2002年の母子福祉施策の抜本的見直しによっている。そこには、下夷（2014）が指摘するように「離婚母子世帯の増加―児童扶養手当の給付費の増大―給付費抑制の要請―父親の扶養義務への関心」といった児童扶養手当の見直しも関連している。

養育費確保のための支援としては、次のようなものがある。

1. 相談機関の拡充：「養育費専門相談員」が母子家庭等就労・自立支援センターに配置された。また、養育費に関する情報提供や困難事例への支援、さらに養育費相談に応じる人材養成の研修等を行う「養育費等相談支援センター」が国の事業として設置された。
2. 「養育費の手引き」やリーフレットの配布
3. 民法の改正に伴い、離婚届の様式も変更され、面会交流や養育費の

第13章 ひとり親家族の福祉

分担についてチェックする欄が設けられた。

4．養育費に関する裁判費用について母子父子寡婦福祉資金からの貸し付け

5．民事執行法の改正により、養育費の支払いに滞納があった場合に裁判所を通して将来の分についても給与等の差し押さえができる。

④経済的支援

ひとり親家庭に対する経済的支援には、次のようなものがある。

1．死別した場合の遺族（基礎）年金：国民年金の加入者である親が死亡した場合に、子どもが 18 歳を迎えた後の最初の 3 月 31 日にまで支給される（子どもに障害がある場合は 20 歳まで延長）。

2．離別の場合や、死別であっても遺族基礎年金の受給資格を満たさない場合の児童扶養手当の支給（220 ページで説明）

3．母子福祉資金・父子福祉資金および寡婦福祉資金：就職のための技能習得や子どもの修学など 12 種類の福祉資金を無利子から低利子で貸し付ける（表 4）。

(2) 母子生活支援施設 ･･････････････････････････････

　子育て・生活支援にも挙げられていた母子生活支援施設とは、児童福祉法第 38 条を法的根拠とする児童福祉施設である（第 11 章参照）。しかし入所者は子どもだけではなく、「配偶者のない女子又はこれに準ずる事情にある女子及びその者の監護すべき児童」を入所させるとあるように、シングルマザーと子どもが一緒に生活できる施設である。2019 年 3 月末現在で全国に 226 か所あるが減少傾向にある。

　施設への入所理由では、「夫などの暴力」が半数を超えて最も多く、次いで「住宅事情」「経済事情」となっている（全国母子生活支援施設協議会 2019）。母子生活支援施設は「改正 DV 法（配偶者からの暴力の防止及び被害者の保護等に関する法律）」にも規定されており、DV（Domestic Violence：配偶者や恋人など親密な関係にある、又はあった者から振るわれる暴力）被害家庭の避難のための一時保護施設としても利用されている。子どもの目の前で行われる面前 DV は子どもの虐待とも位置付けられてお

■表4　母子父子寡婦福祉資金貸付金の概要　（2020年4月1日現在）

資金種類	貸付対象等		貸付限度額	貸付期間	据置期間	償還期限	利率
事業開始資金	・母子家庭の母 ・父子家庭の父 ・母子・父子福祉団体 ・寡婦	事業（例えば洋裁、軽飲食、文具販売、菓子小売業等、母子・父子福祉団体については政令で定める事業）を開始するのに必要な設備、什器、機械等の購入資金	2,930,000円 団体　4,410,000円	1年	7年以内	（保証人有）無利子 （保証人無）年1.0%
事業継続資金	・母子家庭の母 ・父子家庭の父 ・母子・父子福祉団体 ・寡婦	現在営んでいる事業（母子・父子福祉団体については政令で定める事業）を継続するために必要な商品、材料等を購入する運転資金	1,470,000円 団体　1,470,000円	6ケ月	7年以内	（保証人有）無利子 （保証人無）年1.0%
修学資金	・母子家庭の母が扶養する児童 ・父子家庭の父が扶養する児童 ・父母のない児童 ・寡婦が扶養する子	高等学校、大学、高等専門学校又は専修学校に就学させるための授業料、書籍代、交通費等（大学等に就学させる場合には、課外活動費、自宅外通学において係る経費、保健衛生費等を含む。）に必要な資金	※私立の自宅外通学の場合の限度額を例示 （大学院は国公立・私立、自宅・自宅外の区別なし） 高校、専修学校（高等課程） 　　　　　月額 52,500円 高等専門学校 　月額［1～3年］ 52,500円 　　　　［4～5年］115,000円 専修学校（専門課程） 　　　　　月額126,500円 短期大学 　　　　　月額131,500円 大学 　　　　　月額146,000円 大学院（修士課程） 　　　　　月額132,000円 大学院（博士課程） 　　　　　月額183,000円 専修学校（一般課程） 　　　　　月額 49,500円 （注1）高等学校、高等専門学校及び専修学校に就学する児童が18歳に達した日以後の最初の3月31日が終了したことにより児童扶養手当等の給付を受けることができなくなった場合、上記の額に児童扶養手当の額を加算した額。 （注2）大学等修学支援法第3条に規定する大学等における修学の支援を受けることができる場合の限度額については、所定の額から当該支援の額に相当する額を控除した額とする。 （注3）大学等修学支援法第3条に規定する大学等における修学の支援を受けた場合、その相当額について当該支援を受けた日から6ケ月以内の償還義務あり。	就学期間中	当該学校卒業後6ケ月	20年以内 専修学校（一般課程）5年以内	無利子 ※親に貸付ける場合、児童を連帯借受人とする。（連帯保証人は不要） ※児童に貸付ける場合、親等を連帯保証人とする。

資金種類	貸付対象等		貸付限度額	貸付期間	据置期間	償還期限	利率
技能習得資金	・母子家庭の母 ・父子家庭の父 ・寡婦	自ら事業を開始し又は会社等に就職するために必要な知識技能を習得するために必要な資金（例：訪問介護員（ホームヘルパー）、ワープロ、パソコン、栄養士等）	【一般】月額　68,000円 【特別】一括 816,000円(12月相当) 運転免許　460,000円	知識技能を習得する期間中5年をこえない範囲内	知識技能習得後1年	20年以内	（保証人有） 無利子 （保証人無） 年1.0%
修業資金	・母子家庭の母が扶養する児童 ・父子家庭の父が扶養する児童 ・父母のない児童 ・寡婦が扶養する子	事業を開始し又は就職するために必要な知識技能を習得するために必要な資金	月額　68,000円 特別　460,000円 （注）修業施設で知識、技能習得中の児童が18歳に達した日以後の最初の3月31日が終了したことにより児童扶養手当等の給付を受けることができなくなった場合、上記の額に児童扶養手当の額を加算した額	知識技能を習得する期間中5年をこえない範囲内	知識技能習得後1年	20年以内	※修学資金と同様
就職支度資金	・母子家庭の母又は児童 ・父子家庭の父又は児童 ・父母のない児童 ・寡婦	就職するために直接必要な被服、履物等及び通勤用自動車等を購入する資金	一般　100,000円 特別　330,000円	1年	6年以内	※親に係る貸付けの場合 （保証人有） 無利子 （保証人無） 年1.0% ※児童に係る貸付けの場合修学資金と同じ
医療介護資金	・母子家庭の母又は児童（介護の場合は児童を除く） ・父子家庭の父又は児童（介護の場合は児童を除く） ・寡婦	医療又は介護（当該医療又は介護を受ける期間が1年以内の場合に限る）を受けるために必要な資金	【医療】　340,000円 特別　480,000円 【介護】　500,000円	6ケ月	5年以内	（保証人有） 無利子 （保証人無） 年1.0%
生活資金	・母子家庭の母 ・父子家庭の父 ・寡婦	知識技能を習得している間、医療若しくは介護を受けている間、母子家庭又は父子家庭になって間もない（7年未満）者の生活を安定・継続する間（生活安定期間）又は失業中の生活を安定・継続するのに必要な生活補給資金	【一般】月額　105,000円 【技能】月額　141,000円 （注）生活安定期間の貸付は、配偶者のない女子又は男子となった事由の生じたときから7年を経過するまでの期間中、月額105,000円、合計252万円を限度とする。 また、生活安定期間中の養育費の取得のための裁判費用については、1,260,000円（一般分の12月相当）を限度として貸付けることができる。 （注）3月相当額の一括貸付を行うことができる。	・知識技能を習得する期間中5年以内 ・医療又は介護を受けている期間中1年以内 ・離職した日の翌日から1年以内	知識技能習得後、医療若しくは介護終了後又は生活安定期間の貸付若しくは失業中の貸付期間満了後6ケ月	（技能習得） 20年以内 （医療又は介護） 5年以内 （生活安定貸付） 8年以内 （失業） 5年以内	（保証人有） 無利子 （保証人無） 年1.0%

資金種類	貸付対象等		貸付限度額	貸付期間	据置期間	償還期限	利率
住宅資金	・母子家庭の母 ・父子家庭の父 ・寡婦	住宅を建設し、購入し、補修し、保全し、改築し、又は増築するのに必要な資金	1,500,000 円 特別 2,000,000 円		6ケ月	6年以内 特別 7年以内	（保証人有） 無利子 （保証人無） 年 1.0%
転宅資金	・母子家庭の母 ・父子家庭の父 ・寡婦	住宅を移転するため住宅の賃借に際し必要な資金	260,000 円		6ケ月	3年以内	（保証人有） 無利子 （保証人無） 年 1.0%
就学支度資金	・母子家庭の母が扶養する児童 ・父子家庭の父が扶養する児童 ・父のない児童 ・寡婦が扶養する子	就学、修業するために必要な被服等の購入に必要な資金	※高校以上は自宅外通学の場合の限度額を例示 小学校　64,300 円 中学校　81,000 円 国公立高校　160,000 円 修業施設　282,000 円 私立高校等　420,000 円 国公立大学・短大・大学院等　420,000 円 私立大学・短大・大学院等　590,000 円 （注 1）大学等修学支援法第 8 条第 1 項の規定による入学金の減免を受けることができる場合の限度額については、所定の額から当該減免の額に相当する額を控除した額とする。 （注 2）大学等修学支援法第 3 条に規定する大学等における修学の支援を受けた場合、その相当額について当該支援を受けた日から 6 ケ月以内の償還義務あり。		6ケ月	就学 20 年以内 修業 5 年以内	※修学資金と同様
結婚資金	・母子家庭の母 ・父子家庭の父 ・寡婦	母子家庭の母又は父子家庭の父が扶養する児童及び寡婦が扶養する 20 歳以上の子の婚姻に際し必要な資金	300,000 円		6ケ月	5年以内	（保証人有） 無利子 （保証人無） 年 1.0%

（出典）厚生労働省「ひとり親家庭等の支援について」

り（第 10 章参照）、母親への支援としても子どもへの支援としても重要な役割を担っている。なお DV の実態と支援については「特講 2：女性福祉」にまとめられているので参照されたい。

　子どもたちは年齢に応じて保育所や学校に通っているが、施設では時間外保育や軽度の疾病等で通園できない場合などの補完保育サービスの提供、放課後や長期休暇時の学童保育や学習支援も行っている。また、季節ごとの行事や文化・スポーツ活動を通して、母子へのレクリエーションも提供している。母親に対しては、DV 被害に対する休息と同時に、生活相談・

就労支援といった退所後の生活に向けた支援も行い、2004年の児童福祉法改正によって、施設を退所した後の利用者支援も展開している。

　さらに施設利用者だけではなく、地域で生活する母子への子育て相談・支援や、保育機能の強化、サテライト（小規模分園）型母子生活支援施設などの機能強化が求められ、施策が進められている。施設入所者は、何らかの障害を抱えている母親や子ども、外国籍の母親も増加傾向にあり、また近年では特定妊婦（出産後の子の養育について出産前に支援を行うことが特に必要と認められる妊婦）などの入所も見られ、より専門的な支援が求められている。

(3) 児童扶養手当 ••

　ひとり親家庭の経済的支援として代表的なものが児童扶養手当制度であり、児童扶養手当法に基づいている（第4章参照）。以前は離別の母子家庭を対象とした法律であったが、2010年の改正により父子家庭も対象となった。児童が18歳になった後の最初の3月31日（障害児の場合は20歳未満）まで支給され、支給対象者は、その児童を監護する母、父又は養育する者（祖父母など）である。

　手当は（令和2年における）全部支給の場合、児童1人で4万3,160円、2人目が1万190円、3人目以降は1人につき6,110円である。所得に応じて一部支給となる場合は、減額される。その所得制限の限度額は、2人世帯の収入ベースで全部支給となるのが160万円、一部支給は365万円である。2019年3月末現在の受給者数は93万9,262人であり、支給対象は母が88万4,908人、父が4万9,900人、養育者が4,454人である。

　児童扶養手当制度は、1961（昭和36）年に創設、翌1962年に施行されてから改正を重ねてきている。近年では、2010年から父子世帯への支給対象拡大、2014年から公的年金給付等との併給制限の見直し（年金額が児童扶養手当額を下回る場合には、その差額分の児童扶養手当を受給できる）、2016年から第2子加算額及び第3子加算額を最大倍増（第2子は5,000円→1万円、第3子以降3,000円→6,000円）、2018年から全部支給の所得制限限度額の引き上げ（扶養親族が1人の場合は130万円→160万円）、2019年

から支払回数の見直し（年3回から年6回へ）、といった改正が行われている。

4 ひとり親家族を通して社会と福祉を考える

(1) ひとり親施策における課題 ・・・・・・・・・・・・・・・・・・・・・・・・・・・

　ひとり親家庭の現状として、収入の低さが大きな問題として存在する。それは母子家庭だけではなく父子家庭においてもみられる。正規雇用にあるシングルファーザーであっても、子育てを一人で担いながらの就労は、子どもの急な病気や、出張・転勤などによって仕事が引き受けられない場合もあり、それが昇進に影響することもあり得る。これは、シングルマザーであっても同様であるが、シングルファーザーが親（祖父母）と同居している割合の高さをみても、男性の場合は稼ぎ手である父が「家事も子育ても担う」ことは難しいこととされ、本人も親族も私的な支援でまかなうこととなる。親族による支援を否定するものではないが、このことは「父と子のみ」の父子家族が、未だ家族の一形態としては実質的には位置づいていないとも考えられる。

　さらに、「一人で子育ても家事も仕事も担う」ことの困難さは、男女の別なく生じており、それを「母親だから当然」という認識は誤っている。また、ひとり親のなかには親や親族などの私的な支援には頼れない者も多く、シングルファーザーであっても、シングルマザーであっても、公的な支援を使いながら子どもとの生活が送れるように施策が整っていく事が望まれる。

　ひとり親家庭への施策は、子どもの貧困対策も相まって進められ、多くのメニューが用意されてきている。しかし、その利用状況をみると（全国ひとり親世帯等調査）、母子家庭・父子家庭ともに「ハローワーク」と「市区町村福祉関係窓口」が多く利用され、次いで「福祉事務所」「民生・児童委員」「児童相談所・児童家庭支援センター」となっているが、それ以外は、ほとんどが利用されていない。利用していない者のうち「制度を知らなかった」という回答が多く、先にみた困りごとにおいて「相談相手が

ほしい」という要望が多かったことからも、施策を周知していく事が必要である。

（2）子どもにとっての養育費施策 ・・・・・・・・・・・・・・・・・・・・・・・・・・

　親が何らかの事情で離婚し別々の生活を送ることになっても、子どもにとっては、自分の父親や母親との関係は切れるものではない。もちろんDV被害者など、別れたパートナーとの直接の交渉は避けたい、避けなければならない状況もある。しかし、それを差し引いても、日本の養育費の受け取りと面会交流は少ない。日本における養育費確保の支援は、相談機能の充実をはじめ、裁判費用の貸し付けや司法的な手続きによって養育費の支払いを強制執行させる制度は改善されてきている。しかし、これを利用できるのは、公正証書や調停調書、判決などがある場合に限られており、その裁判の手続きに上るまでのハードルは高い。

　基本は当事者任せの政策であり、他国のように行政システムによって養育費を徴収し支払われるといった制度の導入には至ってはいない。DV被害者への配慮からも、こうした手段が整えられる必要がある。ひとり親施策における「養育費確保支援」は、残念ながら前述のように児童扶養手当給付見直しの中で生じているが、養育費の確保と児童扶養手当の削減がトレードオフになってはならない。公的な給付を削減するためではなく、子どもにとっての親のつながりという観点から離婚後の親子をつなぐ支援が求められる（下夷 2014）。

（3）ひとり親家族と社会 ・・・・・・・・・・・・・・・・・・・・・・・・・・・・・・・・・・

　今後、ひとり親に対する施策が有効に機能していくかどうかを注視していくのと同時に、「ひとり親家族」が、本当に社会における家族の一形態として位置づいているのかどうかについても、多方面から検討していくことが求められる。

　たとえば木村（2017）は、改正教育基本法の英訳から、政府からみた家族について指摘している。すなわち、同法の第10条「家庭教育」における「父母その他の保護者」について、文部科学省のホームページで公開さ

れている英訳では、"mothers, fathers, and other guardians" となっており、母親である "mothers" が先頭にして訳されている。反対に、国際条約の「児童の権利条約」において、"both parents" や "parents" と英語表記で策定されている箇所についての外務省訳では、「父母」と訳されており、「親」や「両親」といった訳は使われていない。「親」と表記しておけばシングルファーザーやシングルマザーでも同性カップルの両親でもあてはまるものを、あえて「父母」を用いるのは、「父母子」が標準的で望ましい家族像であり、しかも家庭教育における一義的責任が母親にあることを示しているのではないか、と述べている。

　ひとり親家族をめぐる言説や施策は、単に生活様式として色々な家族があるというレベルではなく、社会の単位として制度も整い、本来の家族の多様化が実現できているかどうかについて、考える機会を与えてくれている。

■注
1　未婚の母とは、結婚（入籍）をせずに子どもを産み育てる母親のことである。「未婚」が「未だ結婚していない」の意味を含んでいるため、結婚しないで子どもを産み育てることを主体的に選択している、として「非婚」を使う場合もある。
　　表2に見るように「未婚の母」の割合は1割弱と少ない。日本では婚姻関係が重視され、一方、婚外子（非嫡出子）に対する民法上の差別や社会的偏見もあることから、婚姻関係にないカップルや女性が子どもを産み育てることは少ない。ひとり親家族における、「死別・離婚・未婚」は、ひとり親になる理由の区別だけではなく、社会的な差別も存在している。
2　養育費の金額については、算定方法についての法律などがない。家庭裁判所の調停などにおいても、最高裁判所の「算定表」を目安に決められる。2003年にはじめてつくられた基準を16年ぶりに見直し、2019年12月に新基準の「算定表」が出された。新基準では、多くの場合、月に1～2万円程度受け取る金額が増える。
3　寡婦とは「かつて配偶者のない女子として児童（20歳未満）を扶養していたことのあるもので、現に配偶者のいないもの」とされる。すなわち、かつては母子家庭であったが、子どもが成人し、あるいは死亡して、母子家庭でなくなった場合を示す。

■文献

木村涼子（2017）『家庭教育は誰のもの？家庭教育支援法はなぜ問題か』岩波ブックレット

厚生労働省（2017）「平成 28 年度 全国ひとり親世帯等調査結果報告」

厚生労働省子ども家庭局家庭福祉課（2020）「ひとり親家庭等の支援について 令和 2 年 4 月」

下夷美幸（2014）「離別した父親の扶養義務の履行確保について──日本とアメリカの養育費政策」『貧困研究』Vol.12、明石書店

全国母子生活支援施設協議会（2019）『平成 30 年度基礎調査報告書』

第14章

非行少年の背景と支援

岩田美香

1 少年犯罪のイメージと実際

（1）非行少年の定義 ・・・・・・・・・・・・・・・・・・・・・・・・・・・・・・・・・・・・

　少年犯罪や非行少年からイメージするのは、マスコミで報道されるような殺人事件やオレオレ詐欺の受け子であろうか。あるいは学校に行かず夜遊びをしている少年や少女たちであろうか。なかには昔の暴走族を思い出す人や、学校で問題となっているイジメを連想するかもしれない。

　非行少年の定義は少年法に記されている。少年法は満20歳未満を対象とする法律であり、満20歳未満を「少年」と呼んでいる。少年法における「少年」は男子だけではなく女子も含まれ、本章でも男女ともに「少年」で記していく。少年法第3条では、家庭裁判所における「審判に付すべき少年」について規定しており、次の3つに分類される。

①犯罪少年「罪を犯した少年」：刑法では「14歳になると刑事責任が問える」としていることから、14歳以上20歳未満で刑罰法令に触れる行為を行った者を犯罪少年と言う。

②触法少年「14歳に満たないで刑罰法令に触れる行為をした少年」：14歳未満は責任能力がないと見なされ刑事責任は問えない。そのため、その行為は「刑罰法令に触れる行為」とされる。

③虞犯少年（ぐはん）「次に掲げる事由があって、その性格又は環境に照らして、将来、罪を犯し、又は刑罰法令に触れる行為をする虞（おそれ）のある少年」：犯罪は行っていないが、本人の性格や環境からして、このまま放置しておくことで、将来、非行や犯罪を行うおそれがある少年のことを指し、家庭

裁判所の保護審判の対象とされている。また上記の少年法における「次に掲げる事由」とは、以下の４つである。

・保護者の正当な監督に服しない性癖のあること
・正当の理由がなく家庭に寄り附かないこと
・犯罪性のある人若しくは不道徳な人と交際し、又はいかがわしい場所に出入りすること
・自己又は他人の特性を害する行為をする性癖のあること

　このほかにも、非行少年には該当しないが、飲酒や喫煙、深夜はいかい、その他自己又は他人の徳性を害する行為をしている少年は、警察や学校などが「不良行為少年」として補導の対象としている。

（2）少年犯罪の実際 ･･･

　少年たちによる犯罪は増えているのだろうか。私たちは、少年による犯罪が大きく報じられると、少年犯罪が増加し凶悪化しているように感じられる。また内閣府による「非行少年に関する世論調査（2015 年 7 月調査）」をみても、「5 年前と比べて少年による重大な事件が増えていると思うか」という問いに対して、「増えている」とする者の割合が 78.6％（「かなり増えている：42.3％」＋「ある程度増えている：36.3％」）と高い。

　実際の統計から見てみよう。図 1 は、触法少年も含めた、少年による刑法犯・危険運転致死傷害・過失運転致死傷害等の検挙人数と人口比の推移である。全体的な傾向としては、① 1951 年をピークとする第一の波、② 1964 年をピークとする第二の波、③ 1983 年をピークとする第三の波、という大きく 3 つの波があり、平成では 1996 〜 1988 年、2001 〜 2003 年に一時的な増加がみられたが、全体として減少傾向にあり少年非行は増加しているわけではない。また最新の 2018 年では 4 万 4,361 人と最少記録を更新している。

　さらに世代ごとの集団（コホート）の違いを見てみる。「1971 〜 1976 年生」「1977 〜 1982 年生」「1983 〜 1988 年生」「1989 〜 1994 年生」

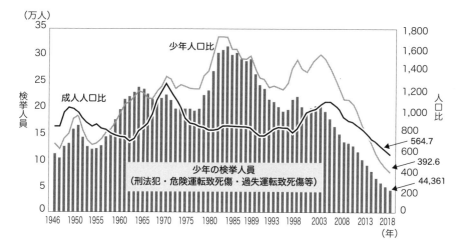

（万人）

35

30

25

20

15

10

5

0

検挙人員

成人人口比

少年人口比

少年の検挙人員
（刑法犯・危険運転致死傷・過失運転致死傷等）

1946 1950 1955 1960 1965 1970 1975 1980 1985 1989 1993 1998 2003 2008 2013 2018
（年）

1,800
1,600
1,400
1,200
1,000
800
600
400
200
0

人口比

564.7
392.6
44,361

■図１　少年・成人の刑法犯・危険運転致死傷・過失運転致死傷等
検挙人員・人口比・少年比
（出典）『犯罪白書〈令和元年版〉』

（注）　1　警察庁の統計。警察庁交通局の資料及び総務省統計局の人口資料による。
　　　　2　犯行時の年齢による。ただし、検挙時に20歳以上であった者は、成人として計上している。
　　　　3　触法少年の補導人員を含む。
　　　　4　「少年人口比」は、10歳以上の少年10万人当たりの、「成人人口比」は、成人10万人当た
　　　　　りの、それぞれの検挙人員である。
　　　　5　昭和45年以降は、過失運転致死傷等による触法少年を除く。

「1995 〜 2000 年生」のそれぞれについて、少年の年齢（12 〜 19 歳）ごと
の非行少年率（各年齢の者 10 万人当たりの刑法犯検挙・補導人員）を分析
すると、最も若い世代である「1995 〜 2000 年生」は、それ以前に生まれ
た世代と比べて、12 〜 19 歳のいずれにおいても低くなっている（犯罪白
書〈令和元年版〉）。「今どきの若者」の方が、非行少年は少ないと言える。
　では、犯罪の内容についてはどうだろうか。2002 〜 2018 年における、刑
法犯少年等の検挙・補導人員（罪種別構成割合）を見てみる。14 歳以上の
刑法犯少年においても、14 歳未満の触法少年においても、窃盗犯が 56 〜
69％と最も多く、暴行・傷害などの粗暴犯が 6 〜 15％であり、両者で約 7
〜 8 割を占める。凶悪犯と言われる「殺人・強盗・放火・強制性交等」は、
0.6 〜 2％と少ない割合で推移している（子供・若者白書〈令和元年版〉）。

2 少年保護の理念と保護処分

(1) 少年保護の考え方 ・・・・・・・・・・・・・・・・・・・・・・・・・・・・・・・

　非行少年たちは、どのような処分を受けるのであろうか。それを見ていく前に、先の少年法による非行少年の定義について振り返りたい。非行少年のカテゴリーには、まだ犯罪をしていない「虞犯少年」も含まれているが、それはなぜであろうか。これは少年保護の考え方によっている。すなわち少年非行では、少年の行為の違法性の大小（非行事実の認定）と同等かそれ以上に、その少年に対して保護を必要とするのか否か（要保護性の認定）によって対応のあり方を考慮する。

　少年保護の理念は、少年法第1条に、「少年の健全な育成を期し、非行のある少年に対して性格の矯正及び環境の調整に関する保護処分を行う」とあるように、「行われた罪に応じて刑罰を科す」といった応報的な考え方よりも重要視されている。少年が、非行をするに至った家庭的・社会的事情や少年の抱える問題特性を調べ、その解消のためにはどのような教育的介入や社会的援助が必要かといった、要保護性に応じて少年の福祉や健全育成を図っていくというものである。これは児童福祉法の理念にも通じている。少年保護における「健全育成」には、罪を犯すことを抑制することと同時に、少年の人間的成長と発達を助けることが含まれている。それは、少年が成長の途上にあり可塑性に富むというとらえ方から来ている。家出を繰り返しているような、また売春に至るような援助交際をしている者を「虞犯少年」として対応していくのは、その少年たちが犯罪に巻き込まれ、あるいは罪を犯すことを防ぐためである。

(2) 非行少年の処遇プロセス ・・・・・・・・・・・・・・・・・・・・・・・・・・・

　非行の事実から処分の決定に至るまでの非行少年の手続についても、基本的に「要保護性」について検討している。図2は、非行少年の処遇の流れと2018年における各段階の人数である。非行少年が警察等に補導され検挙された後、その少年が14歳以上の少年であれ

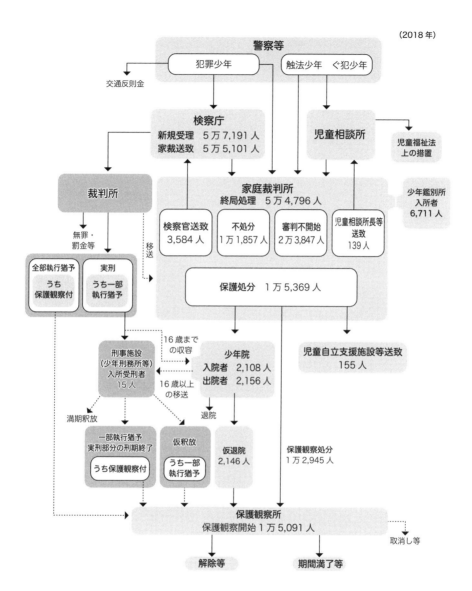

(2018年)

■図2　非行少年処遇の概要
（出典）『犯罪白書〔令和元年版〕』

（注）　1　検察統計年報、司法統計年報、矯正統計年報及び保護統計年報による。
　　　　2　「検察庁」の人員は、事件単位の延べ人員である。例えば、1人が2回送致された場合には、2人として計上している。
　　　　3　「児童相談所長等送致」は、知事・児童相談所長送致である。
　　　　4　「児童自立支援施設等送致」は、児童自立支援施設・児童養護施設送致である。
　　　　5　「出院者」の人員は、出院事由が退院又は仮退院の者に限る。
　　　　6　「保護観察開始」の人員は、保護観察処分少年及び少年院仮退院者に限る。

ば、原則すべての少年が家庭裁判所に送られる（このことを「全件送致主義[1]」という）。ただし凶悪な犯罪を行った場合や、家庭裁判所における少年審判よりも成人と同様の刑事裁判にかけた方がよいと判断された場合は、検察官に送致される。また14歳未満である触法少年と14歳未満の虞犯少年は、刑事責任は問わないため児童相談所に送られ、14歳以上18歳未満の虞犯少年は児童相談所あるいは行為が重大な場合は家庭裁判所に送られる。児童相談所を規定する児童福祉法は、その対象が18歳未満のため、18歳以上20歳未満の虞犯少年については家庭裁判所へ送致される。

　家庭裁判所とは、司法機能と福祉機能を併せもつ機関であり、少年事件だけではなく親子、夫婦、相続といった家事事件も取り扱う。家庭裁判所には、裁判官の他に「家庭裁判所調査官」がおり、少年の生育歴や家庭・学校などの生活環境といった少年の要保護性に関する調査（社会調査）を行い、少年審判における保護処分の決定に役立てている。その間、少年は必要に応じて観護措置として少年鑑別所に収容され、医学、心理学、教育学、社会学などの専門知識に基づいた鑑別（観察し調査する）を受ける。その後、審判の結果として言い渡される保護処分も、少年を「懲らしめ、罰する」ためのものではなく、非行少年が自らの行為に向き合い、立ち直らせるためのものである。一般の裁判所では傍聴席があり公開となっているのに対して、家庭裁判所での審判は非公開となっている。

　家庭裁判所によって言い渡される保護処分には、①保護観察所の保護観察、②児童自立支援施設又は児童養護施設に送致（児童福祉法による措置）、そして③少年院（第1〜4種）送致がある。

(3) 児童自立支援施設や少年院における支援と教育 ・・・・・・・・・・・・

　児童自立支援施設（第11章参照）は、法務省管轄の施設ではなく、児童福祉法第44条を法的根拠にもつ児童福祉施設であり、1997年の児童福祉法改正によって、「教護院」から現在の名称に変更している。施設の目的には「不良行為をなし、又はなすおそれのある児童及び家庭環境その他の環境上の理由により生活指導等を要する児童」を入所させるとしているが、実際は非行ケースへの対応だけではなく、他の施設では対応が難しく

なったケースの受け皿としての役割も果たしている。

　他の児童福祉施設と同様に児童相談所から入所する場合と、図2にあるように少年法に基づく家庭裁判所の保護処分によって入所する場合とがある。そのため大部分が公立施設であり、全国に58か所ある施設のうち、国立2か所、公立54か所、私立2か所となっている。施設内では歴史的に小舎夫婦制という、実際の夫婦が一つの寮舎を担当する家庭的な支援を展開していることが特徴的であったが、現在では後継者不足の問題もあり、職員による交代制の施設が増えている。また1997年の児童福祉法の改正によって、従来は「準ずる教育」として施設職員が独自に行っていた教育から、地域における学校の分校・分教室が施設内にでき、公教育が保障されるようになった。近年では、教員と施設職員との連携による教育実践も報告されてきている（小林2013）が、入所率の低さ（2018年10月1日現在、全国で3,609人の定員に対して入所者数が1,226人）が課題となっている。

　少年院は少年院法に基づいており、少年を収容し矯正教育を行う法務省所管の国の施設である。2014年に法改正され、初等・中等・特別・医療少年院の4種から、第1種少年院〜第4種少年院の4種に変更された。それぞれの少年院の対象は下記の通りである。

①**第1種少年院**：心身に著しい障害がない概ね12歳以上23歳未満の者。以前の初等・中等少年院に相当する。
②**第2種少年院**：心身に著しい障害がない犯罪的傾向が進んだ概ね16歳以上23歳未満の者。以前の特別少年院に相当する。
③**第3種少年院**：心身に著しい障害がある概ね12歳以上26歳未満の者。以前の医療少年院に相当する。
④**第4種少年院**：少年院において刑の執行を受ける者。今回の改正で新たに設けられた。

　少年院では、法務教官と呼ばれる職員が改善更生と円滑な社会復帰を図るための矯正教育を行っている。矯正教育は、少年の特性にあわせて「生活指導」「職業指導」「教科指導」「体育指導」「特別活動指導」を組み合わ

せて行われている。少年院教育に関する実践の紹介や教育などについての調査研究も報告されており（品川 2005、広田・古賀・伊藤 2012、広田・後藤 2013）、さらに、通信制高校を活用して少年院にいる少年たちに高等教育の機会を提供する仕組みの検討も始まっている（朝日新聞 2020）。

3 非行少年の背景

(1) 少年たちの家族と生活 ・・・・・・・・・・・・・・・・・・・・・・・・・・・・・・・・・・・・

　どのような少年たちが犯罪に手を染めていくのであろうか。彼らの社会的背景について、少年院のデータからみていく。表1は、少年院における「新収容者」の生活水準の推移を示している。「貧困」が少年院では2～3割で推移しており、単純には比較はできないが、社会全体の子どもの貧困率（2018年：13.5%）よりも高くなっている。また、彼らの保護者については表2に示している。「実父母」が保護者である少年の割合は3割程度、「実母のみ」は3～4割となっている。近年は、「義父実母」が1割を超えており、「実母のみ」とあわせると5割前後となっている。もちろん保護者が実父母でないということが非行の原因となるものではない。しかし

■表1　全国の少年院における「新収容者」の生活程度

年度	富裕	普通	貧困	不詳	N
2005 年	2.4	70.4	25.8	1.4	4,878
2007 年	2.4	69.4	27.3	0.8	4,074
2009 年	2.4	65.6	31.0	0.9	3,962
2011 年	2.1	68.2	28.7	1.0	3,486
2013 年	2.6	68.8	28.0	0.6	3,193
2015 年	3.0	69.4	26.9	0.6	2,743
2017 年	3.4	70.5	25.3	0.8	2,147
2019 年	4.9	70.0	24.1	1.0	1,727

（注）単位は、Nが（人）、その他が（%）

（出典）各年度の「矯正統計年報」より筆者作成

■表2 少年院における「新収容者」の保護者

年度	実父母	実父	実母	実父義母	義父実母	養父(母)	その他	なし	不詳	N
2005 年	42.2	10.0	32.7	3.2	7.7	0.9	2.9	0.5	0.0	4,878
2007 年	37.7	11.1	36.2	2.7	8.1	0.9	2.7	0.3	0.1	4,074
2009 年	34.7	10.9	38.3	2.5	9.0	0.9	3.2	0.4	0.0	3,962
2011 年	33.6	10.9	39.7	2.2	9.2	1.1	2.8	0.4	0.0	3,486
2013 年	31.7	11.4	39.5	2.5	10.0	1.1	3.5	0.4	0.0	3,193
2015 年	30.5	10.6	42.5	2.2	10.2	0.6	2.8	0.4	0.0	2,743
2017 年	31.4	8.8	42.5	2.0	10.0	1.0	4.0	0.4	0.0	2,147
2019 年	32.7	8.9	39.5	1.7	11.8	1.0	4.2	0.2	0.0	1,727

（注）単位は、Nが（人）、その他が（％）

（出典）各年度の「矯正統計年報」より筆者作成

少年院における被虐待経験は男子で33.8％、女子で51.4％にも上っており（犯罪白書〈令和元年版〉）、複雑な養育環境にあったことが推察される。

（2）少年たちの家族関係と教師 ・・・・・・・・・・・・・・・・・・・・・・・・・・・・・・

　少年たちの日常については司法統計からは拾えないため、筆者が行った調査（岩田 2017）から見ていきたい。予防的視点から、少年院入院までには至っていない児童自立支援施設に入所している少年たちの家族や教師との関係を概観する。

　施設に入る前に暮らしていた家族とのコミュニケーションでは、親（親に代わる人）に悩みや心配事を「話さない」者は男子で62.9％、女子では75.6％にも上る。しかし彼らは親とのコミュニケーションを欲しており、「もっと話がしたい」という回答は男女ともに69.9％と高い。

　反対に「家族が暴力をふるうこと（表3）」については、「いつも＋時々あった」が男子で47.8％と半数近く、特に女子では70.8％と高い。そのため「家族との生活の満足度」も「満足していない」が、男子35.9％、女子では66.9％であり、その理由も「家庭での争いごとがある」が最も高く、以下、家族に関する内容が続いている（表4）。

■表3　家族による暴力経験

	全体		性別	
	回答数	全体（%）	男性 (%)	女性 (%)
いつもあった	164	16.8	13.4	25.7
時々あった	366	37.4	34.4	45.1
あまりなかった	197	20.1	22.2	14.6
まったくなかった	252	25.7	30.0	14.6
合計	979	100.0	100.0	100.0

（出典）『社会的養護における「家庭的」支援の検討』

■表4　生活に満足していなかった理由

（複数回答）

	全体 N=409		性別	
	回答数	(%)	男性 (%)	女性 (%)
家庭の収入が少ない	107	26.2	24.4	28.5
家庭に争いごとがある	262	64.1	60.7	68.6
家族で一緒に楽しむことがない	237	57.9	51.3	66.9
家に居場所がない	177	43.3	33.3	57.0
家がせますぎる	96	23.5	21.8	26.2
家の周囲の環境が悪い	144	35.2	31.2	40.1
親（親にかわる人）の愛情が足りない	151	36.9	28.6	47.7
親（親にかわる人）が自分に厳しい	191	46.7	41.5	52.9
親（親にかわる人）が自分を理解してくれない	222	54.3	46.2	65.1
親（親にかわる人）の職業が嫌い	41	10.0	6.8	14.0
兄弟・姉妹との仲が悪い	111	27.1	23.1	31.4
一緒に住んでいる人との気が合わない	167	40.8	39.3	42.4
ただなんとなく	75	18.3	17.1	20.3
その他	94	23.0	20.9	26.2

（出典）『社会的養護における「家庭的」支援の検討』

家族との関係に満たされていない彼らにとって、親以外に彼らの育ちを見守る大人として学校の先生の存在は大きい。少年たちにとって学校の先生とは、指導をめぐって衝突することも多いが、日常、家族の次に顔を合わす大人である。学校の先生との関係では、男子の 64.6％、女子の 72.1％に「好きな先生がいた」と回答している。家族に期待できない彼らにとって、指導や注意を受けながらも自分のことを気にかけてくれる先生は頼れる大人なのであろう。

4　少年法の改正から非行少年支援を考える

(1) 少年法の改正による厳罰化 ・・・・・・・・・・・・・・・・・・・・・・・・・・・・・・

　少年の定義の所でも述べた少年法は 1948（昭和 23）年に制定された法律であるが、その後、今日まで多くの改正がされている。主要な改正内容を拾っていくと、2000 年の改正では、刑事処分をできる適用年齢が「16歳以上」から「14 歳以上」へと引き下げられ、犯行時 16 歳以上で故意の犯罪行為によって被害者を死亡させた事件は「刑事処分相当として事件を検察官に戻すこと（これを「逆送」と言う）」が原則となった。

　少年法厳罰化の背景には、少年による殺人事件を契機にして世論やマスコミによる「厳罰化」を求める声が大きくなったことや、被害者に比べて加害少年が守られすぎているといった被害者や被害者遺族の感情への配慮がある。さらに 2007 年の改正では、少年院送致年齢が「14 歳以上」から「おおむね 12 歳以上」に引き下げられ、2008 年の改正では原則は非公開である家庭裁判所の少年審判において、重大事件の犯罪被害者等（被害者本人、その遺族等）の少年審判傍聴を、裁判官の判断により許す事ができるとした。また 2014 年の改正では、18 歳未満の少年に対して無期懲役に代わって言い渡せる有期懲役の上限を「15 年」から「20 年」に延長し、不定期刑[2]の上限についても、「5 年〜 10 年」を「10 年〜 15 年」に引き上げた。さらに検察官が係わる少年事件についても、従来は殺人などの重大犯罪に限られていたが、2014 年の改正によって窃盗や恐喝なども対象となった。

こうした少年法改正（厳罰化）については賛否あるが、「被害者への対応と加害者の処遇との不均等を解消するための方策が、加害少年に厳しく重い非行責任を追求するという方向性は正しいのか」それよりも「被害者への権利擁護や支援策を充実させることによって、被害者と加害者の不均等を解消すべきではないか」「厳罰化は非行少年をいっそう追い込んで、再犯リスクを高める可能性はないのか」「厳罰化よりは、自らが犯した罪に対峙できるように人格を成熟させていく事に力を注ぐべきではないか」といった反対意見もあがっている。

（2）非行少年への支援を考える ･･････････････････････････････

　上述の少年法改正に加えて、少年法の適用年齢の引き下げも検討されてきた。2015 年の改正公職選挙法で選挙権年齢が 18 歳以上に引き下げられ、2018 年に成年年齢を 20 歳から 18 歳に引き下げる民法の一部を改正する法律が成立したことに伴い、少年法の年齢も 18 歳未満とするものである。しかし 2018 年度における少年院入院者の人員は、14 〜 15 歳の年少少年が 240 人、16 〜 17 歳の年中少年が 769 人、18 〜 19 歳の年長少年は 1,099 人であり、年長少年が 52.1％を占めている（犯罪白書〈令和元年版〉）。少年法の適用年齢を 18 歳未満に引き下げるということは、少年院に在院している、この約半数の 18 〜 19 歳の少年が大人と同じ手続きで裁かれることとなる。これまで見てきたように凶悪犯の非行少年は少なく、少年非行の多くは成人でいえば「起訴猶予」レベルである。その彼らが「起訴猶予」として何の教育もなく社会に戻されることは再犯の可能性が高くなる、と懸念する指摘もあった（朝日新聞 2019）。

　少年法の改正は 2021 年 5 月 21 日に成立し（2022 年 4 月施行）、少年法の適用年齢は 20 歳未満で維持されたが、18 〜 19 歳の少年を「特定少年」として特例規定を新設した[3]。

　私たち社会は、いったい非行少年をどのように扱いたいのであろうか。私たちは「彼らが犯した事件の内容」を見ていただけで、「彼らに何が必要であったのか」について考えることはなかったのではないだろうか。少年法の厳罰化に見られる考え方は少年保護の理念からは遠いものであ

る。2000年以降に少年法が大きく改正され、少年たちへの対応が厳しくなっているにもかかわらず、再非行少年率は減っていない。2018年度も35.5％であり（犯罪白書〈令和元年版〉）、厳罰化が功を奏しているとはいえない。

　非行少年への支援は、少年院や児童自立支援施設における教育や処遇の充実が求められるが、「反省以前」と言われるように彼らが抱えている発達課題の問題も存在しており（宮口2019）、よりていねいな対応が必要である。あわせて、彼らが社会に復帰してからの支援や、彼らが犯罪に繋がることを未然に防ぐための支援が求められる。これまで見てきた少年たちの背景からも、彼らが「非行少年」としてではなく、もっと早くに「子どもと家族」としての支援に繋がらなかったのかと残念に思われる。私たちは人との関わりの中で良くも悪くも変わっていくものであり、「困った、厄介者の彼ら」として排除するだけではなく、少年たちの想いや背景に目や耳を傾けて考えてみるという試みはできるかもしれない。そうした世論を形成する社会の一員としての小さな感情や考え方の変化が、子どもたちが非行少年にならずに育っていけるような地域や社会へと変えていくと思われる。

■注
1　少年事件の全てを原則、家庭裁判所に送致する仕組み。大人の事件の場合、検察官が起訴するかどうかを判断するが、少年事件の場合は家庭裁判所が関与して処分を決める仕組みが、少年たちの社会復帰のために有効であるとされている。
2　懲役または禁錮刑について「5年以上10年以下」など、幅がある刑期の事を「不定期刑」と言い、この場合の「5年」を「不定期刑の短期」、「10年」を「不定期刑の長期」と言う。2014年の改正では、不定期刑において最も重い（長い）刑期が「10年以上15年以下」に引き上げられた。
3　18～19歳の「特定少年」については、①大人と同様の「検察官送致（逆送）」とする犯罪の対象を広げる、②起訴後の実名・顔写真報道の解禁、さらに③保護処分は罪に見合った重さにするなど、実質的な厳罰化の内容となっている。また、罪を犯した者は全員家庭裁判所送致とするが、④18～19歳の虞犯少年は家裁送致の対象から除外するなど、少年非行の予防においても疑問視される内容となっている。

■文献

朝日新聞（2019）「少年法引き下げ『もっと悪くなれ』と同じ」2019 年 1 月 27 日

朝日新聞（2020）「少年院で高等教育　来年度実施へ検討」2020 年 6 月 26 日

土井隆義（2010）『人間失格？「罪」を犯した少年と社会をつなぐ』日本図書センター

後藤弘子 監修（2016）『よくわかる少年法』PHP 研究所

広田照幸・古賀正義・伊藤茂樹 編（2012）『現代日本の少年院教育──質的調査を通して』名古屋大学出版会

広田照幸・後藤弘子（2013）『少年院教育はどのように行われているか──調査からみえてくるもの』矯正協会

法務省法務総合研究所（2019）『令和元年版 犯罪白書──平成の刑事政策』法務省

岩田美香（2008）「少年非行からみた子どもの貧困と学校」浅井春夫・松本伊智朗・湯澤直美編『子どもの貧困』明石書店

岩田美香（研究代表者）（2017）『社会的養護における「家庭的」支援の検討──児童自立支援施設からの考察　2016 年度報告書』

岩田美香（2020）「非行少年と家族支援」下夷美幸 編『家族問題と家族支援』放送大学教育振興会

小林英義（2013）『もうひとつの学校──児童自立支援施設の子どもたちと教育保障』生活書院

宮口幸治（2019）『ケーキの切れない非行少年たち』新潮社

内閣府「少年非行に関する世論調査（平成 27 年 7 月調査）」
https://survey.gov-online.go.jp/h27/h27-shounenhikou/index.html　2020 年 6 月 15 日

内閣府（2019）『子供・若者白書〈令和元年版〉』

品川裕香（2005）『心からのごめんなさいへ ──一人ひとりの個性に合わせた教育を導入した少年院の挑戦』中央法規出版

特講 1

ひきこもりと若者支援

関水徹平

● 1 ひきこもり問題の現状

　ひきこもりと聞いて、何をイメージするだろうか。自室に閉じこもって出てこない、若い男性かもしれない。だが、実際にひきこもりと呼ばれる人の中には、外出できる人も多い。女性もいるし、年齢層も若者から中高年層まで、幅広い。

　ひきこもり問題について、内閣府は全国調査をおこなっている。2015年と 2018 年の調査をみておこう（それぞれ 15 〜 39 歳、40 〜 64 歳が調査対象）。調査結果によると、15 〜 39 歳では 54.1 万人（同じ年齢層の人口の1.57%）、40 〜 64 歳では 61.3 万人（同 1.45%）がひきこもり状態だという。あわせると 15 〜 64 歳の 100 万人以上にのぼる[1]。ちなみに、女性が占める割合は、15 〜 39 歳で 4 割、40 〜 64 歳で 2 割強である。

　内閣府調査がとらえた「ひきこもり」の実態についてもう少し見ておこう。この調査では「ふだんの外出頻度」を尋ねている。選択肢は以下の 8 つだ。「1.　仕事や学校で平日は毎日外出する」「2.　仕事や学校で週に 3 〜 4 日外出する」「3.　遊び等で頻繁に外出する」「4.　人づきあいのためにときどき外出する」「5.　ふだんは家にいるが、自分の趣味に関する用事のときだけ外出する」「6.　ふだんは家にいるが、近所のコンビニなどには出かける」「7.　自室からは出るが、家からは出ない」「8.　自室からほとんど出ない」。

　これらの選択肢のうち、どの状態が「ひきこもり」だろうか。「自宅から出ない」のは選択肢 7 と 8 だが、内閣府の調査では、選択肢 5 と 6 も加えて、5 から 8 の状態（が 6 か月以上続くこと）を「ひきこもり」と定義している。

　意外かもしれないが、「ひきこもり」状態の人のうち、自宅から出ない（選択肢 7・8）という人は 1 割程度しかいない。趣味の用事やコンビニな

どには出かける人（選択肢5・6）が9割と、外出するケースが大半だ。ひきこもり状態の人は100万人以上いるというが、内閣府調査がとらえた「ひきこもり」は、必ずしも自室・自宅に閉じこもっている状態ではない。

● **2　ひきこもり支援・若者支援の展開**

（1）若者期と社会的自立

　内閣府の調査が家から出る状態を「ひきこもり」に含めた理由は、「社会的自立に至っているかどうかに着目」しているからである。「社会的自立」の基準は、先ほどの選択肢の1番「仕事や学校で平日は毎日外出する」である。この状態を基準として、そこから距離がある状態（選択肢5から8）を「ひきこもり」と定義したために、外出する状態も「ひきこもり」に含まれることになった。

　内閣府調査は「社会的自立」を基準にした理由を明言していないが、これまでひきこもり問題が「若者の社会的自立」という文脈で議論されることが多かったためだと思われる。「若者の社会的自立」とは、簡単にいえば、若者が学校を卒業して仕事に就くことで、生まれ育った家族に依存しなくなるプロセスである。

　では「若者」とは誰だろうか。「若者」に唯一の正しい定義があるわけではない。たとえば、厚生労働省の「わかものハローワーク」は正社員就職を目指す若者を対象に就職支援を行っているが、利用対象は34歳以下である。同じく厚生労働省の「地域若者サポートステーション」は働くことに悩む若者に、就労に向けた支援を提供しているが、利用対象は2019年度までは15歳〜39歳、2020年度以降は15歳〜49歳に拡大された。

　このように「若者」とされる範囲にはバラツキや変化がある。その理由は、若者期が子どもから大人への「移行期」だからである。移行期のゴール（終わり）は大人になることだが、大人になることの基準や大人になるプロセスが変化すれば、若者期の長さや中身も変化する。

　大人になるとはどのようなことだろうか。この問いも、一筋縄では答えられないが、一般的に、大人になることは「自立」という言葉で説明され

ることが多い。学校を卒業して仕事に就き「社会的に自立すること」は大
人になることの一般的なイメージだろう。ひきこもりは、内閣府調査がと
らえたように、まさにこの社会的自立から離れ、大人になることから遠ざ
かっている状態として問題視されてきた。

　地域若者サポートステーションの利用対象年齢が 49 歳まで広がったこ
とは、社会的自立がスムーズに行かなくなり、移行期の長期化が起きてい
ることを示している（本章第 3 節参照）。ひきこもり問題も、そのような大
人への移行期の問題という文脈に位置づけられてきたのである。

（2）社会的自立への公的支援政策

　では、若者の社会的自立やひきこもりをめぐる問題に、これまで国や自
治体はどのように対応してきたのだろうか。

　ひきこもりという言葉は、1980 年代末に出された青少年問題審議会の答
申の中に、青少年の「非社会的行動」「心の問題」として登場する。2000
年代前半以降、とくに「ニート」（若年無業者）の問題と合流する形で、
若者の社会的自立や就労に関わる問題として広く知られるようになった[2]。

　2003 年 6 月に「若者自立・挑戦プラン」が発表されたが、これがフリー
ター、若年失業者・無業者など「若者の雇用問題」に対する初めての「包
括的な支援計画」である（宮本 2015a）。2003 年 11 月に発表された「青少
年育成支援大綱」では「新たに大きな問題として若者の社会的自立の遅
れ」が生じていると指摘されている。

　1990 年代には、フリーターやひきこもりなど若者の「社会的自立の遅
れ」がすでに社会問題になりつつあったが、次章で述べる若年雇用環境の
変化とは認識されず、甘え（若者の未成熟）として若者たちの側が批判さ
れていた（濱口 2013）。若者が就職できずに困っているという「若者の雇
用問題」は 2000 年代半ばにようやく認識された（濱口 2013）。

　若者の社会的自立の問題に取り組む具体的な支援事業として、2005 年
度には「若者自立塾」事業が実施されるが「事業仕分け」により 2009 年
度いっぱいで廃止された。2006 年度には、前節で触れた地域若者サポー
トステーション（サポステ）事業がスタートした。

2009 年 7 月には、「子ども・若者育成支援推進法」が成立する。この法律は「子ども・若者をめぐる環境が悪化し、社会生活を円滑に営む上での困難を有する子ども・若者の問題が深刻な状況にあることを踏まえ、子ども・若者の健やかな育成、子ども・若者が社会生活を円滑に営むことができるようにするための支援その他の取組」について、国および地方公共団体の責務を定めたものである。この法律の中に「ひきこもり」という言葉は出てこないが、「社会生活を円滑に営む上での困難を有する子ども・若者」には、当然ひきこもり状態の子ども・若者も含まれるだろう。

　具体的な取り組みとしては、「関係機関等による支援」として「教育、福祉、保健、医療、矯正、更生保護、雇用その他の子ども・若者育成支援に関連する分野の事務に従事するもの」が「相談、助言又は指導」「医療及び療養」「生活環境の改善」「修学又は就業の支援」などを行うよう求めている。雇用問題にとどまらず、子ども・若者の育成への国・自治体の公的責任を明記した点で、画期的な法律だといえるだろう[3]。

　2010 年 7 月には、「子ども・若者育成支援推進法」に基づいて、「子ども・若者ビジョン」が制定された。推進法の理念に基づいて、子ども・若者の育成に国、地方公共団体、民間団体等が連携して取り組むことが宣言された。2016 年 2 月、「子ども・若者ビジョン」は「子ども・若者育成支援推進大綱」に改訂された[4]。

(3)「就労困難層」の発見と自立支援の現状

　若者の社会的自立に向けた公的支援の中心を担ってきたのが、地域若者サポートステーション（サポステ）である。サポステは、2006 年度に 25 か所でスタートし、2020 年 6 月現在、全国 177 箇所にまで拡大している（多くは NPO など民間団体が受託して実施）。

　では、社会的自立を支援する現場はどのような様子だったのだろうか。サポステの支援現場の様子をみておこう。

　相談に来る若者たちは、複合的な不利を抱え、就労まで距離のある若者たち（就労困難層）が多い。宮本みち子（2015b）によれば、サポステ利用者は、4 割が不登校経験者であり、いじめや不登校などの学校での困難な

経験をしていない人の方が少数である（2割半ば）。最終学歴は、高卒以下の学歴が4割近い（中卒6.3％、高校中退7.9％、高卒21.4％）。また、定時制・通信制高校の割合が2割と同年齢の若者全体と比べて高い。さらに4人に1人が家庭の経済的困窮を経験しており、5人に1人は家庭が生活保護を受給している。虐待経験や家族の精神疾患など、負の家族背景をもつ者は4割いる。また、3割〜5割弱が、発達障害や精神疾患の診断（疑いを含む）課題をもつという。

　不利な条件下で育った若者たちが、社会的自立が難しい状況に置かれている。サポステの支援現場から見えてくるのは、そのような現状である。

● 3　社会的自立が困難化する社会的背景

（1）雇用環境の変化

　若者たちの「社会的自立」の困難という経験の背景には、不利な家庭環境だけでなく若者の雇用環境の変化や雇用機会の減少という社会全体の変化がある。若者の「社会的自立」の道筋と働く環境の変化の関係について考えてみよう。

　若年雇用問題が深刻化したのは、1990年代以降である。10代の若者（15-19歳）の失業率は1970年代からすでに上昇傾向にあったが、バブル経済期（1980年代後半〜1990年代初め）にいったん低下し、1990年代半ば以降急上昇し、2000年前半には13％近くに達した（図1）。20-24歳でも、失業率は1990年代後半以降上昇し、2000年前半には10％程になっている。この時期、高校新卒者に対する有効求人倍率（求職者一人あたり何件の求人があるかを示す数値）は、1を大きく割っている。

　この1990年代半ば〜2000年代前半に学校を出て就職活動をすることになった若年層が、いわゆる「就職氷河期」世代である。日本の新卒一括採用の雇用環境の影響もあり、この世代には、その後も正規雇用の機会に恵まれないまま不安定就労を続けているというケースが多い（太田2010）。

　若者の失業率が上昇した1990年代後半は、非正規雇用の比率が上昇した時期でもある[5]。非正規雇用で働く人の比率は、1988年時点では全年

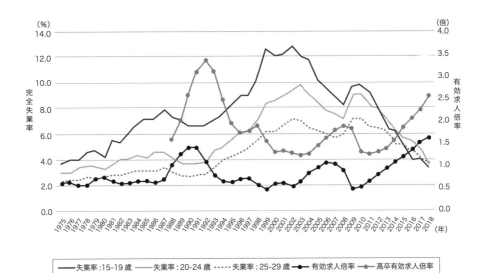

■図1　年齢層別失業率と有効求人倍率の推移
（出典）総務省「労働力調査」、厚生労働省「職業安定業務統計」
「高校・中学新卒者のハローワーク求人に係る求人・求職・就職内定状況」

齢層の 18.3％だったが、2003 年に 30％を超え、2019 年には 38.3％になった。若年層についてみると、15 〜 24 歳では 1988 年の 17.2％から 2019 年の 50.9％へ（男性 17.9％→ 47.5％、女性 16.4％→ 54.3％）、25 〜 34 歳では同じ期間に 10.7％から 24.8％へ（男性 3.6％→ 14.6％、女性 25.9％→ 37.0％）と大幅に増加している（図 2）。

　「賃金構造基本統計調査」（2019 年）によれば、正社員・正職員を 100 としたときの非正規雇用（正社員・正職員以外）の賃金は 64.9 であり、正規雇用と非正規雇用の間の賃金格差は大きい。つまり非正規雇用の増加は、雇用の不安定化だけでなく、労働者の平均所得の低下を意味する。

　1970 年代半ばの低成長期以降、大企業は正社員の雇用と所得をある程度守ろうとする一方で、中高年正社員の整理解雇を行い、とくに若年層での非正規雇用化を促進した。人件費を、社員の生活保障の源泉というよりもコストとみなす経営意識が強まったといえるだろう。

　失業率と非正規雇用の増加は、家族への依存から抜け出すことを難しく

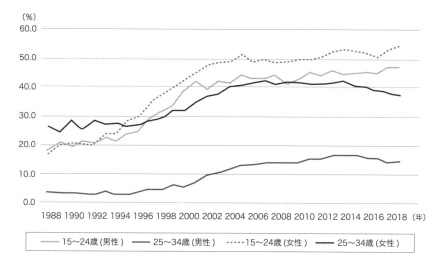

(%)

■図2　年齢階級別非正規雇用比率の推移（性・年齢層別）
（出典）総務省「労働力調査」

する。とくにその困難は、もともと家庭環境に恵まれない層の社会的自立
をますます困難にした（前節参照）。

（2）産業構造の変化

　戦後日本の産業構造の変化についても付け加えておきたい。総務省の
「労働力調査」によれば、第一次産業（農林水産業）で働く就業者は終戦
直後をのぞいて一貫して減少し続け、2019年には3.3%程度になっている。
第二次産業（建設・製造業）も、1970年代半ばをピークに減少傾向にあり、
1974年の36.4%から2019年には23.3%まで低下している。一方、一貫し
て増加し続けているのが第三次産業（種々のサービスを提供する産業）で
ある。1951年には31.4%だったが、2019年の73.4%に達している（図3）。
　15 〜 29歳では、第一次産業への就労は1.1%、第二次産業（建設業、製
造業）は20.0%、それ以外の約8割は、そのほとんどが第三次産業（サー
ビス産業）に分類される職業に従事している。
　こうした産業構造の変化は、仕事の場における対人コミュニケーション
の重要性を高め、「コミュニケーション能力」に弱点があるとみられる求

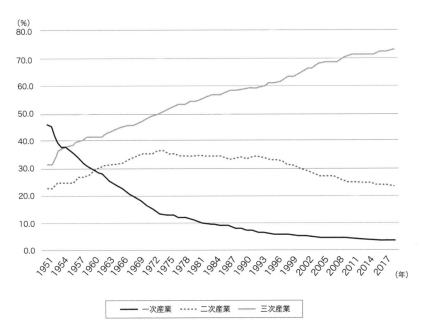

■図3　産業別就業人口比率の推移
(出典：総務省「労働力調査」)

職者の就業機会を狭めるだろう。家庭環境の問題や不登校など様々な挫折経験を重ねて社会参加のブランクがある人たちにとって、働く機会が得られにくくなっていると考えられる。

(3) 家族責任の重い日本社会

　安定した雇用・所得を得る機会が縮小することは、社会的自立を支える土台が縮小することを意味する。実際、とくに若い世代では、就労に関わる挫折経験からひきこもり状態に至るケースは多い。内閣府の2015年調査（15-39歳）ではひきこもり状態に至った原因として「職場になじめなかった」「就職活動がうまく行かなかった」を挙げる割合がそれぞれ2割を超えている。これらの回答を単純に雇用・産業構造の変化と結びつけることはできないが、人件費＝コストという認識が強まる中での労働者への要求水準が高まっている事態と、就労に関する挫折の経験は無関係ではないだろう。

　もう一つの社会的背景として、就労可能とみなされる年齢で就労困難な人たちの生活を支える社会的サポートが希薄であるという点にも注目する必要がある。日本社会では、社会的自立から距離のある人たちの生活を支える公的なサポート、たとえば経済的な支援（給付）、住まいの保障、教育・訓練の機会提供などが手薄で、就職して企業による所得保障や支援を受けられなければ家族に依存するほかない。たしかに、生活保護や障害年金など、家族への依存から抜け出す選択肢はある。だが、生活保護の利用には、家族による扶養が優先するという規定がある。また障害年金も「働けない」というだけでは支給されず、障害年金が認定されても、国際的に比較するとその支給金額は低い（関水 2016）。

　このように家族への依存を強化する社会環境の中で、周囲も、親も、本人さえも、社会的自立ができなければそれは本人と家族のせいだと考えがちである[6]。こうなったのは結局親のせいだから、親に最後まで責任を取らせると語ったひきこもり当事者がいた。本人も、自分と家族を責めるしかなく、家族との葛藤は悪循環に陥りがちである。

　2010 年代半ば以降、ひきこもり問題は「8050（ハチマルゴーマル）問題」として語られるようになった。「8050」とは、80 代の親が、50 代のひきこもる子どもの生活を支えている状態を指す。

　8050 問題は、就労が難しい人たちの生活を支える、家族以外の社会的サポートが必要であることを示している。多くの人は、生まれ落ちてから家族にケアされ、経済的に支えられて成長する。8050 問題は、この家族への依存を少しずつ小さくしていくプロセスを、社会的に支えるしくみをどのように作っていくかを問いかけている。社会的自立（就労）だけが家族への依存を小さくする道筋ではない。脱－家族依存とは、家族以外の誰かに頼りながら（社会的なサポートを得ながら）生活できるようになることでもある。

● 4　ひきこもり経験と当事者のニーズ

　ひきこもる人たちは、就労だけではなく様々な挫折を経験している。学

校でのいじめ、成績の低下、病気、過労、うつなど、様々な挫折経験の積み重ねが、周囲の人たちとの関わりを避けひきこもる状態につながる。また前節に述べたように、貧困・家庭内暴力・親の精神疾患など生まれ育った家庭環境に様々な問題があることも多い。

　挫折・困難が累積した結果、多くのひきこもり経験者が「身体が動かなくなった」と語る。頭では学校に行かなければ、会社に行かなければと考えるのだが、身体がついていかないという経験である。

　そして、いったんひきこもると、多くの当事者は周囲の期待に応えられない自分をますます責め、自己否定に陥る。しかし同時に、自分は間違っていない、理不尽なのは周りの方だ、という相反する思いも抱えている。

　ひきこもり相談員の丸山康彦は、これを「思い」と「願い」の葛藤と呼ぶ（丸山 2014）。ひきこもる本人は、周囲からの期待に応えたい、学校・職場に復帰したいという「願い」と、自分の足で歩きたい、周囲に合わせるのではなく自分に合った生き方がしたいという「思い」という矛盾する欲求を抱えている。思いと願いは、どちらも本人の「本音」であり、どちらを無視しても、本人が自分の人生を深く肯定し納得することは難しい。ひきこもり経験とは葛藤の経験なのである。

　だが、本人の「願い」は周囲から肯定されやすい一方で、「思い」は無視・否定されがちである。支援の場でも、働けない、学校に行けない、人と関われないといった「できなさ」や「動けなさ」は肯定されず、できるようになることだけが求められる状況がある。

　あるひきこもり経験者は「ひきこもっているとき、自分のいるところまで降りてきて、どうしたらいいのか一緒に考えてくれる人がいたらよかった」と語っていた。ひきこもる人たちが求めていることは、自分の「できなさ」や「動けなさ」を責め、追い詰める関わりではない。「できなさ」や「動けなさ」を抱えて葛藤する自分でいてもよいと思える関係である。

● 5　ひきこもり支援・若者支援のゆくえ

　1990 年代以降、企業による所得保障が縮小・不安定化し、社会的自立

の困難を経験する人は増えた。こうした状況で、コミュニケーション能力やエンプロイアビリティ（雇用される能力）を高め、社会的自立に近づくための、さまざまな就労支援やキャリア形成支援が試みられている。

だが、そのような一人ひとりの若者を対象とする自立支援だけで十分だろうか。働く機会・働きやすい環境、住まいの保障、教育・職業訓練の機会の提供など、若者が、家族以外の助けを借りながら、少しずつ家族への依存から抜け出して大人になる道筋・社会的支援を整備することが必要ではないか。それがないままで、若者や家族の側だけに努力を求めることは自己責任と家族責任を強化することに他ならない[7]。

たとえばオランダでは、格安の公共住宅を整備したり、大学教育を無償で提供したり、若者が社会的な支援を受けながら大人になる道筋を整備している。所得の保障（経済給付）、住まいの保障、教育・職業訓練の機会提供を含む「社会的包摂」政策（宮本 2015b）を推進するとともに、労働力の使い捨て・ブラック企業などの雇用の劣化を規制し、「働きがいのある人間らしい仕事」（ディーセント・ワーク）を実現することは、社会の側が果たすべき責任だろう。

社会的自立に向けた就労支援だけでは、「できなさ」や「動けなさ」を抱え、家族責任に苦しむ人たちにとって、十分な助けにはならない。社会的自立から距離がある人々が、家族への依存から抜け出すプロセスを支える、多種多様な社会的なサポート体制をどのように構築するかが問われている。

■注
1　2つの調査は調査時点が違うので単純な合算はできない。
2　ひきこもりは、若者の社会的自立の問題とみなされる一方で、それと関連しつつ区別される精神保健福祉の問題として取り上げられる文脈もあるが、本稿では社会的自立問題の文脈を中心に扱う。
3　子ども・若者育成支援推進法に対しては、2014 年に改正案として「青少年健全育成基本法案」が自民党議員から提出された。改正案は、困難を抱える子ども・若者への公的支援に関する条項を削除し、健全な青少年を育成するために家庭と学校の責任を強調するまったく別の法案だった。この時は審議未了で廃案となったが、その後も

改正を目指す動きは続いている。

4　民主党政権下で出された「ビジョン」の副題は「子ども・若者の成長を応援し、一人ひとりを包摂する社会を目指して」だが、自民党政権下における「大綱」の副題は「全ての子供・若者が健やかに成長し、自立・活躍できる社会を目指して」であり、「包摂」よりも「自立・活躍」が強調される。政権ごとの若者支援についての考え方の違いが表現されているといえるだろう。

5　この背景には、1995年に日本経営者団体連盟が公表した「新しい時代の『日本的経営』」で示された非正規雇用拡大の方針と、それに沿う労働者派遣法の改正（非正規雇用の規制緩和）がある。

6　この「社会的自立」という基準が一般化したのは、それほど昔のことではない。1950年代から1970年代前半にかけての高度経済成長期に、高校・大学進学率が急上昇し、「学校を出て就職する」ことが当たり前になった。経済成長期には、若年労働力への需要は旺盛だったから、多くの若者がともあれ職に就くことができた。そして家族への依存から脱する道筋として「社会的自立」が標準化された（関水 2016）。
　　また、「社会的自立」という標準はジェンダー化されている。つまり、男性は企業に正社員として雇用されて所得を保障され、女性は正社員の男性と結婚して家族のケア（育児・家事・介護）を担う、という性別役割分業にもとづく「男性稼ぎ主モデル」である（大沢 2002）。

7　生活困窮者への就労支援サービスが抱える課題については、埋橋ほか編（2019）が参考になる。

■文献

濱口桂一郎（2013）『若者と労働──「入社」の仕組みから解きほぐす』中公新書ラクレ

丸山康彦（2014）『不登校・ひきこもりが終わるとき──体験者が当事者と家族に語る理解と対応の道しるべ』ライフサポート社

宮本みち子（2015a）「移行期の若者たちのいま」『すべての若者が生きられる未来を：家族・教育・仕事からの排除に抗して』岩波書店

宮本みち子（2015b）「若年無業者と地域若者サポートステーション事業」『季刊・社会保障研究』51（1）

太田聰一（2010）『若年者就業の経済学』日本経済新聞出版社

大沢真理（2002）『男女共同参画社会をつくる』日本放送出版協会

関水徹平（2016）『「ひきこもり」経験の社会学』左右社

埋橋孝文・同志社大学社会福祉教育・研究支援センター編（2019）『貧困と就労自立支援再考──経済給付とサービス給付』法律文化社

女性と福祉

子ども家庭福祉につながる課題と支援　　　堀　千鶴子

　2020年7月、政府が公表した「女性活躍のための重点方針2020」における基本的な考え方の一つに、「女性に対する暴力の根絶に向けた取組や困難に直面する女性への支援の充実」があげられている。女性が直面する暴力被害や困難は、安全・安心な基本的生活を脅かすものであり、政策として取り組むべき課題である。しかし、それらに対する福祉的支援は、現状では極めて脆弱である。

　本章では、まず女性の支援ニーズとその背景について理解を深め、それらは、虐待や貧困等子ども家庭福祉につながる課題でもあることを理解する。さらに、女性支援の仕組みと課題について、実態的に支援を担っている婦人保護事業を中心に概観したい。

● 1　女性の支援ニーズ

（1）婦人保護事業からみえる女性たちの生活困難

　社会福祉領域において女性支援を担っている「婦人保護事業」からみえる女性たちの困難は、夫・恋人・親・子ども等による暴力被害、性虐待・性暴力被害、性的搾取（売春、JKビジネス、AV出演強要等）、人身取引、予期しない妊娠・出産、生活困窮、借金、帰住先・居所無し、疾病・障害から生じる困難、社会的孤立等、まさに多様で複合的である（「婦人保護事業等における支援実態等に関する調査研究」ワーキングチーム　2018）。また、全国婦人保護施設等連絡協議会では、婦人保護施設を利用した女性たちの生活状況を、表1のようにあげている。そこからは、子ども時代からの多様な困難、家族や社会からの排除等、過酷な生活状況がうかがえる。

　さらに、婦人保護事業につながった女性たちの年代は10代から70代まで幅広く、児童福祉法対象年齢の少女たち、18歳以上20歳未満等、制度の狭間に置かれた未成年女性たちの姿もみられる（同上 2018）。このよう

■表1　婦人保護施設入所までの生活状況

入所までの生活状況	経済的貧困（結果としての売春、性産業への流入、ネットカフェ生活等）
	乳幼児期からの性暴力やＤＶ等の暴力被害
	性的被害への無理解、二次被害
	知的障害・精神障害・精神疾患による家族や社会からの疎外
	両親間のＤＶ、愛着障害等親との葛藤による居場所の喪失
	人として大事にされた経験に乏しい
	社会や家族から疎外され孤立した状況における若年での妊娠・出産

（出典）全国婦人保護施設等連絡協議会「女性自立支援法（仮称）の制定に向けて」リーフレットより抜粋、一部筆者改編

に、女性たちはライフコースの様々な局面で、福祉的支援が必要な状況におかれている。

（2）若年女性の性暴力被害・性的搾取

　虐待や貧困、いじめ等によって家庭や学校から排除されている若年女性は、SNS等を通じ泊まる場所を探したり、出会い系カフェ等で夜を明かしたりする中で、性暴力被害に遭うことがある。また街をさまよう中で、親切さを装って声をかけてくる男性から性暴力を受けることもある。内閣府の調査では、若年期における性暴力被害の主な背景要因に、児童期における逆境的体験（不適切な養育環境、性的虐待・性暴力、家庭内のDV等）、逆境的体験による心理的影響（自己尊重感の低下、無力感、他者との関係性づくりの難しさ、感情の麻痺・乖離等）等があることを指摘している（内閣府男女共同参画局 2018）。つまり、逆境的体験による家庭や学校での居場所の喪失が、若年女性に深刻な危機をもたらしている。さらに困難に直面している少女たちは、支援が必要にもかかわらず劣悪な環境に慣れてしまい困難さを自覚できなかったり、つらかったことを否認したり、自ら助けを求めないことが多い（橘 2020）。また過去の被害によるトラウマや精神・知的障害等から、自ら相談することが難しい場合もある（同上 2020）。そして、公的支援につながる前に、悪意ある大人たちによって危険へ誘い込まれている。

また近年では、いわゆる「JK ビジネス」[1]と呼ばれる営業形態等により、少女が性的な被害に遭うケースが社会問題化している。JK ビジネスは、一見、少女の主体的な行動のように思われるが、実際には居場所のない少女たちを、営業者や客の圧倒的に優位な力関係の下で、搾取するものである。若年女性を支援する Colabo 代表の仁藤夢乃は、「若者の売春には遊ぶ金ほしさというイメージを持つ人も多い。しかし、虐待や貧困、いじめで家庭や学校に居場所がないといった社会的に弱い立場の少女たちが売春の被害者になっている。買春する側の大人は、手を差し伸べるふりをして近寄ってくる」と述べる（読売新聞　2016 年 9 月 9 日）。米国国務省『2016 年人身取引報告書』では、援助交際や JK ビジネスは、日本の児童の性的搾取を目的とする人身取引だとしている。「少女売春」の問題としてではなく、「少女買春」の問題としてとらえることが重要である。性暴力・性的搾取は、被害者の心身に長期にわたり重大な悪影響を及ぼし、日常生活をも脅かす。そのため、生活面も含めた包括的な支援が必要となる。こうした状況から、2020 年 6 月 11 日、政府は「性犯罪・性暴力対策の強化の方針」（性犯罪・性暴力対策強化のための関係府省会議決定）を公表した。しかし、現行社会福祉分野においては、性暴力被害者を対象とした制度・施策は依然として貧弱である[2]。被害の多くが若い女性であることから、子ども家庭福祉・女性福祉の両分野の連携による支援体制の構築が求められている。

（3）ドメスティック・バイオレンス

　配偶者からの暴力の防止及び被害者の保護等に関する法律（2001 年、以下、DV 法）が制定され、すでに 19 年が経過しているが、ドメスティック・バイオレンス（以下、DV）被害は後を絶たない。例えば、配偶者暴力相談支援センター（以下、配暴センター）への相談件数だけをみても、2014 年度以降、年間 10 万件を超え続け、2018 年度では 11 万 4,481 件と、法律制定以後で最多となっている。最近では、新型コロナウィルス感染症拡大に伴い、在宅勤務やステイホームが求められるなか、家庭内でのストレスや生活不安から、日本及び諸外国における DV の増加が報告されてい

る（読売新聞 2020 年 4 月 24 日夕刊）。

DV は被害者に深刻なダメージを与え、例えば、「うつ状態から、以前にはできていた仕事ができなくなり失業し、家計が苦しくなる。さらに、子どもの世話もできなくなる」等複合的な生活困難が生じることも少なくない。加害者から避難し、追跡から身を隠すためには、仕事に従事していたとしても退職を余儀なくされることも多く、そのことは経済的困窮をもたらし、母子家庭の場合、子どもの貧困へとつながっていく。

また、記憶に新しい目黒区虐待死事件[3]のように児童虐待の加害者とされる実母が、実は DV 被害者であり、夫の支配の下で虐待行為への加担を強制されることがある。DV 家庭では、子どもも DV に巻き込まれざるをえない。しかし、子ども家庭福祉分野においては、虐待の背景にある DV の存在は見過ごされがちである。

DV 被害は、暴力から避難し、加害者と離れることで解決すると思われがちであるが、例えば PTSD（ポスト・トラウマティック・ストレス・ディスオーダー Posttraumatic Stress Disorder ＝心的外傷後ストレス障害）等は、加害者から離れた後にも続くことが多く、日常生活を困難にする。DV 被害女性の生活再建のためには、メンタルケアや経済的支援、養育支援等、継続的で切れ目のない支援を提供することが必要となるが、その仕組みは十分ではない。

以上、女性たちの支援ニーズの一端をみてきたが、わが国においては、女性がより生活困難に陥りやすい状況が存在している。その要因として、①妊娠・出産・育児等のライフイベントの影響、②非正規雇用が多く相対的に低収入・不安定雇用であるという女性の就業構造、③女性に対する暴力（ドメスティック・バイオレンス、性被害、売買春、セクシュアル・ハラスメント、人身取引等）等の影響、④社会の固定的性別役割分業意識、がある（男女共同参画会議監視・影響調査専門調査会 2009）。これらの背景には、ジェンダーに基づく社会構造や規範がある。女性であるという属性によって不利な状況をもたらす社会の矛盾があることを見落としてはならない。

● 2 売春防止法と婦人保護事業

(1) 売春防止法の成立と婦人保護事業の創設

　日本では、第2次世界大戦終了後まで、国家によって公認された売春制度（公娼制度）が存在していた。終戦後、占領軍によって公娼制度廃止が指示されたことによって、表向き公娼制度は廃止された。しかし政府は、風紀上支障のない地域に限定し、警察の取り締まりの下で売春地区（集娼）を黙認した。一方で、国民の窮乏や、占領軍を対象に設置された性的慰安施設とその閉鎖等によって、「闇の女」と呼ばれた街娼が増大した。その対策として、厚生省（当時）は「婦人保護要綱」（1946年11月）を発し、女性の「転落防止」と「更生保護」を図るための施策を打ち出した。これによって、明治期から既設されていた婦人救済施設[4]も含め、8都府県に17か所の「婦人福祉施設」が開設された。ここに、現行婦人保護施設の原型を見ることができる。

　一方で、1948年の第2国会に売春等処罰法案が政府提案されて以後、議員提案によって3回にわたり同名の法案が提出された。しかし、いずれも廃案・否決された。やがて鹿児島県で発生した少女買春事件等を契機に、売春処罰法制定に対する世論が高まり、1956年の第24国会において政府提案の売春防止法案が可決された。なお同法成立の背景には、日本キリスト教婦人矯風会等の女性団体や、婦人福祉施設によって展開されたソーシャルアクションがあった。

　同法案成立にあたっては、集娼地区で売春に従事する女性の保護策が争点の一つとなり、同法の第4章に婦人保護事業が創設されるという経過をたどる。つまり、婦人保護事業は「闇の女」対策として原型が構築され、売春女性に対する「保護更生」を目的として誕生したのである。

(2) 売春防止法の概要

　売春防止法（以下、売防法）は特別刑法（刑法以外の犯罪およびそれに対する刑罰を規定とする法律）であり、法務省の所管であるが、第4章のみ

厚生労働省が所管している。同法の目的は、売春の防止を図ることであり、その柱は業者等による売春助長行為等の処罰と、売春女性の保護更生（婦人保護事業）である。

売防法第3条では、「何人も、売春をし、又はその相手方となってはならない」と買売春を禁止しているが、罰則はない。ただし、街頭等で売春を勧誘した場合は、性別に関わらず処罰の対象となる（第5条　勧誘等）。その場合、5条違反で検挙され有罪となり、執行猶予が付いた満20歳以上の女性のみが「補導処分」に付される[5]。つまり、5条違反で男性が検挙されても、補導処分の対象とはならないのである。これは明らかにジェンダー不平等な規定であり、女性に対する差別にあたる。

売防法第4章において、婦人相談所（第34条）、婦人相談員（第35条）、婦人保護施設（第36条）が規定され、これら実施3機関を婦人保護事業と総称している。売防法は制定以来、基本的な見直しはなされておらず、上述したような女性差別的な規定が残り、一方で、女性の尊厳の回復や自立支援は明記されていない。社会福祉事業である婦人保護事業の法的根拠として、現場の実態にそぐわないものとなっている。

● 3　配偶者からの暴力の防止及び被害者の保護等に関する法律の概要

(1) 目的・対象・定義

DV法の目的は、配偶者からの暴力の防止及び被害者の保護であり、その柱は、加害者に対する罰則付きの保護命令（接近禁止命令、退去命令、電話等禁止命令）及び、被害者に対する保護、自立支援等の体制整備である。DV法の全体像は、図1のように示される。

同法では、男女を問わず「配偶者間暴力」が対象とされたが[6]、前文において、被害者の多くが女性であること、「経済的自立が困難である女性に対して配偶者が暴力を加えることは、個人の尊厳を害し、男女平等の実現の妨げになっている」ことが明記されている。「配偶者」には婚姻の届出をしていない、いわゆる「事実婚」や「離婚」も含まれている。加えて、2013年改正では「生活の本拠を共にする交際相手」、端的に言うと「同居

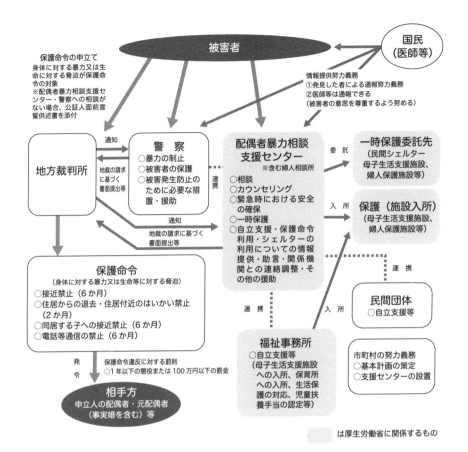

■図1 「配偶者からの暴力の防止及び被害者の保護等に関する法律」の図式
（出典）厚生労働省子ども家庭局家庭福祉課『ひとり親家庭等の支援について』2018年4月

　の恋人」からの暴力もこの法律を準用することとされた。「被害者」には、
配偶者からの暴力を受けた者及び、その同伴家族が含まれている。実態的
にみると同伴家族の多くが、母親が同伴した子どもである。
　DV法においてDVとみなされる暴力は、身体的・精神的・性的暴力
である（法第1条）。ただし、罰則を伴う保護命令の申し立てには、「身体
に対する暴力」または、「生命等に対する脅迫」のみが対象となっている。
なお、DVのとらえ方は一律ではなく、例えば欧州評議会が策定した「女

性に対する暴力およびドメスティック・バイオレンスの防止およびこれとの闘いに関する条約」（2011 年）では、DV を「身体的、性的、心理的または経済的暴力のあらゆる行為」（第 3 条 b）と幅広くとらえている。

（2）被害者支援
【支援体制】
　DV 法に基づく被害者支援には、主に婦人保護事業の仕組みが援用されている。現状では、すべての婦人相談所が配暴センターを兼ね、婦人相談員、婦人保護施設が主な被害者支援を担っている。以下では、配暴センターについて説明し、婦人保護事業については次節で取り上げる。

　配暴センターは、DV 被害者支援において中心的な役割を果たす機関である。DV 法第 3 条 1 項において、都道府県は婦人相談所その他の適切な施設において、配暴センター機能を設置するよう義務づけられている。なお市町村の設置は努力義務である。内閣府によると 2019 年 7 月 1 日現在における全国の配暴センター設置数は、都道府県 173 か所、市町村 114 か所、計 287 か所である。人口あたりの設置数等が規定されているわけではなく、設置数が 1 か所の県から 20 か所まで、ばらつきが生じている（内閣府男女共同参画局 2019）。

　配暴センターの業務は、①相談、②カウンセリング、③緊急時における安全の確保および一時保護、④自立支援・保護命令利用・シェルター利用についての情報の提供、助言、関係機関との連絡調整、その他の援助等と幅広い。さらに、2019 年度以降、児童虐待防止対策と DV 被害者保護の強化の一環として、配暴センターが要保護児童対策地域協議会に参画し、児童相談所等と連携を強化することとなった。

【家庭内暴力発見時の対応】
　DV 法第 6 条では、DV 被害者を発見した者は配暴センター、または警察官へ通報するよう努めなければならないと規定されている。一方で、医師や、医療ソーシャルワーカー等の医療関係者が、DV によるケガ等を発見した時は通報することができるとされる（第 2 項）。これは、被害者の

意思に反した通報が行われると、受診が妨げられたり、安全が脅かされたりするおそれがあるため、被害者の意思の尊重に配慮したものである。さらに第4項では、医療関係者は、被害者が自らの意思に基づき配暴センター等を適切に利用できるよう、関係機関に関する情報を提供する努力義務が定められている。これらの規定は、DV の早期発見を目指すものであり、周囲が被害者の発するサインを受け止め、支援につないでいくためのものである。そして、早期発見を可能にするためには、DV が重大な人権侵害であることを、職務関係者に留まらない全ての国民が理解しなければならない。

【DV 等で逃げてきた人の個人情報の保護問題】

被害者の中には、避難後、加害者からの追跡経験をもつ者が多い（内閣府男女共同参画局　2007）。避難後に、加害者に見つかった際の暴力は、それまで以上に苛烈なものとなる。そのため DV 被害者を守るためには、個人情報を守ることが極めて重要となる。DV 法の施行に伴い、2004 年から総務省の省令や通知に基づき、DV 被害者等に対して「DV 等支援措置」が実施されている。これは、被害者が市区町村に申し出ることによって、加害者による住民票等の交付・閲覧を制限（拒否）できる措置である。これにより加害者が、住民票から被害者の居場所を探すことを避けられる。しかし、DV 被害者の転居先を自治体が誤って漏らしてしまう例が相次ぎ、10 年間で 40 件を超えている（朝日新聞　2019 年 10 月 7 日）。DV 法 23 条には、職務関係者による、被害者の安全の確保及び秘密の保持に十分配慮する法律上の義務がある。加害者へ情報が漏洩しないよう、情報の管理に万全を期すことが重要である。

● 4　女性支援の現状と課題

（1）婦人保護事業の現状と課題

①婦人保護事業の概要

婦人保護事業は、実施 3 機関を中心に、福祉事務所、母子生活支援施設、

婦人保護事業の現状

○婦人保護事業関連施設と、ひとり親家庭の支援施策など婦人保護事業以外の厚生労働省所管事業を組み合わせて被害女性の自立に向けた支援を実施。必要に応じ、関係省庁とも連携して対応。

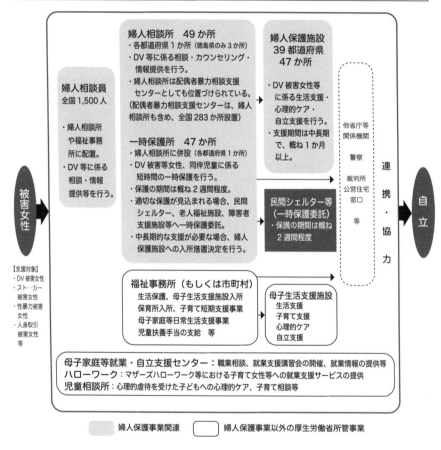

（注）婦人相談員、婦人相談所及び婦人保護施設の数は2018年4月1日現在。
配偶者暴力相談支援センターの数は2019年1月17日現在。

■図2　婦人保護事業の現状

（出典）厚生労働省「第1回困難な問題を抱える女性への支援のあり方に関する検討会」
2018年7月30日資料

■表2　婦人保護事業の対象者の範囲

婦人保護事業の対象者	①売春経歴を有する者で、現に保護、援助を必要とする状態にあると認められる者
	②売春経歴は有しないが、その者の生活歴、性行または生活環境等から判断して現に売春を行うおそれがあると認められる者
	③配偶者（事実婚を含む）からの暴力を受けた者
	④家庭関係の破綻、生活の困窮等正常な社会生活を営む上で困難な問題を有しており、現に保護、援助を必要とする状態にあると認められる者
	⑤人身取引被害者
	⑥ストーカー被害者

（出典）厚生労働省子ども家庭局長「「婦人保護事業の運用面における見直し方針について」を踏まえた関係通知の改正及び留意事項について」2019年7月18日

民間シェルター等多様な関係機関と連携を図り、女性を支援する体系の構築が目指されている（図2）。

　売防法に基づく婦人保護事業の本来的対象者は、「要保護女子（性行又は環境に照して売春を行うおそれのある女子）」である。しかし、時代の変遷とともに、女性たちの支援ニーズは多様化し、「要保護女子」の解釈は拡大されていった。その後、DV法、ストーカー行為等の規制等に関する法律、人身取引対策行動計画が婦人保護事業の根拠法等に加えられた。そのため現在の婦人保護事業の対象者は、表2のように多様である。

②婦人相談所
【設置状況・業務・相談内容】

　婦人相談所は婦人保護事業の中枢機関であり、社会福祉領域において女性を対象とした唯一の相談機関である。都道府県に設置義務があり、2020年4月現在、全国では49か所が設置されている（厚生労働省子ども家庭局）。政令指定都市は、任意で設置することができるが、実際に設置されている市はない。さらに、婦人相談所には一時保護所の併設が義務づけられている。

　婦人相談所の業務は、「相談、必要な調査並びに医学的、心理学的及び職能的判定に附随して必要な指導、一時保護、啓発活動、婦人保護施設

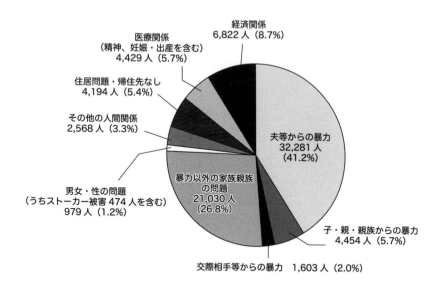

2017 年度　合計：78,360 人

経済関係
6,822 人（8.7%）

医療関係
（精神、妊娠・出産を含む）
4,429 人（5.7%）

住居問題・帰住先なし
4,194 人（5.4%）

その他の人間関係
2,568 人（3.3%）

男女・性の問題
（うちストーカー被害 474 人を含む）
979 人（1.2%）

暴力以外の家族親族
の問題
21,030 人
（26.8%）

夫等からの暴力
32,281 人
（41.2%）

子・親・親族からの暴力
4,454 人（5.7%）

交際相手等からの暴力　1,603 人（2.0%）

■図3　婦人相談所及び婦人相談員が受付けた来所相談の内容

（出典）厚生労働省子ども家庭局家庭福祉課

入所・廃止の判定・決定、一時保護委託」（厚生労働省通知「婦人保護事業実施要領」、以下、実施要領）等と幅広い。加えて、改正児童虐待防止法（2019 年）によって、婦人相談所及び配暴センター職員は児童虐待の早期発見に努めることとされた。

　婦人相談所において受け付けた、2016 年度の来所相談内容は、図3の通りである。データでは、主訴を一つとして把握しているが、実際には利用者の抱える問題は複合的である。主訴では「夫等からの暴力」が最も多いが、「子・親・親族」「交際相手等」からの暴力を合わせると約5割であり、相談内容の多くが、暴力に関連するものである。一方で、数値としては、さほど高くないが「家族親族の問題」「住居問題・帰住先なし」「医療関係（精神、妊娠・出産を含む）」「経済関係」等、多様な相談が寄せられている。利用者の抱えるニーズの多様化・複合化に伴い、婦人相談所には多様で、専門的な支援機能が必要とされている。

【一時保護者数】

2017年度、婦人相談所に一時保護された女性は4,172人、同伴家族は3,793人、計7,965人であった（厚生労働省子ども家庭局）。同伴家族の約98％が、18歳未満の子どもである。さらに、その約6割が乳児・幼児、約3割が小学生である。子どもに対する生活・学習面での支援が必要であるが、本来的な対象ではなく、あくまで入所女性の「同伴児童」との位置づけであり、保育士や同伴児童対応職員の配置は進んでいない（「婦人保護事業等における支援実態等に関する調査研究」ワーキングチーム2018）。

婦人相談所による一時保護者数は、2003年度以降6,000人台が続いていたが、2014年度以後5,000人台に落ち込み、2017年度には4,172人に減少している。一時保護につながるケースが減少している理由として、一時保護所の使いにくさ（年齢制限、通信機器の使用禁止、建物がバリアフリーとなっていない等）や入所要件の曖昧さ、厳しさ等が指摘されている（戒能2020）。

③婦人相談員

婦人相談員は、都道府県では義務設置、市区では任意設置であり、2018年4月1日現在、計1,500人（都道府県では482人、市区では1,018人）が委嘱されている（厚生労働省子ども家庭局）。婦人相談員の配置場所については規定がなく、都道府県では主に婦人相談所、市区では福祉事務所や配暴センター、保健センター等に配置されている。ただし、上述したように市区婦人相談員の設置は任意であるため、全く配置のない自治体もある。そうした実態から、DV対応と児童虐待対応との連携強化を図るため、婦人相談員が設置されていない市において配置を検討するよう「児童虐待対策に関する関係閣僚会議決定」（2019年3月19日）において要請されている。住民に最も身近な市において、婦人相談員の設置を義務づけることは非常に重要である。

婦人相談員の業務は、「実施要領」において、1.「要保護女子」の早期発見、2. 調査、3. 医学的、心理学的、職能的判定、4. 指導、等とされている。具体的には、相談業務、施設への入所調整、同行支援、関係機関

との連絡調整、地域の巡回（支援ニーズの発掘）、保護命令申し立て等に伴う証明書の発行等、多岐にわたっている。つまり、婦人相談員は、相談支援業務、関係機関との連携・調整、ネットワーク構築等を行うソーシャルワーカーである。

一方で、雇用形態は不安定であり、婦人相談員の約8割が非常勤職員である（戒能 2020）。また、特に市区の婦人相談員の場合、「母子父子自立支援員」「家庭相談員」「生活困窮者支援員」等他職種との兼任が見受けられる。このような実態から全国婦人相談員連絡協議会は、「婦人相談員は専門職・専任職とすること、原則、兼務としないこと」を要望している（「女性の人権を明確にする婦人保護事業の抜本的見直しとDV法改正に向けての要望書」2019）。

④婦人保護施設

婦人保護施設は、2020年4月1日現在、全国39都道府県に47か所が設置されている（厚生労働省子ども家庭局）。売防法において任意設置とされており、8県が施設を設置していない。施設がない場合、社会資源の選択肢が限られ、一時保護後の生活再建策が限られる。婦人保護施設は、措置施設であり、措置権者は婦人相談所長である。入所にあたって料金負担はなく、食事や必要な物品は現物支給される。婦人保護施設入所には、婦人相談所一時保護所の入所が前提となっており、特に若年女性の場合等、そのことが婦人保護施設入所拒否の一因にもなっている。

DV法ではDV被害者の子どもや親等、被害者と行動する家族も婦人保護施設での保護対象としている（DV法第5条）。しかし婦人保護施設は、そもそも売春女性を本来的な対象としているため、入所対象は単身女性であった。そのため現在においても、全ての婦人保護施設で母子での措置入所が可能なわけではない。同伴児童の受け入れ実績がない施設もあり、受け入れ状況は施設によって異なっている（「婦人保護施設における支援実態等に関する調査研究」ワーキングチーム 2018）。

婦人保護施設の具体的な運営は、厚生労働省令「婦人保護施設の設備及び運営に関する最低基準」に基づいている。第12条において、婦人保護

施設の業務は、「入所者の自立を支援するために、入所者の就労および生活に関する指導及び援助」を行うものと規定されている。現在、28 か所の婦人保護施設が、一時保護所と併設している（以下、一時保護所併設施設）。一時保護所は、DV 被害者の避難先となっているため、情報漏洩や秘匿性を守るために外出制限、通信機器の利用制限等一時保護所のルールに、婦人保護施設入所者を合わせることが求められる。そのため一時保護所併設施設においては、中長期的支援が必要な利用者の入所や、長期にわたる生活支援等が難しくなっている。このように現在の婦人保護施設は、一時保護所併設の有無によって、あり方や機能が異なっている。

(2) 民間支援団体

　上述したような公的支援と共に、今や DV 被害者や若年女性等の支援において、民間支援団体（民間シェルター含む）は不可欠である。民間支援団体は、緊急一時保護から中長期にわたる継続的なサポートまで、切れ目のない支援を独自に提供してきた。近年では、若年女性に対するアウトリーチや、SNS 相談、ネットパトロール、シェルター運営、中長期的な居場所の確保等、各支援団体が強みを活かした柔軟な活動を展開している。現在の公的支援の仕組みでは、前述したように婦人相談所一時保護所はDV 被害者の緊急一時保護機能が強く、若年女性にとっては利用しにくい場所となっている。民間支援団体は、公的支援の使いにくさや、あるいは公的支援につながりにくい制度の狭間にある少女に対する支援等、支援の不足を補う地域の社会資源として重要な役割を果たしている。しかし、売防法、DV 法上に明記されておらず、財政的措置もない。民間支援団体を地域の重要な社会資源とするためには、行政との連携・対等な関係性の確保、自治体による支援格差の是正等の課題がある。

● 5　求められる新たな支援枠組

　以上みてきたように、困難な問題をかかえる女性に対する福祉的支援は、主に婦人保護事業の仕組みを活用して行われている。しかし、現行の婦人

保護事業は、売防法を根拠法としているため、法的・制度的課題が生じている。第一に、売防法に基づく婦人保護事業の法的理念は「保護更生」であり、女性の人権保障、権利擁護、自立支援等福祉的支援理念が欠如している。第二に、支援実態と法的理念との乖離による、婦人保護事業の専門性についての分かりにくさを伴っている。第三に、売防法には国の基本方針、都道府県基本計画策定についての規定がなく、支援実施は地方格差が大きい。第四に、市区町村の責務や役割についての規定がなく、住民に最も身近な市区町村での支援にばらつきがある。このように、売防法を根拠とした支援は限界を迎えている。

　こうした実態を踏まえて、2019 年 10 月に公表された厚生労働省「困難な問題を抱えた女性に対する支援に関する検討会　中間まとめ」では、女性支援の根拠法として売防法ではない、新しい法律による新たな支援枠組の構築が提言された。多様な困難を抱え、支援が必要な少女・女性と、その子どもをとりこぼすことなく、切れ目のない支援が提供できる新たな支援枠組の早期実現が何より希求されている。そのことは、子ども家庭福祉の充実につながるものである。

　■注
　1　JK ビジネスとは、女子高生の性を売り物にする営業であり、表向きには性的サービスを行わない営業を装いながら、実際には「裏オプション」等と称し、性的サービスを客に提供させる営業である。そのため、説明された仕事内容と異なり、少女が客や営業者から脅かされたり、性的行為を強要されたりといった被害を受ける事例がみられている。
　2　2018 年度より厚生労働省は、JK ビジネス被害者、家出少女、AV 出演強要などの若年被害女性を対象とした、「若年被害女性等モデル事業」を開始した。しかし、開始後 2 年間で同事業を実施した自治体は、東京都のみである。
　3　2018 年 2 月、当時 5 歳であった船戸結愛ちゃんが死亡した。継父と実母は、十分な食事を与えず、極度に衰弱した後も診察などを受けさせていなかった。実母が継父から DV を受け、心理的影響を被っていたことが裁判において明らかにされている。
　4　明治期の廃娼運動に伴い、日本キリスト教婦人矯風会は 1894 年に「慈愛館」を、救世軍は 1900 年に「東京婦人ホーム」を開設した。これらの施設は、婦人保護施設の先駆的存在であり、娼妓のみならず、多様な困難を抱えた女性たちに対する社会事業として大きな役割を果たした。

5 補導処分に付された女性は、「婦人補導院」に収容される（売防法第17条）。婦人補導院は、社会福祉施設ではなく、「婦人補導院法」に基づく法務省所管の「更生のための必要な補導」を行う矯正施設である。

6 DV法は、もともとは「女性に対する暴力」撤廃を目指した運動において要望された法案であったが、罰則付きの「保護命令」が導入されたことにより、成立過程でジェンダー中立的な「配偶者間暴力」を対象とするものとなった。

■文献

男女共同参画会議監視・影響調査専門調査会（2009）『新たな経済社会の潮流の中で生活困難を抱える男女に関する監視・影響調査報告書』

「婦人保護事業等における支援実態等に関する調査研究」ワーキングチーム（2018）『婦人保護事業における支援実態等に関する調査研究』

戒能民江他（2020）『婦人保護事業から女性支援法へ』信山社

厚生労働省子ども家庭局家庭福祉課（2018）『平成29年度婦人保護事業実施状況報告の概要』

内閣府男女共同参画局（2007）『配偶者からの暴力の被害者の自立支援等に関する調査結果』

内閣府男女共同参画局（2018）『「若年層における性的暴力に係る相談・支援の在り方に関する調査研究事業」報告書』

内閣府男女共同参画局（2019）『配偶者からの暴力に関するデータ』

橘ジュン（2020）「困難な問題を抱える女性が支援につながらない」『月刊福祉』7月号

特講2 女性と福祉

子ども家庭福祉の担い手

専門職とボランティア　　　　　　　　　　　　福間麻紀

● 1　子ども家庭福祉の担い手とは

(1) 子どもの育ちに関わる人びと

　子どもが生まれて育っていくためには、さまざまな人や機関との関わりがある。そのなかには誰もが関わるものもあれば、必要性が生じたときのみ関わるものもある。

　例えば、ある母親が子育てに悩んでいる場合、どのようなところに相談したらよいのだろうか。子どもの病気やアレルギーなどの体質に関するものであれば小児科の医師を受診するだろう。発達や言葉の遅れ、衝動性の高さなどの気になる行動については、児童精神科の医師や保健師、児童相談所への相談が考えられる。児童相談所では福祉の専門職である児童福祉司との面接や心理の専門職である児童心理司が行う発達検査などから、その子に適した関わり方や必要な支援、療育手帳等の各種制度の利用について検討することができる。親自身が子育てを辛く感じて子どもに必要なケアが十分にできない状況であれば、児童相談所や家庭児童相談室、保健センターが相談窓口となり、必要に応じてショートステイなどの子育てのサポートを受けたり、場合によっては児童養護施設や母子生活支援施設などへの入所を検討したりすることもできる。児童養護施設には児童指導員や家庭支援専門相談員がおり、入所後の子どもへの日常生活における直接的ケアから家族再統合に向けた保護者への支援も行っている。母子生活支援施設では母子支援員が母親の相談や支援を行いながら、少年指導員が子どもと一緒に活動しながら、学習や生活習慣、対人関係の支援を行っている。保育所を利用している家庭であれば、日々、子どもと接している保育士に子育ての悩みを相談することもできるし、子どもや親の様子から保育士が家庭のSOSに気づく場合もあるだ

ろう。子どもを養育するための十分な収入を得ることが難しい場合には、福祉事務所に相談することで、各種手当や生活保護制度などの情報を得ることができる。子どもの非行に関する悩みについては、警察が設置している少年サポートセンターや児童相談所が相談の窓口となる。場合によっては、児童自立支援施設の入所が子どもの育ちにとって有効な支援となるかもしれない。不登校や友人関係の問題などの学校に関する悩みについては、スクールソーシャルワーカーに相談することも可能である。また、どの地域にもその地域に居住している児童委員がおり、身近な相談相手として活用することができる。

　このように子どもが育つ過程においては、必要な場面で必要な人や機関と関わりながら、その解決に向けて取り組んでいくことができる。子ども家庭福祉の担い手は、法律や制度に規定された行政機関や児童福祉施設で働く福祉の専門職、医師や心理士、保健師等の福祉以外の資格を所持する専門職、また地域の中で子どもや家庭の支援に携わるNPO（特定非営利活動法人）や民間の支援団体、地域住民のボランティアなど多岐にわたる。子どもや親が孤立し追い詰められた状況とならないよう、適切な支援を提供できる体制が必要であり、どの機関や専門職につながることが必要であるのかを判断するためにも、子どもに関わる専門職は他の職種や機関のことについても理解しておく必要がある。

(2) 子ども福祉の担い手に求められる専門性とは

①専門職としての倫理

　子ども福祉に関わる専門職においては、社会的責任や職業倫理を成文化した職能団体による倫理綱領が作成されている。社会福祉に関わる社会福祉士や精神保健福祉士、介護福祉士、保育士などの専門職団体、また、医師、弁護士、看護師などの団体は倫理綱領を設けている（山縣 2018）。重要なものについては、罰則や罰金などが定められている内容もあり、専門職として利用者と関わる上で、熟知しておくことが必要である。

②多面的・総合的なアセスメント

　わが国においては、「ソーシャルワーカー」という名称での国家資格は
なく、社会福祉士や精神保健福祉士がそれにあたる。実際の臨床現場にお
いては、医療ソーシャルワーカーやスクールソーシャルワーカーなどの
ソーシャルワーカーの名称が用いられており、ソーシャルワーカー＝社会
福祉の相談支援を行う専門職という認識が広がりつつある。専門職である
ソーシャルワーカーには、「望ましくない状況」を「望ましい状況」に変
化させるために、適切なアセスメントとそれに基づいた支援を実施できる
力量が求められる。アセスメント（見立て）とは、問題を解決するための
最善の方法を見い出すために、個人と個人を取り巻く環境（状況）に関す
る情報を「多面的」「総合的」に収集、統合、分析し、そこから問題解決
につながる方法を検討していく活動のことである。例えば、子どもの問題
行動や心配な行動がみられたときに、子ども自身やその問題のみに着目す
るのではなく、子どもを取り巻く環境にも何らかの問題やニーズがあると
考え、子どもと子どもを取り巻く環境の全体像をとらえるために多面的か
つ総合的に分析し、その評価から具体的な解決法を考えていくのである。

　このアセスメントの視点として重要なのは、問題探しだけではなく、個
人や環境の「ストレングス（強み・長所）」を資源と捉えて、それをどの
ように問題解決に活かしていくのかを考えることである。このようなアセ
スメントの視点はソーシャルワーカーだけがもつものではなく、子どもに
関わる全ての支援者がそのような視点で利用者に関わることが望ましい。
そのためには、多職種が協同でアセスメントを行うケース会議などにおい
て、ソーシャルワークの視点によるアセスメントを共有するなどの、その
有効性を理解してもらうための働きかけが必要である。

2　子ども家庭福祉における専門職

　ここでは、法律・制度上に規定された子ども家庭福祉の専門職について、
職務内容や位置づけ、任用資格の要件等について確認する。
　子どもに関わる専門職は、行政機関や児童福祉施設の職員、民間機関な

■表1　児童福祉施設・行政機関の主な職員

〈施設名〉	〈職種（職名）〉
助産施設	（第二種助産施設）医療法に規定する職員、助産師
乳児院	小児科の診療に相当の経験を有する医師（医）、看護師（保育士又は児童指導員に代えることができる）、個別対応職員、家庭支援専門相談員、栄養士、調理員（委託可）、保育士（20人以下の入所施設）、里親支援専門相談員（里親支援を行う施設）
母子生活支援施設	母子支援員、嘱託医、少年を指導する職員（少年指導員）、心理療法担当職員（心理療法を必要とする母子が10人以上の場合）、個別対応職員（DV被害母子に支援を行う場合）、調理員
保育所	保育士、嘱託医、調理員（委託可）
幼保連携型認定こども園	主幹保育教諭、指導保育教諭または保育教諭、調理員（委託可） （努力義務）副園長または教頭、主幹養護教諭、養護教諭等、事務職員
児童厚生施設	児童の遊びを指導する者
児童養護施設	児童指導員、嘱託医、保育士、個別対応職員、家庭支援専門相談員、栄養士（入所児童41人以上の場合）、調理員（委託可）、看護師（乳児が入所している施設の場合）、心理療法担当職員（心理療法を行う必要があると認められる児童10人以上の場合）、職業指導員（実習設備を設けて職業指導を行う場合）、里親支援専門相談員（里親支援を行う施設）
福祉型障害児入所施設	①主として知的障害のある児童を入所させる施設 　嘱託医（精神科又は小児科診療に相当の経験を有する者）、児童指導員、保育士、栄養士（入所児童41人以上の場合）、調理員（委託可）、児童発達支援管理責任者、心理療法担当職員（心理療法を行う必要があると認められる児童5人以上の場合） ②主として自閉症児を入所させる施設 　①に加え、医師（児童を対象とする精神科の診療に相当の経験を有する者）、看護職員 ③主として盲ろうあ児を入所させる施設 　①と同じ。ただし嘱託医は眼科又は耳鼻咽喉科の診療に相当の経験を有する者 ④主として肢体不自由のある児童を入所させる施設：①に加え、看護職員
医療型障害児入所施設	①主として自閉症児を入所させる施設 　病院として必要な職員、児童指導員、保育士、児童発達支援管理責任者 ②主として肢体不自由のある児童を入所させる施設 　①に加え、理学療法士または作業療法士 ③主として重症心身障害児を入所させる施設 　②に加え、心理指導担当職員
福祉型児童発達支援センター	①主として難聴児・重症心身障害児以外の場合 　嘱託医、児童指導員、保育士、栄養士（入所児童41人以上の場合）、調理員（委託可）、児童発達支援管理責任者、機能訓練担当職員（機能訓練を行う場合） ②主として難聴児が通う場合：①に加え、言語聴覚士。 ③主として重症心身障害児が通う場合：①に加え、看護職員
医療型児童発達支援センター	診療所として必要な職員、児童指導員、保育士、看護師、理学療法士または作業療法士、児童発達支援管理責任者
児童心理治療施設	医師（精神科または小児科の診療に相当の経験を有する者）、心理療法担当職員、児童指導員、保育士、看護師、個別対応職員、家庭支援専門相談員、栄養士、調理員（委託可）
児童自立支援施設	児童自立専門員、児童生活支援員、嘱託医及び精神科の診療に相当の経験を有する医師（嘱託可）、個別対応職員、家庭支援専門相談員、栄養士（入所児童41人以上の場合）、調理員（委託可）、心理担当職員（児童10人以上に心理療法を行う場合）
児童家庭支援センター	支援を担当する職員

〈行政機関〉	〈職種（職名）〉
児童相談所	指導教育担当児童福祉司、児童福祉司、相談員、医師（精神科医）、小児科医または保健師、指導及び教育を行う児童心理司、児童心理司、心理療法担当職員、弁護士、理学療法士等（言語療法担当職員含む）、臨床検査技師

「児童福祉施設の設備及び運営に関する基準」（2020年）及び「幼保連携型認定こども園の学級の編制、職員、設備及び運営に関する基準」、「児童相談所運営指針」（2020年）参照

■表2　主な任用資格の概要（児童福祉に関係する職種のみ）

	資格	機関等
社会福祉主事	人格が高潔で思慮が円熟し、社会福祉の推進に熱意がある20歳以上の者で、①大学等で社会福祉に関して指定する科目を修めて卒業した者 ②養成機関、講習会の課程修了者 ③社会福祉士 ④社会福祉事業従事者試験合格者等（社会福祉法19条）	○都道府県、市、福祉事務所を設置する町村
児童福祉司	①都道府県知事の指定する児童福祉司等養成校を卒業、又は指定する講習会の課程を修了した者 ②大学で心理学、教育学もしくは社会学を専修する学科等を卒業し、指定施設で1年以上相談援助業務に従事した者 ③医師 ④社会福祉士 ⑤精神保健福祉士 ⑥公認心理師 ⑦社会福祉主事として2年以上児童福祉事業に従事した者であって、厚生労働大臣が定める講習会の課程を修了した者 ⑧上記と同等以上の能力を有する者であって、厚生労働省令で定める者（児童福祉法第13条）	○児童相談所
児童指導員	①都道府県知事の指定する児童福祉施設の職員を養成する学校等を卒業した者 ②社会福祉士 ③精神保健福祉士 ④大学で社会福祉学、心理学、教育学、社会学を専修する学科等の卒業者等 ⑤大学院で上記科目を専攻する研究科等を卒業した者 ⑥高等学校卒業もしくは同等以上の資格を有し、2年以上児童福祉事業に従事した者 ⑦幼稚園、小学校、中学校、高等学校等の免許状を有し都道府県知事が適当と認めた者 ⑧3年以上児童福祉事業に従事した者で都道府県知事が認めた者（児童福祉施設最低基準43条）	○児童養護施設、障害児入所施設、児童発達支援センター、児童心理治療施設、乳児院
児童の遊びを指導する者	①児童福祉施設職員養成学校等の卒業者 ②保育士 ③社会福祉士 ④高等学校等卒業後2年以上児童福祉事業従事者 ⑤幼稚園、小・中・高等学校、中等教育学校の教諭となる資格を有する者等（児童福祉施設最低基準38条）	○児童厚生施設
児童自立支援専門員	①医師であり精神保健の学識経験がある者 ②社会福祉士 ③都道府県知事の指定する児童自立支援専門員を養成する学校等を卒業した者 ④大学において、社会福祉学、心理学、教育学、社会学を専修する学科等の卒業者等 ⑤高校卒業程度の資格を有し3年以上児童自立支援事業に従事した者 ⑥小中学校、高等学校等の教諭免許状を有し、1年以上児童自立支援事業に従事もしくは2年以上教員として職務に従事した者（児童福祉施設最低基準82条）。	○児童自立支援施設
児童生活支援員	①保育士 ②社会福祉士 ③3年以上児童自立支援事業に従事した者（児童福祉施設最低基準83条）	○児童自立支援施設
母子支援員	①都道府県知事の指定する児童福祉施設の職員を養成する学校等を卒業した者 ②保育士 ③社会福祉士 ④精神保健福祉士 ⑤高等学校卒業もしくは同等以上の資格を有し2年以上児童福祉事業に従事した者（児童福祉施設最低基準28号）	○母子生活支援施設
母子・父子自立支援員	社会的信望があり、母（父）子家庭の母（父）・寡婦への相談援助、自立支援等に必要な熱意と識見をもっている者（母子及び父子並びに寡婦福祉法第8条）	都道府県、市、福祉事務所を設置する町村が委嘱

（注）
1　児童福祉施設最低基準とは「児童福祉施設の設備及び運営に関する基準（昭和23年厚生省令63号）」である。
2　大学とは、学校教育法に規定する大学をいう。
3　指定とは、厚生労働大臣または地方校正局長の指定するものをいう。
4　「機関等」の○は、当該の職種を「置かなければならない」機関である。

（出典）『国民の福祉と動向2021／2022』「主な任用資格の概要」（厚生労働統計協会2021）より児童福祉に関連するものを抜粋（一部加筆修正）

ど、さまざまな機関や施設で活動している。専門職を含めた各施設機関の主な職員について表1に示す。社会福祉の国家資格としては、社会福祉士や精神保健福祉士があるが、これらの機関や施設で福祉職として働く職員は、必ずしも国家資格を所持しているわけではなく、法律上で規定された任用要件（任用資格）に従って採用され職務を行っている。任用資格とは、特定の職種に任用される者に要求される資格であり、各職種によって要件が異なっている（表2参照）。なお、任用資格とは、特定の職に任用されて初めて効力を発揮する資格であり、任用資格を取得するだけではその資格を公称できるというものではない。このような任用資格制度のために、国家資格名と職名が一致していないことが福祉専門職の専門性のあいまいさの理由の一つともなっている。また、この任用資格の要件には、国家資格以外にも様々な要件が含まれており、任用資格における国家資格者の正当な位置づけと評価については今後の課題として指摘されている（岡崎 2014）。

　任用資格により任用される職種の専門性に対する議論として、児童虐待対応の中心的な役割を担う児童福祉司の国家資格化を求める動きが活発化している。近年の急増する児童虐待への専門的な対応が求められる状況において、児童福祉司の広い任用要件による専門性のばらつきや、社会福祉士養成課程において児童福祉に関する科目が1科目のみであることなどから専門性が担保できていないとの指摘があり、児童虐待の対応に特化した国家資格である「子ども家庭福祉士（仮称）」の創設を求める声があがっている。

（1）子ども福祉に関わる行政機関の専門職

①児童福祉司

　児童福祉司は、児童相談所における子ども家庭福祉に関する相談支援の中心的役割を果たす職種であり、配置が義務付けられている。主な職務内容は、1.子どもや保護者等からの相談に応じる、2.必要な調査、子どもや保護者等の置かれている環境、問題と環境の関連、社会資源の活用の可能性等を明らかにし、社会診断（どのような援助が必要であるかを判断するた

めに行う診断）を行う、3.子ども、保護者、関係者等に必要な支援・指導を行う、4.子ども、保護者等の関係調整を行なうなどである。

　児童福祉司は、全国215か所の児童相談所に、4,234名が配置されている（2020年4月現在、厚生労働省）。児童福祉司の配置人数は、2019年度の児童虐待防止対策の強化の一環である児童相談所の体制強化に伴い、人口配置基準を見直し、児童福祉司一人当たり業務量が40ケース相当（児童虐待における業務量として換算したケース数）となるよう児童相談所の管轄区域の人口を4万人から3万人に変更した。各都道府県は政令で定められた基準である「各児童相談所の管轄地域の人口3万人に1人以上を配置すること」を標準として、各地域の虐待対応の発生率や児童虐待相談対応件数等を勘案して児童福祉司の数を定めることになっている。当面の配置目標としては、2017年度の約3,240人を基準として、2022年度までに全国で約5,260人の体制とすることを目標としている（厚生労働省 2018）。

　児童福祉司の任用要件については表2の通りである。⑥精神保健福祉士と⑦公認心理師については、児童虐待防止対策の強化を図るための児童福祉法等の一部を改正する法律（2019年）により、新たに加えられた資格である。

　近年、ソーシャルワークを行う行政職員については福祉専門職採用を行う自治体が増えたことも影響し、児童相談所においてソーシャルワークを担う児童福祉司の任用区分は、社会福祉士（4号区分）が全体の43％と最も多くなっており（2019年4月、厚生労働省子ども家庭局家庭福祉課調べ）、社会福祉教育を受けた国家資格を持つ行政職員が増えつつある。

　児童福祉司は、厚生労働大臣が定める基準に適合する研修を受けることが義務付けられている（児童福祉法第13条）。また、児童福祉司や他の相談担当職員に対して、専門的な見地から職務遂行に必要な技術について指導及び教育を行う「スーパーバイザー（指導及び教育を行う児童福祉司）」を児童福祉司5人につき1人以上配置することとされており、児童福祉司の専門性や支援技術の向上に向けての取り組みが進められている。

　児童福祉司を中心とした児童相談所の体制強化がすすめられるなか、虐待対応を担う専門性を持った職員の確保についての懸念として、才村

（2020）は現行の緩やかな児童福祉司の任用資格により一般行政職が任用され数年で異動するというシステムであること、虐待対応に求められる強制的介入と厳格なリスクアセスメント、介入と支援の統合といった複雑で困難な作業に対応できる専門性を身につけることは現行の資格養成カリキュラムでは困難があることなどをあげ、社会福祉士資格を基盤としたさらに上位資格としての国家資格化を図る必要性を訴えている。資格化については賛否あり、今度の検討が待たれるが、子どもを守る児童虐待対応の専門家としての児童福祉司が名実ともに確立されるためには、人材確保と専門性の担保の両方をどのように図っていくのか、さらなる議論と早急な体制整備が必要である。

②児童心理司

　児童心理司は児童相談所に配置されている、心理に関する専門的な知識及び技術を必要とする指導を行う職種であり、児童福祉司とともに児童相談所における中核的な位置にある。主な職務内容としては、1. 子ども、保護者等の相談に応じ、診断面接、心理検査、観察等によって、子ども、保護者等に対し心理診断を行なうこと、2. 子ども、保護者、関係者等に心理療法、カウンセリング、助言指導等の指導を行なうことである。任用要件は表2の通りである。全国の児童相談所に、1,570名（2019年4月現在、厚生労働省）が配置されている。また、児童心理司においても児童相談所の体制強化に伴い、2022年度段階で2,150人程度となるよう目標が設定されている。任用要件は、医師もしくはこれに準ずる資格を有する者又は大学において心理学を専修する学科又はこれに相当する課程を修めて卒業した者若しくはこれに準ずる資格を有する者である。

③家庭児童福祉主事（社会福祉主事）・家庭相談員、母子・父子自立支援員

　家庭児童福祉主事は、福祉事務所に設置されている家庭児童相談室に配属されている社会福祉主事のことである。家庭児童相談室は、福祉事務所の家庭児童福祉に関する相談指導業務を充実強化することを目的として設置されたものであり、家庭における適正な児童養育を含む家庭児童福祉の

向上を図るため、福祉事務所が行う家庭児童福祉に関する業務のうち、専門的技術を必要とする業務を行う部門である。家庭児童福祉主事の職務には、上記に示した、家庭児童福祉に関する専門的技術を要する業務を行うことに加え、福祉事務所の所員に対する家庭児童福祉に関する技術的指導についても含まれている。家庭児童福祉主事の任用要件は、社会福祉主事の資格を有する者で、かつ児童福祉事業に2年以上従事した経験を有する者、もしくは児童福祉司の該当要件を満たす者である。

　家庭児童相談室には、非常勤職員である家庭相談員が住民に身近な相談者として配置されている。家庭相談員の任用規定は人格円満で、社会的信望があり、健康で、家庭児童福祉の増進に熱意を持ち、かつ、つぎに掲げる条件を充足する者である。その条件は、1.大学において、児童福祉、社会福祉、児童学、心理学、教育学もしくは社会学を専修する学科・課程を修めて卒業した者、2.社会福祉主事として、2年以上児童福祉事業に従事した者などである。

　他に福祉事務所に配置されている職には、母子・父子自立支援員がいる。原則として非常勤職員である。職務としては、配偶者のない者で現に児童を扶養している者に対し、相談に応じ、自立に必要な情報提供と指導、職業能力の向上と求職活動に関する支援を行なうことと規定されている。任用要件は表2のとおりである。

　2004年度の児童福祉法の一部改正により、市町村が行う児童家庭相談に関する業務は、子どもの福祉に関する必要な実情の把握に努め、必要な情報の提供を行うとともに、家庭その他からの相談に応じ、必要な調査及び指導を行うことが規定された。また、子ども家庭相談のうち、専門的な知識及び技術を必要とするものについては、児童相談所の技術的援助及び助言を求めなければならないことが規定され、相互の連携が強化されることとなった。福祉事務所に所属する家庭児童福祉主事や家庭相談員等は、地域に根差した行政機関としての利点を活かし、子育て支援や子どもの権利擁護のための身近な専門相談機関として機能することが期待されている。

(2) 児童福祉施設の専門職

　ここでは、児童福祉法（第7条）に規定されている児童福祉施設（表1）で働く子ども福祉の専門職の職務内容と任用要件等について確認する。

①児童指導員

　児童指導員は、児童養護施設、児童心理治療施設、障害児入所施設、児童発達支援センターなどの多くの児童福祉施設に配置されており、入所児童の心身の健やかな成長と自立を支援することを目的とした直接的ケア（生活指導、学習指導、職業指導、家庭環境の調整を含む養育）の中心的役割を担っている。自立支援計画の策定、親子関係の再構築に留意した家庭環境の調整・支援、学校や児童相談所、公共職業安定所等の関係機関との連携のための連絡調整などもその役割である。

　児童指導員の任用要件は、表2のとおり、修学状況や専攻領域等において幅の広いものになっている。

②母子支援員

　母子支援員は母子生活支援施設において母子の生活支援を中心的に行う。具体的には、母子を共に入所させる施設の特性を活かしつつ、親子関係の再構築や退所後の生活の安定が図られるよう、私生活を尊重しつつ、個々の母子の家庭生活や稼働の状況に応じて、就労や家庭生活や児童の養育に関する相談への助言・指導を行う。必要時には、福祉事務所や母子・父子自立支援員、児童の通学する学校や児童相談所、公共職業安定所、婦人相談所等の関係機関との連絡調整を行いながら、自立の促進に向けて支援を行う。

　母子支援員の任用要件は表2のとおりである。

③保育士

　ほとんどの児童福祉施設に配置されており、児童福祉法では、専門的知識と技術をもって、児童の保育や児童の保護者に対する保育に関する指導を行うことをその職務としている。児童福祉司とともに児童の直接的ケア

子ども家庭福祉の担い手

に従事している。

　保育士は都道府県知事の指定する保育士を養成する学校を卒業するか、都道府県知事が行う保育士試験に合格することで資格を得る。児童福祉施設における保育士の就業状況をみると、保育士の常勤換算従事者数は 39 万3,898 人である。そのうち幼保連携型認定こども園を含む保育所等の従事者が 37 万 5,312 人、児童福祉施設（保育所を除く）の従事者が 1 万 6,766 人であり、就業者の大半が保育所等で働いている（「2018 年社会福祉施設等調査」）。

④児童自立支援専門員・児童生活支援員

　児童自立支援施設は、伝統的に一組の夫婦による寮舎運営が行われ、夫婦が「寮長」「寮母」として自分の家族ともども、施設に措置された少年たちと一つの寮舎に住み込んで生活を共にするという夫婦制の形態をとってきたが、今日では、労働環境や社会情勢を反映して夫婦小舎制は減少している（小林 2004）。現在では、夫婦小舎制に代わり複数の職員が交替で支援を行う交代制が増えている。寮における生活指導の中心を担っているのは、児童自立支援専門員・児童生活支援員であり、児童自立支援施設において、すべての児童が個々の適性や能力に応じて、自立した社会人として健全な社会生活を営むことができるよう支援することを目的に、生活をともにしながら、生活指導や学習指導、職業指導、家庭環境の調整を行っている。

　児童自立支援専門員と児童生活支援員の任用要件は表 2 のとおりである。

⑤家庭支援専門相談員

　ファミリーソーシャルワーカーともいわれ、乳児院、児童養護施設、児童心理治療施設、児童自立支援施設に配置されている。主な職務は、虐待等の家庭環境上の理由により入所している児童の保護者等に対し、児童相談所との密接な連携をもとに、電話、面接等により、児童の早期家庭復帰、里親委託等を可能にするための相談援助・支援を行うことである。具体的には、入所中や家庭復帰後の施設内や家庭訪問による保護者への相談援助、退所後の児童に対する継続的な相談援助、里親委託や養子縁組の推進のための相談援助、地域の子育て家庭に対する育児不安のための相談援助等多

岐にわたる。また、要保護児童の状況把握を行う協議会への参画や児童相談所等の関係機関との連携等の対外的な役割とともに、施設職員への指導・助言など施設職員の支援についても担っている。

任用要件としては次に該当する者と規定されている。1. 社会福祉士もしくは精神保健福祉士の資格を有する者、2. 前述の施設において児童の養育に5年以上従事した者、3. 児童福祉司資格に該当する者。

⑥里親支援専門相談員

里親支援ソーシャルワーカーともいわれ、里親支援の充実のため、施設に地域支援の拠点機能を持たせ、里親やファミリーホームへの支援体制の充実を図り、施設と里親との新たなパートナーシップを構築することを目的として、2012年度から里親支援を行う児童養護施設と乳児院に配置されている。職務内容は、児童相談所の里親担当職員、里親委託等推進員、里親会等と連携をして、所属施設の入所児童の里親委託の推進、退所児童のアフターケアとしての里親支援、所属施設からの退所児童以外を含めた地域支援としての里親支援を行なうことである。任用要件は家庭支援専門相談員と同じであり、これに加えて、里親制度への理解があり、ソーシャルワークの視点を持てる者とされている。

日本の里親委託率（ファミリーホームを含む）は、2010年度末の11.1％から、2020年度末には21.5％へと上昇したものの、全国平均では2割程度にとどまっている（厚生労働省 2021）。家庭養育の推進への議論の中で、2017年に公表された厚生労働省の有識者会議による「新しい社会的養育ビジョン」では、家庭養育の推進に伴い里親委託率の高い数値目標が示されたが、関係団体からは性急すぎることによる養育の質の保障の難しさやかえって社会的養護の選択肢を狭めるなどの懸念が表明されている。子どもにとっての安心安全でかつ永続的な養育環境の必要性については双方に共通しているところであり、社会的養育における家庭養育・家庭的養育についての議論が続くなか、子どもが育つ場所としてそれらの要件を充分に満たすことができる里親への委託の実績を積み重ねていくことが、今後の望ましい社会的養育の方向性へとつながっていくと考えられる。

● 3　子ども福祉に関連する専門職

　子ども福祉に関わる支援は、表1にもあるように、多くの職種や職員によって行なわれている。また、これらの多様な職種や職員は、それぞれの専門的知識や技術を活かし、必要な場合には互いに連携することによって、より効果的な支援を提供することができる。ここでは、子ども福祉に関連する行政機関や児童福祉施設に配置されている専門職について概観する。

①医師

　表1に示す通り、各機関・施設により、医師の専門となる診療科が異なっている。

　児童相談所においては、精神科医（児童精神科医）あるいは小児科医の職務として、診察・診断（虐待の影響に関する医学的判断を含む）、子ども・保護者への指示・指導、医学的治療、検査やリハビリテーションの指示、心理療法への指導、一時保護の子どもの健康管理、医療保健機関との情報交換・連絡調整等があげられている。2019年に公布された児童虐待防止対策の強化を図るための児童福祉法等の一部を改正する法律では、児童相談所への医師及び保健師の配置について、所員の中にそれぞれ1名以上含まれることが明記された（2022年4月施行）。

　また、地域においては、医療機関の児童精神科医や小児科医等が、発達の課題や心身の問題等に対する医学的診断や治療を行い、必要な場合には子どもに関する専門機関や学校等とも連携して、子どもの治療体制の構築や環境調整についての指導を行う。特に子どもの心の専門医である児童精神科医は、心の問題を呈する子どもの増加や発達障害の認知の広まりなどにより診療・治療の要望は増加しているが、全国的（特に都市部以外）に不足しており、初診までに時間がかかることや必要時に診察・治療を受けられないことが問題となっている。

②歯科医師

歯科医師は、乳幼児健診や学校の歯科検診、歯科受診等により、子どもの歯の状態を把握することができ、そこから虐待や不適切な養育にある子どもたちの早期発見につなげることができる。2016年の改正児童福祉法では、病院や診療所の医師、看護師等は、要支援児童等を把握したときは、その情報を現在地の市町村に提供するよう努めなければならないことが規定され、虐待に至っていなくても支援を必要とする子どもがいた場合は市町村に情報提供することが求められるようになった。日本小児歯科学会は、それに先んじて、子どもの虐待における歯科的特徴を記した虐待防止対応のガイドラインを作成し、歯科医療上の発見は客観性が高く虐待の強い確証因子になることや、関係者と連携して支援を行うための地域の連携ネットワークの必要性等について、認識を広めるための対策をとっている。

③保健師

地域保健の専門職種であり、医療や公衆衛生の普及向上を図り、保健指導に従事することが職務である。市町村の事業として、母子保健活動としての未熟児訪問指導や、産後の心身の不調や育児不安等の支援が認められる産婦に対し、母体・乳児ケアや育児に関する指導・カウンセリングを行う産後ケア事業等を行っている。

児童相談所（都道府県）における保健師の職務としては、①公衆衛生及び予防医学的知識の普及、②育児相談、1歳6か月児及び3歳児の精神発達面における精密健康診査における保健指導等、障害児や虐待を受けた子ども及びその家族等に対する在宅支援、③子どもの健康・発達面に関するアセスメントとケア及び一時保護している子どもの健康管理、④市町村保健センターや医療機関との情報交換や連絡調整及び関係機関との協働による子どもや家族への支援がある。

④理学療法士・作業療法士・言語聴覚士

障害のある子どもを対象とした児童福祉施設には、障害児入所施設と児童発達支援センター（通所）がある。医療型の障害児入所施設と児童発達

支援センターには、理学療法士または作業療法士の配置が義務付けられている。また福祉型児童発達支援センターで主として難聴児を通わせる施設においては、言語聴覚士の配置が必要である。児童相談所運営指針においても、理学療法、作業療法、言語治療を行うものとして、理学療法士等の配置が規定されている。他には放課後等デイサービス事業では機能訓練担当職員として配置する必要がある。これらの療法士は、個別に日常生活作や運動機能等の機能訓練を行う。

⑤弁護士

　児童虐待防止対策の強化を図るための児童福祉法等の一部を改正する法律（2019年）に基づく通知において、児童相談所の体制強化として弁護士配置を以下のように規定した。「都道府県は児童相談所がその業務のうち、保護者がその児童を虐待し、著しくその監護を怠り、その他保護者に監護させることが著しく当該児童の福祉を害する場合において、児童を児童養護施設に入所させる等の措置を採ることが児童の親権を行う者等の意に反するときに都道府県が採ることができる措置を採ることその他の法律に関する専門的な知識経験を必要とするものについて、常時弁護士による助言又は指導の下で適切かつ円滑に行うため、児童相談所における弁護士の配置又はこれに準ずる措置を行うものとすること」（2022年施行）。

　弁護士の配置数は、厚生労働省によると2019年4月現在で児童相談所215か所に対し、常勤職員が11か所14人、非常勤職員が94か所156人、弁護士事務所との契約等が110か所となっている。

● 4　地域における福祉の担い手

　子どもの生活を考えたときに、子ども本人や家族は地域住民としてそこに暮らすことで、多かれ少なかれ地域社会との相互作用が生じている。地域の中には、子どもが生活を営む上で必要な社会資源が存在する。子どもにとっての身近なところでは学校や放課後等児童クラブ、保育園や幼稚園などの誰もが利用するところから、子ども食堂や学習支援などの特定の

ニーズへの対応から生じたもの、スクールソーシャルワーカーやスクールカウンセラー等の自分の生活圏域にある身近な相談窓口や、地域住民が相談支援を担う民生委員・児童委員等など、その専門性や活動の目的も多様である。昨今の核家族化や家族の孤立、ひとり親世帯や共働き世帯の増加に伴う子どもの安全な居場所の減少などから、子どもに関するさまざまな問題や課題を家族内だけで解決していくことは難しい状況にある。児童虐待や子どもの貧困など、子どもにとっての権利侵害が起こるのはその地域においてである。家族を孤立させずに「家庭を開く」ためには、日々の生活の中でのSOSを発信しやすい体制をつくり、福祉専門職が学校や保育施設を含めた関係機関、ボランティア、地域住民が相互に協力・連携して、子どもたちや家族が安心・安全に暮らすことができる地域を作っていくことも、地域における福祉の担い手の責務である。

　地域で活動する職種は、潜在的なニーズを抱えながらも支援につながっていない子どもや家庭と関わる機会が多くあり、早期に支援の必要性を把握し適切な支援を提供する、あるいは提供する機関につなぐ役割がある。そのため、子どもや保護者が相談に訪れるのを待つだけではなく、周囲の関係者と協働でスクリーニングやアウトリーチを行うなど、潜在的なニーズに気づくための視点と行動が求められる。

①民生委員・児童委員・主任児童委員

　民生委員は民生委員法に基づき、厚生労働大臣から委嘱された非常勤の地方公務員であり、児童福祉法に定める児童委員を兼ねている。給与の支給はなく（無報酬）、ボランティアとして活動している（任期3年、再任可）。民生委員・児童委員は、人格識見高く、広く地域の実情に通じ、社会福祉の増進に熱意のある人など、民生委員法に定める要件を満たす人が委嘱される。児童委員の一部は、厚生労働大臣により「主任児童委員」に指名される。主任児童委員は、子どもや子育てに関する支援を専門に担当し、それぞれの市町村にあって担当区域を持たず、区域担当の民生委員・児童委員と連携しながら子育て支援や児童健全育成活動などに取り組んでいる。民生委員・児童委員の委嘱数は、2017年時点で全国で約23万人、主任児

童委員は全国で約2万1,000人となっている（厚生労働省 2017）。

児童福祉法による児童委員の職務は、地域の子どもを見守りその健全育成に関する活動を行うこと、妊娠や子育てに関する不安や心配ごとの相談支援、子育て支援活動を行うこととされている。主任児童委員は、児童委員の職務について、児童福祉に関する機関と児童委員との連絡調整を行うとともに、児童委員の活動に対する援助・協力を行うとされている。民生委員・児童委員と主任児童委員は、住民の立場に立った相談支援を担い、また、子育てサロン活動などの身近な地域で子育てを支える地域活動の中心的な担い手としても活躍している。

②子育て支援員

子育て支援員とは、自治体（都道府県や市町村）が実施する研修を修了し、保育や子育て支援分野の各事業等に従事する上で、必要な知識や技術を修得したと認められた者である。設置の背景には、待機児童問題に代表される、共働き家庭の増加に伴う保育ニーズの高まりと受け皿となる保育所や保育士の不足がある。高まる保育ニーズを充足するための、小規模保育や家庭的保育の担い手となる人材の確保を目的とし、保育士等の資格を所持していなくても、既定の研修を修了することで子育て支援に携わることができる。

③放課後児童支援員

放課後児童支援員とは、放課後児童クラブの職員であり、保育士、社会福祉士等の「児童の遊びを指導する者」の資格を基本とし、都道府県知事又は指定都市の長が行う研修を修了した者である。放課後児童クラブとは、共働き家庭など留守家庭の小学校に就学している児童に対して、学校の余裕教室や児童館、公民館などで、放課後等に適切な遊び及び生活の場を与えて、その健全な育成を図ることを目的に設置されている。2020年7月現在のクラブ数は全国で26,625か所であり、登録児童数は約130万人、待機児童数は前年より約2,200人減少し15,995人となった。共働き家庭やひとり親家庭の増加に伴う利用ニーズに対し、供給が足りていない状況にある（厚生労働省 2020）。

④スクールソーシャルワーカー

スクールソーシャルワーカーは、いじめ、不登校、暴力行為、児童虐待など生徒指導上の課題に対応するために、教育委員会や学校等に配置されている。職務内容は、1.問題を抱える児童生徒が置かれた環境への働きかけ、2.関係機関等とのネットワークの構築、連携・調整、3.学校内におけるチーム体制の支援、構築、4.保護者、教職員等に対する支援・相談・情報提供、5.教職員等への研修活動等である。

スクールソーシャルワーカーの選考においては、社会福祉士や精神保健福祉士等の福祉に関する専門的な資格を有する者とされている。地域や学校の実情に応じて、社会福祉系の国家資格等がなくても、福祉や教育の分野においての専門的な知識や技術を有する者も対象となっており、2008年のスクールソーシャルワーカー活用事業の開始当初は半数程度が退職教員等であった。2019年時点で、社会福祉士保有者6割、精神保健福祉士保有者3割となり、国家資格保有者の配置が増加している（文部科学省2019）。文部科学省は、子どもの貧困やいじめ問題、児童虐待対策等への対応として、全国の中学校区に約1万人の配置をすすめている。

● 5　まとめ—— 子ども福祉に関わる多職種の連携

子どもや家庭を対象とした支援は、医療、福祉、心理、保健、教育と多岐にわたるため、一つの機関や一人の支援者のみですべての支援を行うことは難しい。必然的にさまざまな専門職が関わることになるが、各専門職が連携することなく独自にアセスメントや支援を行ってしまうと、評価のための検査や情報収集のための面接が重複したり、支援がニーズの一部に偏ってしまったりと、支援の効果が限定的であるばかりか、子どもや家族に大きな負担がかかることになる。それは、本人や家族の支援からの離脱や支援の緊急性の見落としにつながることもある。これらの問題を解決し「横の連携」をスムーズに行うためには、ケースマネジメントが必要であり、情報の集約点をどこにするのか、誰がケースマネジメントをするのか、支援の目標をどこに設定するのか、誰がいつまでに何を行うのか（役

割分担）等について、関係者の合意形成、共通認識を図った上で実行していくことが重要となる。その際、多機関・多職種の連携時に生じがちである、専門的な支援と支援のすきまに留意し、各職種がそれぞれの役割から一歩前にでてつながる、いわゆる「のりしろのある支援」を意識することが求められる。

　また、子どもを対象とした支援のもう一つの特徴として、胎児・妊婦のときから、乳児期、幼児期、学童期、青年期と子どものライフステージによって、関わる支援者や支援内容が変化することがあげられる。ライフステージが切り替わる際に、それまでの支援や関わりが分断されることなく、子どもや家庭への見立てを共有し、効果的で一貫した支援方法の継続を可能とするための「縦の連携」が重要となる。各専門職による専門的な知識と技術に基づいたアセスメントや実際の支援から得られた知見を根拠（エビデンス）として、次の支援に活かしていくことで、より効果的な支援となり、それが子ども自身の利益となる。連携を行う場合には、専門職や専門機関が相互に役割を補完しながら、チームとして質の高い適切な支援を提供できる体制を整えていくことが求められる。

　これまでに紹介した職種の他にも、児童福祉施設や児童福祉の相談機関には多くの職員が働いている。そのなかには、直接子どもや家族と関わる職員もいれば、そうではない職員もいる。直接関わる職員だけではなく全ての職員が施設の環境や雰囲気の醸成、また機関のシステムの機能的な運用など、子どもたちにとっては何らかの影響を及ぼす存在である。機関の雰囲気に対する第一印象は、利用者のサービスへの取り組みに影響を及ぼすといわれている（デュボアら 2017）。施設や機関が有効な支援の場となるためには、子どもや保護者に対する尊厳や人権意識を前提として、他の職種や職員を含め、施設や機関の理念や目的についての合意形成を図り、その達成に向けて各人が行動できることが求められる。そのためには、日常的に子どもたちに関わる職種が専門的な機能を最大限発揮できるための環境を整えること、各専門職が求められる役割を遂行できるための力量を身に着けることができる体制づくりが急務である。

■文献

デュボア、ブレンダ、マイリー、カーラ・K、北島英治監訳（2017）『ソーシャルワーク——人々をエンパワメントする専門職』明石書店

小林英吉（2004）「序章　児童自立支援施設の現況」『児童自立支援施設の可能性』ミネルヴァ書房

厚生労働統計協会（2021）「国民と福祉の動向 2021／2022」

厚生労働省（2017）「民生委員・児童委員数（平成 29 年 3 月 31 日現在）」

厚生労働省（2018）「児童虐待防止対策体制総合強化プラン」（新プラン）

厚生労働省（2020）「2020 年放課後児童健全育成事業（放課後児童クラブ）の実施状況（2020 年 7 月 1 日現在）」

厚生労働省（2020）「里親制度（資料集）」

文部科学省（2021）「スクールソーシャルワーカー活用事業に関する Q&A」

岡崎仁史（2014）『社会福祉学辞典』日本福祉学辞典編集委員会

才村純（2020）「児童虐待対策の到達点と課題——児童虐待防止法制定 20 年を経て」『社会福祉研究』137

山縣文治（2018）「第 6 章　子ども家庭福祉の援助」『子ども家庭福祉論第 2 版』ミネルヴァ書房

特
講
3

子ども家庭福祉の担い手

おわりに

　学生という立場で児童福祉論を学んだ中で、心に残る授業とテキストは本編集担当の一人でもある垣内国光先生のものです。いつしか、自分が教える立場となり、先生のような授業ができてテキストをつくることができたら……という思いを温めてきました。

　同じく垣内先生のテキストに学び感銘を受けていた板倉香子さん・新藤こずえさんと共にテキストを編む機会に恵まれました。しかし3人ともにテキストの編集に携わったことがなく、編集作業は垣内先生の教えを受けながら進めてきました。当初は、垣内先生からはアドバイスをいただくだけでも……と考えていたのですが、作業の一つひとつに一緒に取り組んでいただきました。編集作業は想像していた以上に細かい作業が続き、集中力と視力が勝負という所もあったのですが、作業中に話される垣内先生の社会問題や社会状況への解説や評論は、私たちにとって、おもしろくて為になる時間でした。

　本テキストの内容については、執筆者の方々に負うところが大きく、お忙しい中を担当していただいたこと、改めてお礼申しあげます。執筆に際しては、次のようなお願いをしていました。

　「本テキストは法律や制度・サービスの説明だけを行うのではなく、担当領域について、現代社会のありようや歴史的な経緯を含め、執筆者の問題関心に基づいて社会や社会問題との関連で展開してください。その際、鍵となるのがサブタイトルにあげた『子ども』『家族』『社会』のとらえなおしです。各領域での事象や問題を個人や家族の責任に帰するのではなく、その背後にある社会状況を意識し、必要に応じて制度や政策・サービス等を批判的に検討しながら解説してください。しかし、テ

キストという位置づけであるため、各章ともに、その領域において押さ
えておく・知っておくべき基本項目については、必ず取り上げていただ
きますよう、お願いします。」

　このような無謀なお願いをしたにもかかわらず、各執筆者は領域におけ
る押さえる点と論点について、独自の視点で展開していただきました。
　本書は、14 の章に加えて、現代において関心がもたれているトピック
についてコラムとして 6 つ設け、さらに、子ども家庭福祉に関連がある内
容を深掘りする 3 つの特講を設ける内容となっています。しかし全体を通
しては、編集の至らなさもあると思います。本書への批判的な検討も含め、
みなさまからのご意見をお願いします。

　本書を編集するに先立ち、1 年ほど前から児童福祉を研究する会を立
ち上げ、子ども家庭福祉（児童福祉）では、何が取り上げられてきたのか、
そして何をどのように取り上げていくとよいのか等々の議論を重ねてきま
した。生活書院の髙橋淳さんには、その研究会の段階から参画していただ
き、適切なアドバイスをいただくことができました。長年の思いを形にす
ることができたのは髙橋さんのおかげです。ありがとうございました。
　心からの感謝をこめて

岩田美香

索　引

297

編者紹介

垣内国光（かきうち　くにみつ）［はじめに、第 2 章］

法政大学大学院社会学研究科社会学専攻修士課程修了、修士（社会学）。日本福祉大学社会福祉学部教授、明星大学人文学部教授を経て、現在、明星大学名誉教授。日本学童保育学会代表理事、社会福祉法人多摩福祉会理事長。

著書に、『民営化で保育が良くなるの？』（ひとなる書房、2006 年）、『プロの保育者してますか』（かもがわ出版、2008 年）、『保育に生きる人びと』（編著、ひとなる書房、2011年）、『日本の保育労働者』（共著、ひとなる書房、2015 年）など

岩田美香（いわた　みか）［第 13 章、第 14 章、おわりに］

北海道大学大学院教育学研究科博士課程修了、博士（教育学）。北海道医療大学看護福祉学部専任講師、北海道大学大学院教育学研究院准教授などを経て、現在、法政大学現代福祉学部教授。スクールソーシャルワーカースーパーバイザー、児童養護施設スーパーバイザー。

著書に、『現代社会の育児不安』（家政教育社、2000 年）、『シリーズ子どもの貧困②　遊び・育ち・経験』（共著、明石書店、2019 年）、『いじめ・虐待・貧困から子どもたちを守るための Q ＆ A100』（編著、生活書院、2019 年）、『家族問題と家族支援』（分担執筆、放送大学教育振興会、2020 年）など。

板倉香子（いたくら　こうこ）［第 4 章、第 6 章］

明治学院大学大学院社会学研究科社会福祉学専攻博士前期課程修了、修士（社会福祉学）。前橋市社会福祉協議会、港区政策創造研究所などを経て、現在、洗足こども短期大学准教授。

著書に、『社会的孤立問題への挑戦』（編著、法律文化社、2013 年）、『社会的養護Ⅰ・Ⅱ』（共著、光生館、2019 年）、主な論文に、「〈研究ノート〉社会的養護の支援における性差の影響について」（『洗足論叢』第 45 号、2017 年）など。

新藤こずえ（しんどう　こずえ）［第 9 章、第 11 章、コラム 6］

北海道大学大学院教育学研究科博士課程修了、博士（教育学）。高知県立大学社会福祉学部専任講師、立正大学社会福祉学部准教授などを経て、現在、上智大学総合人間科学部准教授。

著書に、『知的障害者と自立』（生活書院、2013 年）、『現代社会と福祉・労働・子どもの貧困』（共著、大月書店、2015 年）、『現代アイヌの生活と地域住民』（共著、東信堂、2018 年）、『シリーズ子どもの貧困④ 大人になる・社会をつくる』（共著、明石書店、2020 年）など。

執筆者紹介（執筆順）

小西祐馬（こにし　ゆうま）［第 1 章］
　長崎大学教育学部准教授。社会福祉学、児童福祉論。
　著書に、『子どもの貧困② 遊び・育ち・経験』（編著、明石書店、2019 年）など。

関水徹平（せきみず　てっぺい）［コラム 1、特講 1］
　立正大学社会福祉学部准教授。福祉社会学、現象学的社会学。
　著書に、『「ひきこもり」経験の社会学』（左右社、2016 年）など。

井原哲人（いはら　あきひと）［第 3 章］
　白梅学園大学子ども学部准教授。社会福祉学、児童福祉論。
　著書に、『「精神薄弱」乳幼児福祉政策の戦後史』（高菅出版、2015 年）など。

菅野摂子（すがの　せつこ）［第 5 章］
　明治学院大学社会学部付属研究所研究員・立教大学社会福祉研究所特任研究員。社会学、ジェンダー論。
　著書に、『妊娠』（共著、洛北出版、2009 年）など。

尾島万里（おじま　まり）［コラム 2］
　佐久大学信州短期大学部教授。社会福祉学、子ども家庭福祉論。
　論文に、「乳幼児の貧困研究の動向」（『保育の研究』第 28 号、2018 年）など。

飯塚美穂子（いいづか　みほこ）［第 7 章］
　洗足こども短期大学准教授。社会福祉学。
　著書に、『事例を通して学びを深める施設実習ガイド』（共編著、ミネルヴァ書房、2018 年）など。

宮地さつき（みやち　さつき）［第 8 章］
　文教大学人間科学部専任講師。子ども学、社会福祉学。
　著書に、『学校福祉とは何か』（共著、ミネルヴァ書房、2018 年）など。

新藤　慶（しんどう　けい）［コラム 3］
　群馬大学共同教育学部准教授。教育社会学、地域社会学。
　著書に、『シリーズ子どもの貧困③ 教える・学ぶ』（共著、明石書店、2019 年）など。

澁谷智子（しぶや　ともこ）［コラム4］
　成蹊大学文学部教授。社会学。
　著書に、『ヤングケアラー　わたしの語り』（編著、生活書院、2020年）など。

川松　亮（かわまつ　あきら）［第10章、コラム5］
　明星大学人文学部常勤教授。社会福祉学、子ども家庭福祉論。
　著書に、『ジソウのお仕事』（共著、フェミックス、2020年）など。

大澤真平（おおさわ　しんぺい）［第12章］
　札幌学院大学人文学部准教授。社会福祉学、児童福祉論。
　著書に、『シリーズ子どもの貧困②　遊び・育ち・経験』（共著、明石書店、2019年）など。

堀　千鶴子（ほり　ちづこ）［特講2］
　城西国際大学福祉総合学部教授。社会福祉学、女性福祉論。
　著書に、『婦人保護事業から女性支援法へ』（共著、信山社新書、2020年）など。

福間麻紀（ふくま　まき）［特講3］
　北海道医療大学看護福祉学部准教授。社会福祉学、医療社会福祉学。
　論文に、「高校におけるソーシャルワーカーの役割」（『教育福祉研究』第19号、2013年）
　など。

●カバー装画・本文イラスト
原田　惟（はらだ　ゆい）
　社会福祉法人多摩福祉会（東京）保育士

本書のテキストデータを提供いたします

　本書をご購入いただいた方のうち、視覚障害、肢体不自由などの理由で書字へのアクセスが困難な方に本書のテキストデータを提供いたします。希望される方は、以下の方法にしたがってお申し込みください。

◎データの提供形式＝ CD-R、フロッピーディスク、メールによるファイル添付（メールアドレスをお知らせください）。

◎データの提供形式・お名前・ご住所を明記した用紙、返信用封筒、下の引換券（コピー不可）および 200 円切手（メールによるファイル添付をご希望の場合不要）を同封のうえ弊社までお送りください。

●本書内容の複製は点訳・音訳データなど視覚障害の方のための利用に限り認めます。内容の改変や流用、転載、その他営利を目的とした利用はお断りします。

◎あて先
〒 160-0008
東京都新宿区四谷三栄町 6-5 木原ビル 303
生活書院編集部　テキストデータ係

キリトリ線

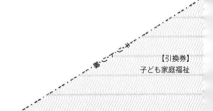

【引換券】
子ども家庭福祉

子ども家庭福祉
——子ども・家族・社会をどうとらえるか

発　行————— 2020 年 12 月 1 日　初版第 1 刷発行
　　　　　　　 2022 年 2 月 10 日　初版第 2 刷発行
編　者————— 垣内国光・岩田美香・板倉香子・新藤こずえ
発行者————— 髙橋　淳
発行所————— 株式会社　生活書院
　　　　　　　 〒 160-0008
　　　　　　　 東京都新宿区四谷三栄町 6-5 木原ビル 303
　　　　　　　 Ｔ Ｅ Ｌ 03-3226-1203
　　　　　　　 Ｆ Ａ Ｘ 03-3226-1204
　　　　　　　 振替 00170-0-649766
　　　　　　　 http://www.seikatsushoin.com
印刷・製本—— 株式会社シナノ

Printed in Japan
2020 ©Kakiuchi Kunimitsu, Iwata Mika, Itakura Koko, Shindo
Kozue
ISBN 978-4-86500-121-1